योग साधना एवं योग चिकित्सा रहस्य

पतंजलि योगपीठ

महर्षि पतञ्जलि-प्रतिपादित अष्टाङ्ग योग द्वारा अन्त:करण-शुद्धि एवं आत्मसाक्षात्कार हेतु तत्त्वज्ञान के गूढ रहस्यों की सरल सहज विवेचना तथा मधुमेह, मोटापा, गैस, कब्ज, अम्लपित्त आदि सम्पूर्ण उदर-रोगों, कमर-दर्द, सर्वाइकल स्पाण्डलाइटिस, स्लिप डिस्क, वातरोग, एलर्जी, साइनस, श्वासरोग, माइग्रेन, डिप्रेशन, उच्च रक्तचाप, तनाव, कोलेस्ट्रॉल एवं हृदयरोग इत्यादि जटिल व्याधियों की प्रामाणिक यौगिक चिकित्सा

स्वामी रामदेव

प्रकाशक

दिव्य प्रकाशन

पतंजलि योगपीठ
महर्षि दयानन्द ग्राम, दिल्ली-हरिद्वार राजमार्ग, बहादराबाद
हरिद्वार-249405 (उत्तराखण्ड)
ई-मेलः divyaprakashan@divyayoga.com
वेबसाइटः www.divyaprakashan.com
दूरभाषः 8272094206, 8272094209

पूर्व-संस्करणः 3,00,000 प्रतियाँ
परिवर्तित एवं संशोधित संस्करणः 25,000 प्रतियाँ (सितम्बर, 2018 ई०)
वर्तमान संस्करणः 25,000 प्रतियाँ (जून, 2022 ई०)
10,000 प्रतियाँ (जून, 2023 ई०)
10,000 प्रतियाँ (जनवरी, 2025 ई०)

मुद्रकः इंफिनिटी एडवरटाइज़िंग सर्विसेस प्राईवेट लिमिटेड., फरीदाबाद द्वारा मुद्रित

ISBN No.: 978-81-7525-497

समर्पण

त्वदीयं तुभ्यमेव

क्रान्ति के अग्रदूत, महान् स्वतन्त्रता-सेनानी, जिनका सर्वस्व देश, धर्म एवं संस्कृति के उत्कर्ष के लिए पूर्णत: अर्पित था, जिन्होंने अंग्रेजी दासता से भारत-माता की विमुक्ति के निमित्त, स्वतन्त्रता की उद्घोषिका 'विश्वज्ञान' मासिक पत्रिका के संचालन-प्रकाशन द्वारा वीर क्रान्तिकारियों एवं समग्र युवा-वर्ग को राष्ट्रहित के लिए आत्म-बलिदान करने का प्रेरक सन्देश दिया, लॉर्ड हार्डिंग बमकाण्ड के मुख्य अभियुक्त रासबिहारी बोस जैसे वीर क्रान्तिकारी पुरुष ने संकट के दिनों जिनका आश्रय लिया, जिनका सम्पूर्ण तपोमय जीवन भगवद्-आराधना, योग-साधना एवं राष्ट्रदेव की सेवा में निवेदित था, उनके द्वारा सन् १९३२ ई० में संस्थापित हरिद्वार के कृपालुबाग आश्रम में स्थित **'दिव्य योग मन्दिर'** के मुख्य लक्ष्य भूमण्डलीय जनता के आरोग्य-लाभ, अध्यात्म-ज्ञान एवं योग-प्रशिक्षण आदि सेवाकार्यों को सम्पन्न करते हुए मैं इस लघु योगकृति को उन्हीं ब्रह्मलीन महर्षि पूज्यपाद राष्ट्रसन्त **श्रद्धेय स्वामी श्रीकृपालुदेवजी महाराज** की पावन स्मृति में श्रद्धा-भक्ति सहित समर्पित करता हूँ।

विनयावनत

स्वामी रामदेव

प्रकाशकीय

पूज्यपाद स्वामी रामदेवजी के इस महान्, अनमोल एवं लोकप्रिय पुस्तकरत्न **'योग-साधना एवं योग-चिकित्सा रहस्य'** का अति अल्प समय में पच्चीसवाँ संस्करण योगसाधक एवं साधिकाओं के समक्ष प्रस्तुत करते हुए हमें अतीव हर्षानुभूति हो रही है। सन् २००२ ई० में इस कृति का प्रथम संस्करण प्रकाशित हुआ था। उस समय अनुमान लगाना कठिन था कि आगामी दो वर्षों में ही लाखों लोग इसको सहर्ष स्वीकार कर हमारा उत्साह बढ़ायेंगे और सेवाकार्यों में सहभागी बनेंगे। अब पहले से अधिक उत्तम कोटि के कागज पर बहुरंगी छपाई के साथ यह संस्करण प्रस्तुत किया जा रहा है। फोटो भी दोबारा खिंचवाकर दिये जा रहे हैं, जो पूर्व-संस्करणों के चित्रों से अधिक स्पष्ट एवं आकर्षक हैं। इतने परिवर्तन, संशोधन और मुद्रण-व्यय की वृद्धि के उपरान्त भी पुस्तक का मूल्य कम रखा गया है, जिससे अधिकतम लोग इससे लाभान्वित हो सकें।

योग एक पूर्ण विज्ञान है, एक पूर्ण जीवन-शैली है, एक पूर्ण चिकित्सा-पद्धति है एवं एक पूर्ण अध्यात्म-विद्या है। योग की लोकप्रियता का रहस्य यह है कि यह लिंग, जाति, वर्ग, सम्प्रदाय, क्षेत्र एवं भाषा-भेद की संकीर्णताओं से कभी आबद्ध नहीं रहा है। साधक, चिन्तक, वैरागी, अभ्यासी, ब्रह्मचारी गृहस्थ कोई भी इसका अभ्यास कर लाभान्वित हो सकता है। व्यक्ति के निर्माण और उत्थान में ही नहीं, बल्कि परिवार, समाज, राष्ट्र और विश्व के चहुँमुखी विकास में भी यह उपयोगी सिद्ध हुआ है। आधुनिक मानव-समाज जिस तनाव, अशान्ति, आतंकवाद, अभाव एवं अज्ञान का शिकार है, उसका समाधान केवल योग है। योग मनुष्य को सकारात्मक चिन्तन के प्रशस्त पथ पर लाने की एक अद्भुत विद्या है, जिसे करोड़ों वर्ष पूर्व भारत के प्रज्ञावान् ऋषि-मुनियों ने आविष्कृत किया था। इसे ही योगसूत्र में महर्षि पतंजलि

ने अष्टांग योग के रूप में ग्रन्थबद्ध किया है। इसी अष्टांग योग का उपदेश और अभ्यास पूज्य स्वामीजी अपने प्रवचन एवं योग-प्रशिक्षण में करते-कराते हैं। उनका निष्कर्ष है कि स्वस्थ व्यक्ति और सुखी समाज का निर्माण केवल योग की शरण में जाकर ही हो सकता है।

योग केवल कन्दराओं में रहने वाले वैरागियों, तपस्वियों एवं योगाभ्यासियों की विद्या नहीं है, बल्कि सामान्य गृहस्थ के लिए भी उसकी अतीव आवश्यकता है। यह कितने आश्चर्य का विषय है कि केवल दो सौ वर्ष पुरानी ऐलोपैथी चिकित्सा-पद्धति में फँसकर हम अपना आर्थिक, शारीरिक एवं मानसिक शोषण कराने को तो सहज में तैयार हो जाते हैं, लेकिन युगों से चली आ रही उस अति प्राचीन योग-विद्या के प्रति उदासीन रहते हैं, अनभिज्ञ रहते हैं, जो एक प्रामाणिक ही नहीं, वरन् बहुत ही कारगर एवं नि:शुल्क चिकित्सा-पद्धति भी है।

यदि योग केवल एक रहस्यमयी विद्या होती, तो योगिराज कृष्ण युद्धभूमि में इसका उपदेश अर्जुन को क्यों देते ? योगऋषि स्वामी रामदेवजी ने गहन गुफाओं में छिपी हुई इस योग-विद्या को भारतीय जनमानस में स्थापित कर, देश ही नहीं, मानवता का भी महान् उपकार किया है। अत: वे भारत सहित विश्व के करोड़ों लोगों की श्रद्धा एवं आस्था के केन्द्र हैं।

योग एवं आयुर्वेद-सहित प्राचीन अध्यात्मविद्या के शून्य से शिखर तक के आरोहण की यात्रा में आप सबका जो सहयोग मिला, उससे हम सहज ही उत्साहित और आश्वस्त हैं। आशा है, आपके निरन्तर सहयोग, सद्भाव, श्रद्धा एवं समर्पण से भारतीय संस्कृति के प्रचार-प्रसार का अभियान निरन्तर उत्कर्ष की ओर गतिशील होता रहेगा।

पच्चीसवें संस्करण पर विशेष-

हमें अतीव प्रसन्नता है कि भारतीयों में प्राचीन ऋषि-परम्परा के प्रति गौरव व स्वाभिमान बढ़ता जा रहा है निश्चित ही भारत-भाग्योदय का समय आ गया है। इसका प्रमाण है विगत मात्र तीन वर्षों में करोड़ों लोग योग को अपने जीवन में अपनाकर दूसरों को योग-मार्ग पर बढ़ने के लिए प्रेरित कर रहे हैं।

अत्यल्प समय में ही इस **'योग-साधना एवं योग-चिकित्सा रहस्य'** पुस्तक का बारह भाषाओं में लाखों की संख्या में छपना अपने आप में सुखद एवं संसार की एक आश्चर्यजनक घटना या परमात्मा की लीला ही कही जा सकती है। पुन: प्रबुद्ध पाठकों के प्रति आभार-प्रदर्शन एवं धन्यवाद ज्ञापन करते हुए यह कहना चाहूँगा कि सांस्कृतिक, आध्यात्मिक और सामाजिक जागरण के इस पावन अनुष्ठान में हमें आपका प्रेम एवं स्नेह पूर्ववत् नित्य निरन्तर प्राप्त होता रहेगा।

- आचार्य बालकृष्ण

आत्मनिवेदन

अखिल ब्रह्माण्ड के स्वामी परमदेव, सच्चिदानन्दस्वरूप परमात्मा, जिनकी ममतामयी करुणा से यह सम्पूर्ण जगत् आनन्दोत्सव मना रहा है, जो प्राणिमात्र को सुख, शान्ति एवं समृद्धि प्रदान कर रहा है, उस अन्तर्यामी ईश के प्रति मैं प्रतिपल नतमस्तक हूँ, जिसने मुझ जैसे अकिंचन जीव को अपना आनन्दमय आश्रय प्रदान कर मेरे जीवन को अध्यात्ममय बनाया।

परमगुरु परमात्मा की कृपा एवं पूर्वजन्म के शुभ संस्कारों के कारण मैंने लगभग चौदह वर्ष की अवस्था में ही महर्षि दयानन्द सरस्वती के वेदभाष्य को छोड़कर सम्पूर्ण साहित्य का अध्ययन किया, जिसके फलस्वरूप मेरे बाल-हृदय में आत्मदर्शन एवं वेदाध्ययन की प्रेरणा हुई और मेरा जीवन-प्रवाह श्रेयपथ की ओर मुड़ा। दैवेच्छा से अध्ययन करते हुए ही मैं पन्द्रह-सोलह वर्ष की आयु में गृहत्याग कर देवज्ञ, आध्यात्मिक आत्मज्ञानी गुरु के अन्वेषण में निकल पड़ा और भगवान् ने अपार करुणा करके अध्यात्मनिष्ठ, नानाशास्त्रनिष्णात, तपोधन, गुरुवर आचार्य प्रद्युम्न जी महाराज एवं आत्मद्रष्टा, श्रोत्रिय, ब्रह्मनिष्ठ, ऋषिवर आचार्य बलदेवजी महाराज का पावन सान्निध्य प्राप्त कराया। इन्हीं महान् आचार्यप्रवरों ने कृपा कर मुझ अबोध बालक को पाणिनीय व्याकरण-सहित उपनिषद्, दर्शन एवं वेद-वेदांगों की शिक्षा प्रदान की तथा मुझे सच्चा ब्राह्मणत्व प्रदान कर जीवन को ब्रह्माभिमुख बनाया।

मैं तो यही समझ पाया हूँ कि मेरे जीवन में जो भी शुभ है, वह परमपिता परमात्मा की कृपा एवं गुरुजनों के आशीर्वाद का प्रतिफल है। महर्षि पतंजलि, गुरु गोरखनाथ आदि योग-परम्परा के सभी ऋषि-मुनियों को वन्दन एवं प्रणाम करता हूँ, जिनकी कृपा से योग का यह पारम्परिक ज्ञान हमें प्राप्त हुआ।

गुरुकुलीय शिक्षा पूरी होने पर वन्दनीय गुरुवर ने अपने ही पावन सान्निध्य में मुझे गुरुकुल का आचार्यत्व ग्रहण करवाया, लेकिन विधाता परमेश्वर को मुझसे कहीं अन्यत्र सेवा करवानी थी। इसके बाद मैंने एक अन्य गुरुकुल किसनगढ़-घासेड़ा में भी आचार्यत्व का भार सँभाला, परन्तु परम पिता परमेश्वर मुझे कहीं अन्यत्र ही ले जा रहे थे। गुरुकुलीय सतीर्थ्य सखा, साधनारत एवं परोपकारशील विद्वान्, पूज्य आचार्य बालकृष्णजी के साथ गंगोत्री के पावन धाम पर गुफाओं में योगाभ्यास करते हुए, उनके साथ मिलन हुआ। धीरे-धीरे परमात्मा ने हम सब गृहत्यागी बाल ब्रह्मचारियो को एक साथ जोड़ दिया। मिलन के क्रम में प्रकाण्ड विद्वान् योगाभ्यासी साधक, सतीर्थ्य, पूज्य आचार्यश्री मुक्तानन्दजी भी आश्रम के आरोग्य, अध्यात्म एवं शिक्षण आदि सेवाकार्यों में संलग्न हो गये।

परमपूज्य श्रद्धेय वन्दनीय गुरुवर सन्त स्वामी शंकरदेवजी की कृपा से सन् १९९५ ई० में संस्थापित इस दिव्य योग मन्दिर ट्रस्ट को माध्यम बनाकर जो कुछ भी सेवाकार्य सम्पूर्ण भारतवर्ष में हो रहा है, वह सब इन्हीं पूर्वोक्त विद्वान् आचार्यों के तप, त्याग एवं साधना का ही प्रतिफल है। प्रस्तुत पुस्तक को भी मैंने मात्र निमित्त बनकर लिखा है, प्रेरणा, सहयोग एवं परामर्श इन सब आचार्यों का ही है। इन सब सुधी सहृदय सारस्वत मित्रों के प्रति धन्यवाद ज्ञापन को तो मैं आत्मश्लाघा ही कहूँगा।

हरिद्वार सहित सम्पूर्ण देश में योग एवं अध्यात्म के माध्यम से सेवारत पूजनीय सभी सन्तों का वन्दन करता हूँ, जिनका संस्था के सामाजिक, आध्यात्मिक, सांस्कृतिक एवं शैक्षणिक सेवा-प्रकल्पों में सदैव रचनात्मक आशीर्वाद बना रहता है। जिन-जिन महानुभावों का प्रत्यक्ष या अप्रत्यक्ष सहयोग इस पुस्तक के लेखनादि कार्यों में प्राप्त हुआ, मैं उन सभी विद्वानों के प्रति हार्दिक कृतज्ञता प्रकट करता हूँ।

आश्रम द्वारा संचालित सेवाकार्यों में जिनका सदैव पूर्ण सहयोग एवं सद्भाव रहता है, उन सभी श्रद्धालु भक्तजनों के लिए भगवान् से प्रार्थना करता हूँ कि भगवान् सबको श्रद्धा, भक्ति, शक्ति, आरोग्य, दीर्घायुष्य, भौतिक एवं आध्यात्मिक समृद्धि प्रदान करें, जिससे उनके द्वारा सम्पन्न होने वाले समाजसेवा के कार्यों को अधिक बल और गति मिल सके। रंगीन चित्रों-सहित पुस्तक को भव्य रूप में प्रकाशित करने के लिए मै साईं सिक्यूरिटी प्रिन्टर्स लिमिटेड को धन्यवाद देता हूँ।

समाज-सेवाकार्यों में अतिव्यस्तता के बीच लिखी गई इस पुस्तक में बहुत-सी त्रुटियों का रहना सहज है। इन त्रुटियों के सम्बन्ध में इस पुस्तक के विद्वान् पाठकों के जो भी सुझाव प्राप्त होंगे, उन्हें आगामी संस्करण में सम्मिलित किया जा सकेगा। ओम् शम्!

-स्वामी रामदेव

विषय-सूची

योग-परिचय

योग का स्वरूप

योग शब्द वेदों, उपनिषदों, गीता एवं पुराणों आदि में अति पुरातन काल से व्यवहृत होता आया है। भारतीय दर्शन में 'योग' एक अति महत्त्वपूर्ण शब्द है। आत्मदर्शन एवं समाधि से लेकर कर्मक्षेत्र तक के लिए योग का व्यापक व्यवहार हमारे शास्त्रों में हुआ है। योगदर्शन के उपदेष्टा महर्षि पतञ्जलि 'योग' शब्द का अर्थ चित्तवृत्ति का निरोध[१] करते हैं। प्रमाण, विपर्यय, विकल्प, निद्रा एवं स्मृति[२] ये पञ्चविध वृत्तियाँ जब अभ्यास एवं वैराग्य आदि[३] साधनों के द्वारा निरुद्ध हो जाती हैं और (आत्मा) अपने स्वरूप में अवस्थित हो जाता है, तब योग होता है[४]।

महर्षि व्यास योग का अर्थ समाधि[५] करते हैं। व्याकरणशास्त्र में 'युज्' धातु से भाव में घञ् प्रत्यय करने पर योग शब्द व्युत्पन्न होता है। महर्षि पाणिनि के धातुपाठ के दिवादिगण में (युज् समाधौ), रुधादिगण में (युजिर् योगे) तथा चुरादिगण में (युज् संयमने) इस रूप में 'युज्' धातु आती है। संक्षेप में हम कह सकते हैं कि संयमपूर्वक साधना करते हुए आत्मा का परमात्मा के साथ योग (संयोग) कर समाधि का आनन्द लेना 'योग' है।

आत्मा जब परमात्मा की उपासना करता है तो भगवान् के दिव्य ज्ञान, दिव्य प्रेरणा, दिव्य सामर्थ्य, दिव्य सुख-शान्ति एवं दिव्य आनन्द से युक्त हो जाता है। भगवान् की दिव्यता से जुड़ना यही योग है।

उपर्युक्त ऋषियों की मान्यताओं के अनुसार योग का तात्पर्य स्वचेतना और पराचेतना के मुख्य केन्द्र परमचैतन्य प्रभु के साथ संयुक्त हो जाना है। सम्यक् बोध से रागोपहति होने पर जब व्यक्ति वैराग्य[६] के भाव से अभिभूत होता है, तब वह समस्त क्षणिक भावों, वृत्तियों से ऊपर उठकर आत्मसत्ता के सम्पर्क में आता है। चित्त की पाँच अवस्थाएँ हैं[७]- क्षिप्त, मूढ़, विक्षिप्त, एकाग्र एवं निरुद्ध। इनमें से प्रथम तीन

---

१. योगश्चित्तवृत्तिनिरोधः। (योगसूत्र- १.२)

२. प्रमाणविपर्ययविकल्पनिद्रास्मृतयः। (योगसूत्र- १.६)

३. अभ्यासवैराग्याभ्यां तन्निरोधः। (योगसूत्र- १.१२)

४. तदा द्रष्टुः स्वरूपेऽवस्थानम्। (योगसूत्र- १.३)

५. योगः समाधिः। (योगसूत्र, व्यासभाष्य- १.१)

६. ज्ञानस्यैव परा काष्ठा वैराग्यम्। (योगसूत्र, व्यासभाष्य- १.१६)

७. क्षिप्तं मूढं विक्षिप्तमेकाग्रं निरुद्धमिति चित्तभूमयः। (योगसूत्र, व्यासभाष्य- १.१)

अवस्थाओं में योग एवं समाधि नहीं होती। एकाग्र और निरुद्ध अवस्थाओं में अविद्या आदि पंच क्लेशों एवं कर्म के बन्धन के शिथिल होने पर क्रमश: सम्प्रज्ञात समाधि (वितर्कानुगत, विचारानुगत, आनन्दानुगत, अस्मितानुगत) और असम्प्रज्ञात समाधि (भवप्रत्ययगत एवं उपायप्रत्ययगत) की प्राप्ति होती है।

भारतीय वाङ्मय में गीता का अपना महत्त्वपूर्ण स्थान है। भारत के आधुनिक सन्तों ने तो गीता के योग का प्रचार विश्वभर में किया है। गीता में योगेश्वर श्रीकृष्ण 'योग' को विभिन्न अर्थों में प्रयुक्त करते हैं- अनुकूलता-प्रतिकूलता, सिद्धि-असिद्धि (सफलता-विफलता), जय-पराजय, इन समस्त भावों में आत्मस्थ रहते हुए सम रहने को 'योग' कहते हैं[१]। असंग भाव से द्रष्टा बनकर, अन्तर की दिव्य प्रेरणा से प्रेरित होकर कुशलतापूर्वक कर्म करना ही योग है[२]।

योग के तीन पहलू

योग के मुख्य रूप से तीन पहलू हैं- एक- योग का ज्ञान, दूसरा- अभ्यास तथा तीसरा आचरण पक्ष। योग एक बहुत ही प्राचीन, वैज्ञानिक, व्यावहारिक एवं पंथनिरपेक्ष सत्य है। योगविद्या का प्रामाणिक रूप में यथार्थ बोध होना बहुत ही आवश्यक है; क्योंकि योग के नाम पर आंशिक, आधा-अधूरा, अल्पज्ञान, मिथ्याज्ञान एवं अप्रामाणिक व अवैज्ञानिक ज्ञान भी प्रचलित हो रहा है। अत: योग के क्षेत्र में कार्य कर रही संस्थाओं, संगठनों एवं योग्य व्यक्तियों का यह बहुत बड़ा दायित्व व कर्त्तव्य है कि योग के सन्दर्भ में प्रामाणिक यथार्थ ज्ञान का ही प्रचार-प्रसार करें तथा उसी के अनुरूप योग के अभ्यास अर्थात् योगाभ्यास में एकरूपता होने से वैश्विक स्तर पर योग की विश्वसनीयता, लोकप्रियता एवं प्रामाणिकता बढ़ेगी। योग एक स्वस्थ, समृद्ध, प्रगतिशील, सभ्य, उन्नत भव्य एवं दिव्य जीवन का पथ है। इसका सम्बन्ध मात्र कुछ यौगिक प्रक्रियाओं एवं अभ्यासों से ही नहीं है, अपितु श्रेष्ठतम दिव्य आचरण या दिव्य जीवन जीना ही योग का अन्तिम ध्येय है। बीमारियों, बुराइयों एवं तनाव आदि से मुक्त स्वस्थ सुखमय एवं शान्तिमय जीवन- यह योग का एक पहलू है। योगी व्यक्ति सब अविद्या, अज्ञान एवं अज्ञानजनित दोषों एवं समस्त दोषपूर्ण प्रवृत्तियों व दु:खों से मुक्त हो जाता है, यही निर्वाण, मोक्ष या मुक्ति है। जब योग-साधना, सेवा, पुरुषार्थ, परमार्थ, योग व कर्मयोग से योगी का शरीर, इन्द्रियाँ, चित्त व चरित्र शुद्ध हो जाता है और शुद्ध विवेक जागृत हो जाता है तो वह शील, समाधि व प्रज्ञा से युक्त होकर स्वयं एवं समष्टि में पूर्णता की अनुभूति करता हुआ पूर्ण कृतज्ञतापूर्वक पूर्णज्ञान, पूर्णनिष्ठा एवं पूर्ण पुरुषार्थ के साथ निमित्त मात्र होकर अपने कर्त्तव्य का दिव्यतापूर्वक निर्वहन करता है। योगी का ऐसा दिव्यता युक्त आचरण या दिव्य जीवन ही योग का अन्तिम परिणाम है। योग से जब मनुष्य का विचार, आहार व व्यवहार शुद्ध हो जायेगा तो संसार में विश्वबन्धुत्व, सहअस्तित्व एवं एकत्व अपने आप स्थापित होगा। हैल्थ, हैप्पीनेस एवं हर्मनी का माध्यम

---

१. योगस्थ: कुरु कर्माणि सङ्गं त्यक्त्वा धनञ्जय। सिद्ध्यसिद्ध्यो: समो भूत्वा समत्वं योग उच्यते।। (गीता- २.४८)
२. योग: कर्मसु कौशलम्। (गीता- २.५०)

है योग। स्वास्थ्य, विश्वशान्ति एवं विश्व की समग्र स्थायी विकेन्द्रित एवं न्यायपूर्ण सात्त्विक समृद्धि का भी एकमात्र साधन है योग। यह योगविद्या ही पराविद्या, ब्रह्मविद्या या अध्यात्मविद्या है। योग के सभी पहलुओं को यथार्थ रूप में समझने, अभ्यास करने एवं योगयुक्त आचरण करने की आज के विविध चुनौतीपूर्ण वातावरण में नितान्त आवश्यकता है। हठयोग, क्रियायोग, ज्ञानयोग, कर्मयोग, भक्तियोग एवं अष्टाङ्गयोग (राजयोग) का जब यथार्थ ज्ञान, अभ्यास एवं आचरण के स्तर पर मनुष्य के जीवन में अवतरण होगा, तभी यह मानव समाज एवं विश्व बहुत ही स्वस्थ, सुन्दर सुखशान्तिमय एवं पूर्ण समृद्धिमय होगा।

योग के प्रकार

दत्तात्रेय योगशास्त्र तथा योगराज उपनिषद् में मन्त्रयोग, लययोग, हठयोग तथा राजयोग के रूप में योग के चार प्रकार माने गये हैं[१]। महर्षि पतञ्जलि का अष्टांगयोग सार्वभौमिक, प्रामाणिक व वैज्ञानिक माना गया है।

१. **मन्त्रयोग-** ओ३म् एवं गायत्री आदि मन्त्रों का विधिपूर्वक जप करने से योग की सिद्धियाँ एवं दिव्य शक्तियाँ प्राप्त होती हैं।

२. **लययोग-** दैनिक क्रियाओं को करते हुए सदैव ईश्वर का ध्यान करना लययोग है।

३. **हठयोग-** विभिन्न मुद्राओं, आसनों, प्राणायाम एवं बन्धों के अभ्यास से शरीर को निर्मल एवं मन को एकाग्र करना हठयोग कहलाता है।

४. **राजयोग-** यम-नियम आदि के अभ्यास से चित्त को निर्मल कर ज्योतिर्मय आत्मा का साक्षात्कार करना 'राजयोग' कहलाता है। 'राजयोग' शब्द 'राजृ दीप्तौ' धातु से निष्पन्न हुआ है। 'राज' का अर्थ दीप्तिमान्, ज्योतिर्मय तथा 'योग' का अर्थ समाधि अथवा अनुभूति है।

गीता में ध्यानयोग, सांख्ययोग एवं कर्मयोग के बारे में विस्तृत विवेचन है[२]। गीता के पंचम अध्याय में संन्यासयोग एवं कर्मयोग में कर्मयोग को श्रेष्ठ माना गया है[३]।

अष्टांग योग- महर्षि पतञ्जलि ने योगों में अष्टांग योग को मुख्यतया लक्षित कर योगसूत्रों में इसकी विवेचना की है, जिसका विस्तृत वर्णन हम आगे करेंगे। यौगिक भेदों के बारे में जब हम शास्त्रों पर दृष्टिपात करते हैं, तब यही निष्कर्ष निकलता है कि आध्यात्मिक साधना के क्षेत्र में जितने उपाय या विधियाँ प्रचलित थीं, उन सबको योग के नाम से अभिहित किया जाता था।

---

१. मन्त्रयोगो लयश्चैव हठयोगस्तथैव च। राजयोगश्चतुर्थः स्याद् योगानामुत्तमस्तु सः।। (दत्तात्रेययोग- १८.१९)

२. ध्यानेनात्मनि पश्यन्ति केचिदात्मानमात्मना। अन्ये सांख्येन योगेन कर्मयोगेन चापरे।। (गीता- ३.२४)

३. संन्यासः कर्मयोगश्च निःश्रेयस्करावुभौ। तयोस्तु कर्मसंन्यासात् कर्मयोगो विशिष्यते।। (गीता- ५.२)

योग एवं अध्यात्म की सात्त्विक आर्ष परम्परा

योग करना व कराना तथा योग व अध्यात्म का प्रचार करना हम सबका परमधर्म, सेवाधर्म, राष्ट्रधर्म व भागवतधर्म है। हमें योगी, निरोगी, सहयोगी, उपयोगी, उत्पादक, सकारात्मक, परमपुरुषार्थी, आशावादी, राष्ट्रवादी, अध्यात्मवादी व न्यायवादी बनना है।

मानवीय चेतना के दो स्तर- मनुष्य का यदि अधोगमन या पतन हो तो उसकी सीमा भी अनन्त है, जैसे कि धरती पर हिंसा, क्रोध, घृणा, युद्ध, झूठ, व्यभिचार, बलात्कार व अन्याय- ये सब क्रूरताएं कोई पशु, पक्षी या पेड़, पौधे नहीं करते अपितु स्वयं इंसान से ही इन बुराईयों का जन्म होता है। दूसरी तरफ यदि मनुष्य ऊपर उठे तो मानव से महामानव, अतिमानव, दिव्य मानव और साक्षात् शाश्वत का प्रतिरूप बनकर सम्पूर्ण सृष्टि को सुख, समृद्धि देने वाला देवता बन सकता है।

'उद्यानं ते पुरुष नावयानं जीवातुं ते दक्षतातिं कृणोमि'। (अथर्व.- ८.१.६)

हे नर! देख, जीवन में सदा तेरी उन्नति ही होनी चाहिए, अधोगति नहीं।

अशुभ से बचने का उपाय- (१) परिणाम में अनन्त दुःखप्राप्ति का भय अथवा प्रतिपक्ष की भावना। (२) गुरु की शरणागति अर्थात् गुरु आज्ञा का सौ प्रतिशत पालन करना।

दिव्य जीवन का उपाय- योगचेतना, उच्चचेतना, दिव्यचेतना, आत्मचेतना, गुरुचेतना, ऋषिचेतना व भागवत चेतना में जीने का प्रयत्नपूर्वक अभ्यास करें।

१. तीन प्रकार के विधान या कानून को कदापि न तोड़ें- भगवान् का विधान, राष्ट्र का संविधान व आत्मा का विधान (आत्मा की आवाज)।

२. तीन को बढ़ाने का सर्वदा प्रयास करें- ज्ञान, श्रद्धा व पुरुषार्थ तथा तीन से सदा बचें- अज्ञान, अश्रद्धा व अकर्मण्यता (प्रमाद)।

किसी भी मत, सम्प्रदाय या मजहब से जुड़े हुए प्रत्येक ईश्वरभक्त व राष्ट्रभक्त भारतीय को जीवन में तीन व्रतों के पालन का संकल्प अवश्य करना चाहिए।

१. प्रतिदिन योगाभ्यास करने व करवाने का व्रत।

२. प्रतिदिन जीवन उपयोग में आने वाली स्वदेशी वस्तुओं के ही प्रयोग का व्रत।

३. स्वयं व समष्टि में भगवान् को अनुभव करते हुए दिव्यभाव से सबकी सेवा करने का व्रत।

भारतवर्ष में सदा से चली आई वैदिक आर्य (हिन्दू) संस्कृति का मूल योग है। योग ही रोगमुक्त, नशामुक्त, दवामुक्त, व्यसनमुक्त व तनावमुक्त दिव्य जीवन का मूल है। सृष्टि की समस्त भागवत दिव्यता योग में ही समाहित है। योग एक तरफ स्थूल दोषों का नाश करके शरीर के अंग-प्रत्यंग व समस्त धातुओं का सन्तुलन बनाकर रखता है तो दूसरी तरफ मन, वाणी एवं बुद्धि को सन्तुलित कर सूक्ष्म दोषों का क्षय व शुभ का उदय करता है, अशुभभाव व अशुभ वृत्तियों को दग्धबीज करता है।

तं योगमिति मन्यन्ते स्थिरामिन्द्रियधारणाम्।
अप्रमत्तस्तदा भवति योगो हि प्रभवाप्ययौ।। (कठोपनिषद्- ६.११)

योग करने वाला व्यक्ति अप्रमत्त अर्थात् प्रमादरहित हो जाता है। योग से शुभ संस्कारों और विवेक का प्रभव (प्रादुर्भाव) होता है और अशुभ संस्कारों व अविवेक का अप्यय (नाश) होता है।

स्वदेशी मात्र कोई वस्तु नहीं अपितु ईश्वरीय न्याय या नैसर्गिक न्याय पर आधारित अत्यन्त विराट् व गम्भीर जीवन-दर्शन है।

स्वदेशी भाषा, वेशभूषा, भेषज, भजन- यह मात्र भावना या स्वार्थ पर टिका हुआ दर्शन नहीं, अपितु व्यष्टि, समष्टि व राष्ट्र के सर्वांगीण गौरवशाली विकास एवं समृद्धि का मूल है। यह समग्र, स्थायी, अहिंसक व न्यायपूर्ण विकास या समृद्धि का दर्शन है।

Swadeshi is the Principal of Inclusive, Sustainable, Passive & Justicefull Prosperity.

सर्वत्र भगवान् के दर्शन का अर्थ है- यह संसार उस ईश्वर की कृति है और वह स्वयं इसके कण-कण में समाया है- 'ईशा वास्यमिदं सर्वम्, सर्वं खलु इदं ब्रह्म, वासुदेवः सर्वम्, सियाराममय सब जग जानी'।

स एवाधस्तात्स उपरिष्टात्स पश्चात्स पुरस्तात्स दक्षिणतः स उत्तरतः।
स एवेदं सर्वमित्यथातोऽहङ्कारादेश एवाहमेवाधस्तादहमुपरिष्टादहं
पश्चादहं पुरस्तादहं दक्षिणतोऽहमुत्तरतोऽहमेवेदं सर्वमिति। (छान्दोग्योपनिषद्-७.२५.१)

अर्थात् हमारे पास शरीर, मन, वाणी, विचार से सम्बन्धित या आर्थिक, सामाजिक, राजनैतिक, पद, प्रतिष्ठा के रूप में जो भी सामर्थ्य है, उसे ईश्वर व राष्ट्र की सेवा में समर्पित कर देना; क्योंकि जो भी हमें मिला है, हमारे पास है, वह सब ईश्वर व राष्ट्र से ही मिला है। सामर्थ्य का भोग करने से हमारे पुण्य क्षीण हो जाते हैं और सामर्थ्य को सेवा में लगाने से हमारे पुण्य बढ़ जाते हैं, यही तो हमारी अनश्वर शाश्वत सम्पत्ति है। जो व्यक्ति ऐसा जीवन जीता है, उसका जीवन दिव्य, महान्, यशस्वी व सर्वलोकहितकारी बन जाता है। वह इस धरती पर अमृतपुत्र, ईश्वरपुत्र, शाश्वत का, ऋषियों का प्रतिनिधि, प्रतिरूप या मूर्त्तरूप होकर जीवन जीता है।

योग के मूलभूत सिद्धान्त

१. योग कोई मजहवी परम्परा या अभ्यास नहीं है, अपितु योग एक वैज्ञानिक, सार्वभौमिक व पंथनिरपेक्ष जीवन पद्धति है। रोगियों के लिए योग एक सम्पूर्ण चिकित्सा (पद्धति) तथा योगियों के लिए एक साधना पद्धति, मुक्ति का मार्ग और जीवन में पूर्णता प्राप्त करने का साधन है।

२. योग पर अनुसन्धान व अनुभव करके हम इस निष्कर्ष पर पहुँचे हैं कि योग से हमें पाँच मुख्य लाभ होते हैं-

(क) एक-एक सेल से लेकर पूरे सिस्टम का सन्तुलन, शरीर के सभी कैमिकल्स, सॉल्ट्स व हार्मोन्स से लेकर सम्पूर्ण शारीरिक संतुलन योग से होता है- 'समत्वं योग उच्यते'।

(ख) डिजनेंट हुए सेल्स को हम योग से रिजनेंट कर लेते हैं।

(ग) मनुष्य में निहित ज्ञान शक्ति एवं सामर्थ्य एक से पाँच प्रतिशत ही जागृत अवस्था में होती है। अन्य शक्तियां प्रसुप्त अवस्था में होती हैं। योग से हमारी सुप्त ज्ञान शक्ति एवं अन्य अपरिमित दिव्य शक्तियों का जागरण होता है। योग नर से नारायण, जीव से ब्रह्म, मानव से महामानव बनाने वाली आध्यात्मिक विद्या या आध्यात्मिक विज्ञान है।

(घ) योग से हमारे अज्ञान, अशुभ, अविद्या का धीरे-धीरे क्षय तथा विवेक, शुभ व समस्त दिव्यताओं का निरन्तर उदय या विकास होता है।

(ङ) प्रत्येक मनुष्य के शरीर में कोई भी रोग तथा चित्त में कोई विकार पैदा हो सकता है, परन्तु योग से हमारे शरीर व चित्तगत समस्त विकारों के बीज नष्ट हो जाते हैं और योगी निर्बीज हो जाता है। योग से व्याधि की समाप्ति तथा समाधि एवं दिव्य जीवन की प्राप्ति होती है। दिव्यज्ञान, दिव्य प्रेम, करुणा, वात्सल्य, दिव्यशक्ति, सामर्थ्य एवं दिव्य विभूतियों से युक्त होता है योगी।

३. योगी के जीवन में अर्थात् जो आत्माएं योग, प्राणायाम व ध्यान आदि का नियमित श्रद्धापूर्वक अभ्यास करते हैं तथा योगयुक्त दिव्य आचरण करते हैं, उनके जीवन में १० बड़े सत्यों का समावेश हो जाता है। इन्हें ही योग में यम-नियम कहते हैं- अहिंसा, सत्य, अस्तेय, ब्रह्मचर्य, अपरिग्रह- ये पाँच यम हैं तथा शौच (शुचिता), सन्तोष, तप, स्वाध्याय एवं ईश्वरप्रणिधान- ये पाँच नियम हैं। अत: योगी कभी भी हिंसा, झूठ, बेईमानी, अब्रह्मचर्य, असंयम, लालच में नहीं पड़ता तथा उसके जीवन में अशुचिता (अपवित्रता), असंतोष, अकर्मण्यता, आत्मविमुखता व नास्तिकता नहीं होती है। योगी अष्टांग योग का पालन करता है अर्थात् अष्टांग योग को अपने आचरण में उतारता है।

अहिंसासत्यास्तेयब्रह्मचर्यापरिग्रहा: यमा:। (योगसूत्र- २.३०)

शौचसन्तोषतप:स्वाध्यायेश्वरप्रणिधानानि नियमा:।। (योगसूत्र- २.३२)

४. लगभग ७०० करोड़ की विश्व की कुल आबादी में से यदि एक प्रतिशत जनसंख्या भी योगी बन जाय तो यह दुनिया बहुत सुन्दर समृद्धिमय व शान्तिमय हो जायेगी; क्योंकि एक योगी की आत्मा में हजारों लाखों व्यक्तियों से अधिक सामर्थ्य व दिव्यता होती है।

५. योग न करने वाले या योगी जीवन न जीने वाले लोग सात चीजों के लिए अधिकांशत: संघर्ष करते दिखते हैं- सत्ता, सम्पत्ति, सम्मान, भौतिक इन्द्रिय सुख, भौतिक सम्बन्ध, बाह्य समृद्धि एवं सफलता, इन्हीं की प्राप्ति को सामान्य लोग अपने जीवन का अन्तिम लक्ष्य समझ लेते हैं। योगी

आत्माओं के जीवन में भी ये सत्य होते हैं, लेकिन योगी इन्हें ईश्वर का अनुग्रह, माता-पिता व गुरुजनों व समाज के आशीर्वाद से प्राप्त होने वाले कर्त्तव्य के रूप में स्वीकार करता है- ये योगी के जीवन के बाय-प्रोडक्ट बन जाते हैं। योगी के जीवन का मुख्य या अन्तिम ध्येय तो योग-कर्मयोग, योग-यज्ञ, साधना-सेवा, पुरुषार्थ, अभ्युदय व निःश्रेयस ही होता है।

६. स्वास्थ्य, सुन्दरता, शक्ति, शान्ति, समृद्धि, शाश्वत (स्थायी) सुख व सफलता- ये सात विश्व के सभी इंसानों की मूलभूत कामनाएं या इच्छाएं हैं। इन सात विवेकपूर्ण कामनाओं की भी प्राप्ति होती है- योग से। योगी अन्ततः अकाम, पूर्णकाम, आप्तकाम, निष्काम या ब्रह्मकाम एवं जीवन्मुक्त होकर भगवान् का दिव्य यन्त्र या दिव्य प्रतिनिधि होकर जीता है।

७. योगी उच्च आध्यात्मिक दिव्य जीवन जीता हुआ भी सबसे प्रीतिपूर्वक, धर्मानुसार, यथायोग्य, विवेकपूर्ण एवं न्यायपूर्ण व्यवहार या आचरण करता है। ये योगी के बाह्य आचरण के पाँच सत्य हैं।

८. योग से मनुष्य की उत्पादकता, सृजनात्मकता, सकारात्मकता, एवं सभी प्रकार की दिव्यता बढ़ती है। योग मनुष्य के बाह्य व आन्तरिक विकास का एक सर्वांगीण साधन या माध्यम है।

९. योगी वसुधैव कुटुम्बकम्, सह-अस्तित्व एवं एकत्व के तीन उच्च आध्यात्मिक आदर्शों को अपने जीवन में जीता है। विश्व का सबसे घातक या विध्वंसकारी विचार है कि केवल मैं और मेरा मजहब, विचार, सिद्धान्त एवं मान्यताएं ही सत्य हैं, मैं और मेरा मजहब ही सर्वश्रेष्ठ है, ऐसा योगी नहीं सोचता, अपितु सम्पूर्ण विश्व को ही भगवान् की रचना मानता है। सभी सर्वश्रेष्ठ हैं, सभी जीव एक ही ईश्वर की सन्तानें हैं, अतः हम सब एक ही हैं। ज्ञान, कौशल, राष्ट्र, विभिन्न परम्पराएं, सम्पन्नता एवं ताकत के आधार पर परस्पर ऊँच-नीच का भाव योगी नहीं रखता। योगी भगवान् को सर्वोच्च शक्ति के रूप में स्वीकार करता तथा अनुभव करता है और वह भगवान् के विधान, वेदानुकूल, आत्मानुकूल या यूनिवर्सल लॉ के अनुरूप आचरण करता है।

१०. योग जीवन-प्रबन्धन, तनाव-प्रबन्धन, व्यक्तित्व-विकास एवं आदर्श दिव्य जीवन निर्माण की एक बहुत बड़ी वैज्ञानिक कला है। मनुष्य के भीतर के असीम ज्ञान, शक्ति सामर्थ्य, सत्य, प्रेम, करुणा व दिव्य ऐश्वर्य के जागरण का साधन या माध्यम है योग। योग मात्र एक व्यायाम, प्राणायाम या ध्यान मात्र ही नहीं है, ये भी योग की विधाएं हैं। वास्तव में तो एक-एक श्वास एवं पूरा जीवन ही योग है।

११. यौगिक क्रियाओं व आसनों से हमारे शरीर का हार्डवेयर, प्राणायाम, ध्यान, समाधि, तप, स्वाध्याय व ईश्वरप्रणिधान से हमारा सॉफ्टवेयर अर्थात् आत्मा की सम्पूर्ण दिव्यता की जागृति व अनुभूति होती है।

१२. श्रेष्ठ प्रारब्ध, दिव्य व श्रेष्ठ वातावरण, श्रेष्ठ प्रशिक्षक, श्रेष्ठ प्रशिक्षण तथा अखण्ड पुरुषार्थ- ये पाँच साधन हैं जीवन को श्रेष्ठतम व दिव्य बनाने के। इन पाँचों में भी पुरुषार्थ तत्त्व सबसे ऊँचा है। योग

से मनुष्य का समस्त प्रकार का पुरुषार्थ पूरी तरह से जागृत हो जाता है। पूरा जीवन पुरुषार्थ ही तो है तथा पुरुषार्थ-चतुष्टय को ही भारतीय संस्कृति में धर्म, अर्थ, काम व मोक्ष नाम से कहा जाता है।

१३. स्वस्थ शरीर, तीव्र मेधा, सत्य में अखण्ड निष्ठा, उत्साह, पुरुषार्थ, पराक्रम व कृतज्ञता- ये सात भगवान् की दिव्य विभूतियाँ हैं या दैवी सम्पदाएं हैं। योग से इन सातों दैवी सम्पदाओं का विकास होता है।

१४. योग न करने वाले लोग सामान्यत: निम्न चेतना में जीते हैं। योगी सदा उच्च, दिव्य या भगवान् की चेतना में जीता हुआ देवत्व, ऋषित्व व भगवत्ता में जीता है। योगी ऋषि सत्ता व भागवत सत्ता का मूर्त्तरूप, प्रतिरूप या प्रतिनिधि हो जाता है।

१५. योगी भीतर से पूर्ण शान्त, सहज व बाहर से पूर्ण क्रियाशील, पूर्ण पुरुषार्थमय जीवन जीते हुए भगवान् के दिव्य ज्ञान, दिव्य शक्तियों व दिव्य ऐश्वर्य से युक्त होकर, भगवान् का यन्त्र बनकर दिव्य योगमय, पूर्ण सुखमय, शान्तिमय, पूर्ण समृद्धिमय व पूर्ण स्वाधीनता के साथ जीवन को जीता है। योगी के जीवन में न तो बाह्य दरिद्रता होती है न ही आन्तरिक कृपणता व दरिद्रता। योगी का सम्पूर्ण ऐश्वर्य, सामर्थ्य, विभूति व समृद्धि समष्टि की सेवा के लिए होती है। योगी न तो साधनहीन दु:खी दरिद्र होता है, न ही साधन-सम्पन्न दु:खी दरिद्र अपितु योगी सभी प्रकार की दरिद्रता, अज्ञान, अभाव एवं अन्याय से मुक्त देखना चाहता है।

१६. सुखी, दु:खी, पुण्यशील व अपुण्यशीलों के प्रति सदा क्रमश: मैत्री, करुणा, मुदिता व उपेक्षा का भाव रखता हुआ योगी सदा प्रसन्नचित्त व आनन्दित रहता है। वह एक क्षण के लिए भी अशुभ में नहीं जीता। व्यवहारकाल में वृत्तिसारूप्य की स्थिति में भी योगी वेगों व विकारों में बहता या बहकता नहीं है। रोंग एक्शन, रियेक्शन व इन-एक्शन से योगी दूर रहकर डिवाइन एक्शन में रहता है अथवा अपने आत्मस्वरूप में, अपनी पूर्णता में सदातृप्त अपिपास होकर जीवन्मुक्त रूप में जीता है।

१७. योगी व्यक्ति किसी भी मजहबी व अन्य प्रकार के भौतिक उन्माद से रहित होकर स्वयं एक पूर्ण आध्यात्मिक जीवन जीता है तथा समष्टि में आध्यात्मिकता की प्रतिष्ठा हेतु पूर्ण पुरुषार्थ करता है। आध्यात्मिक जीवन, आध्यात्मिक परिवार, समाज, राष्ट्र व आध्यात्मिक विश्व का निर्माण ही योगी के जीवन का एक मात्र बाह्य ध्येय रहता है। व्यष्टि से समष्टि की मुक्ति अर्थात् अपने व जगत् के समस्त दु:खों को दूर कर वह सदा सर्वत्र सुख व समृद्धि देखना चाहता है।

१८. योगी सत्य, प्रेम व करुणामय जीवन जीते हुए स्वयं से लेकर समष्टि तक सर्वत्र अज्ञान, अभाव व अन्याय से मुक्त संसार देखना चाहता है। अहम् से वयम् की यात्रा होती है योगी की। मैं भी सत्य, धर्म, न्याय, पुरुषार्थ, परमार्थ, साधना, सेवा, योग व कर्मयोग के मार्ग पर चलूँ तथा अपने सम्पूर्ण सामर्थ्य से सबको भी चलाऊँ; क्योंकि यही मानव मात्र के कल्याण का एक मात्र मार्ग है। मैं स्वयं

चरित्रवान्, महान्, स्वस्थ, सुखी, समृद्ध बनूँ तथा सबको भी बनाऊँ। योगी 'संगच्छध्वं संवदध्वं सं वो मनांसि जानताम्' की ईश्वरीय आज्ञा का पालन करता है।

१९. हठ, दुराग्रह, स्वार्थ व अविद्या से रहित होकर संसार की सभी विवेकशील आत्माओं को विश्व की समग्र व स्थायी समृद्धि व विकास तथा विश्व में स्थायी शान्ति के लिए अष्टाङ्गयोग, हठयोग, ज्ञानयोग, कर्मयोग, एवं भक्तियोग आदि योग की वैज्ञानिक, सार्वभौमिक व पंथनिरपेक्ष परम्परा को स्वीकार करना चाहिए तथा इसे पूर्ण गौरव प्रदान करना चाहिए। यही एक मात्र विश्व के कल्याण का मार्ग है।

२०. तस्माद् योगी भव अर्जुन (गीता)। योगेश्वर भगवान् श्रीकृष्ण अर्जुन से कहते हैं, हे अर्जुन! संसार में योगी होना सबसे बड़ी सफलता या उपलब्धि है। अत: हम सब वर्ग, समूह, जाति, मजहबों एवं अलग-अलग परम्पराओं व राष्ट्र की राजनैतिक सीमाओं में रहते हुए यदि योगी हो जाते हैं, तो हमारे जीवन में व इस जगत् में कोई भी दु:ख, दरिद्रता एवं कोई भी समस्या नहीं रहेगी।

२१. रोगमुक्त तनावमुक्त व्यसनमुक्त बुरे अभ्यासों से मुक्त स्वस्थ, सुखी, समृद्ध व पूर्ण शान्तिमय जीवन जीने का मार्ग है- योग। जो व्यक्ति २४ घण्टे में प्रात: या सायंकाल १ घंटा योग को सर्वोच्च प्राथमिकता देते हैं, उनके जीवन की सभी प्राथमिकताएं भी स्वत: ही पूरी हो जाती हैं। सभी को एक सुनिश्चित समयावधि का जीवन मिला है। इसमें हमें १०० वर्ष की प्राथमिकता तय कर लेनी चाहिए और उन्हें फिर पूरे वेग, उत्साह, पराक्रम व पुरुषार्थ से पूरा करना चाहिए। प्रात:काल की सर्वोच्च प्राथमिकता योग तथा दिनभर की प्राथमिकता अपने दायित्वों के आधार पर तय करनी चाहिए; क्योंकि प्रात: योग करने वाले व्यक्ति को दिनभर समता एवं कुशलता पूर्वक अपने कर्त्तव्य के निर्वहन की पूरी ऊर्जा प्राप्त हो जाती है। समत्वं योग उच्यते, योग: कर्मसु कौशलम्। -गीता।

योगी की प्रार्थना

१. हे प्रभो! आपने यह सुन्दर जीवन और जगत् बनाकर हम सब दिव्य संतानों पर बहुत बड़ा उपकार किया है। अत: हमारे जीवन और सम्पूर्ण सामर्थ्य पर भी सबसे पहला अधिकार आपका ही है। यह सत्य हर पल हम स्वीकार करते हैं।

२. हे ज्ञानमय, पुरुषार्थमय, प्रेममय, करुणामय एवं वात्सल्यमय प्रभो! हमारे जीवन को भी ज्ञानमय, पुरुषार्थमय, प्रेम, करुणा एवं वात्सल्यमय बना दो।

३. हे सच्चिदानन्दस्वरूप, सर्वान्तर्यामी, सर्वव्यापक, सर्वशक्तिमान्, सर्वज्ञ, सर्वकर्त्ता, सर्वनियन्ता, न्यायकारी, दयालु, परमेश्वर! हम आपको मूर्त्त-अमूर्त्त, दृश्य-अदृश्य, व्यक्त-अव्यक्त, प्रत्यक्ष-परोक्ष, सगुण-साकार, निर्गुण-निराकार, विश्वमय व विश्वातीत रूप में हर समय अनुभव करें; ऐसे ज्ञान, भक्ति व श्रद्धा का वरदान हमें प्रदान करो।

४. हे प्रभो! सम्पूर्ण ज्ञान, शक्ति, ऐश्वर्य एवं दिव्य संवेदनाओं का मूल स्रोत आपको ही अनुभव करते हुए कर्त्तव्य के अहंकार से मुक्त होकर, प्रत्येक कर्म को आपकी पूजा मानकर करते हुए, आपका यन्त्र बनकर जिएँ अर्थात् आपका प्रतिरूप होकर, उत्साह व प्रसन्नता पूर्वक हम सब दिव्य जीवन जिएँ।

५. हे परमप्रभो! हम अज्ञान एवं अज्ञानजनित अभावों, अपूर्णताओं, अन्यायों, अविवेकपूर्ण कामनाओं तथा समस्त अशुभ आचरणों से मुक्त होकर अकाम, आप्तकाम, आत्मकाम, ब्रह्मकाम होकर सदा आपके विधान के अनुरूप जीवन्मुक्त होकर जीवन जिएँ, यही निवेदन है।

६. एक क्षण के लिए भी हम अज्ञान, आलस्य, प्रमाद अथवा अन्य किसी भी अशुभ का आदर न करें, हमारे जानने व जीने में भेद न रहे, हम सदा राग-द्वेष से मुक्त रहें, भूलों व दोषों को बार-बार न दोहराएँ- ऐसी पूर्ण दृढ़ता, सत्य में अखण्ड निष्ठा, समष्टि के प्रति पूर्ण कृतज्ञता तथा सर्वांश में निर्दोष होने की अभीप्सा हमारे भीतर सदा जागृत रहे। हे देवाधिदेव! हम सदैव आत्मप्रतिष्ठ होकर, आपके शरणागत होकर जिएँ।

७. हे प्रभो। हमारा शरीर पुरुषार्थी, प्राण बलशाली, मन संयमी, बुद्धि विवेकवती, हृदय अनुरागी अर्थात् श्रद्धा, भक्ति, प्रेम व करुणा से भरा हुआ हो और हमारा सम्पूर्ण सामर्थ्य सेवा के लिए हो।

८. हे करुणानिधान! सब कुछ आप से ही है, आपका ही है, आप में ही है, आपके लिए ही है। मैं भी प्रभो! आपका ही हूँ और आप सदा मेरे हो। हे नाथ! हे नारायण! मैं तुझे आपको भूलूँ नहीं, सदा आपकी शरण में रहूँ।

९. **यदग्ने स्यामहं त्वं त्वं वा घा स्या अहम्। स्युष्टे सत्या इहाशिषः।।** (ऋग्वेद- ८.४४.२३)

अर्थात् हे ज्ञानस्वरूप प्रभो! ऐसी कृपा करो कि हम तुझमें एकात्म हो जाएँ तथा तुम्हारी समस्त दिव्यताएँ हममें प्रकट हो जाएँ, जिससे कि हमारे लिए प्रदत्त तुम्हारे समस्त दिव्य आशीर्वाद इस धरती पर सत्य हो जाएँ, फलित हो जाएँ, चरितार्थ हो जाएँ।

१०. **ओ३म् पूर्णमदः पूर्णमिदं पूर्णात् पूर्णमुदच्यते। पूर्णस्य पूर्णमादाय पूर्णमेवावशिष्यते।।**

(बृहदारण्यकोपनिषद् ५.१.१)

।। ओ३म् शान्तिश्शान्तिश्शान्तिः ।।

योग की उपयोगिता

योग इस एक शब्द में पिण्ड व ब्रह्माण्ड के सम्पूर्ण सत्यों का समोवश है। बस आवश्यकता है योग के समग्र सत्य को समझने और उसके अनुसार जीने की। किसी भी सत्य को यदि हम समग्र रूप से नहीं समझते तो हम सत्य से आंशिक या पूर्ण रूप से वंचित रह जाते हैं। योग के वैयक्तिक एवं वैश्विक सत्यों की ओर आज विश्व के प्रामाणिक व जिम्मेदार शिखर पुरुषों को गम्भीरता पूर्वक विचार करना ही चाहिए। जब हम योग के वैयक्तिक, पारिवारिक, आर्थिक, सामाजिक, राजनैतिक व आध्यात्मिक लाभों व सत्यों का पूरी ईमानदारी के साथ मूल्यांकन करेंगे, तो हम स्वयं व समष्टि के योगी होने में गौरव, सौभाग्य व लाभ अनुभव करेंगे। योग मानवीय चेतना का मूल स्वभाव **'स्वभावोऽध्यात्म-मुच्यते'** (गीता- ८.३) तथा अन्तिम लक्ष्य-ध्येय-गन्तव्य और जीवन की पूर्णता है।

मनुष्य प्रकृति या परमेश्वर की सर्वश्रेष्ठ रचना है और मनुष्य के पिण्ड व ब्रह्माण्ड में बीज रूप में जो सम्पूर्ण ज्ञान, संवेदना, सामर्थ्य, पुरुषार्थ, सुख, शान्ति व आनन्द सन्निहित है, उसका पूर्ण प्रकटीकरण व जागरण केवल योगविद्या एवं योगाभ्यास से ही सम्भव है। आज विश्व समुदाय के सम्मुख सबसे बड़ी चुनौतियां हैं- हिंसा, अपराध, आतंकवाद, युद्ध, नशा, भ्रष्ट आचरण व भ्रष्टाचार, विचारधाराओं का चरम संघर्ष, अन्याय, अमानवीय असमानता, स्वार्थपरता, अहंकार एवं अकर्मण्यता और इन सबका एकमात्र समाधान हैं- योग विद्या, अध्यात्म विद्या का समग्रबोध, योग का नियमित अभ्यास एवं योगमय दिव्य श्रेष्ठ आचरण।

एकत्व सहअस्तित्व एवं विश्वबन्धुत्व/शुद्ध ज्ञान, शुद्ध कर्म एवं शुद्ध उपासना। ज्ञानयोग, कर्मयोग एवं भक्तियोग। तप, स्वाध्याय एवं ईश्वरप्रणिधान। व्रत, दीक्षा एवं श्रद्धा। प्रार्थना, पुरुषार्थ एवं परमार्थ- ये योग के मूलभूत सिद्धान्त हैं। इसके विपरीत अज्ञान, अश्रद्धा एवं अकर्मण्यता- ये योग के सबसे बड़े बाधक तत्त्व हैं। यम, नियम, आसन, प्राणायाम एवं ध्यान का सन्तुलित नियमित सही अभ्यास तथा योगविद्या, अध्यात्मविद्या, तत्त्वज्ञान, अपराविद्या व पराविद्या के द्वारा जब हमारा मस्तिष्क, ज्ञान-विज्ञान, कला-कौशल से हृदय, श्रद्धा-भक्ति-प्रेम-करुणा व वात्सल्य से तथा पूरा अस्तित्व अखण्ड-प्रचण्ड पुरुषार्थ, साधना, सेवा व निष्काम दिव्य कर्म से प्रकाशित हो जाता है, तब हम सच्चे योगी, पूर्ण निरोगी, कर्मयोगी व पूरी मानवता या समष्टि के लिए पूर्ण उपयोगी बन जाते हैं।

पूरे जीवन को एक शब्द में कहें या परिभाषित करें तो वह है- अभ्यास। जैसे हमारे सोचने, विचारने, खाने-पीने, कमाने, बोलने व जीने के अभ्यास होते हैं, वैसा ही हमारा जीवन हो जाता है। एक योग के प्रतिदिन के अभ्यास से हमारे जीवन के सभी अभ्यास श्रेष्ठ, परिष्कृत व दिव्य हो जाते हैं। अतः नियमित

योगाभ्यास ही एक स्वस्थ, समृद्ध, सफल, सुखी व आदर्श जीवन का आधार है। जीवन को दो शब्दों में कहें तो वे हैं- दृष्टि व आचरण। योगी की दृष्टि भी बहुत ऊँची, शुद्ध, सात्त्विक व श्रेष्ठ होती है तथा योगी का आचरण भी शुद्ध, सात्त्विक, पवित्र व श्रेष्ठ होता है। दृष्टि व आचरण की शुद्धता, श्रेष्ठता, पवित्रता व दिव्यता ही जीवन का अन्तिम लक्ष्य है।

योग का शरीर, मन व आत्मा पर प्रभाव

योग का अर्थ है अपनी चेतना (अस्तित्व) का बोध, अपने अन्दर निहित शक्तियों को विकसित करके परम चैतन्य आत्मा का साक्षात्कार एवं पूर्ण आनन्द की प्राप्ति। इस यौगिक प्रक्रिया में विविध प्रकार की क्रियाओं का विधान भारतीय ऋषि-मुनियों ने किया है। यहाँ हम मुख्य रूप से अष्टांग योग (यम, नियम, आसन, प्राणायाम, प्रत्याहार, धारणा, ध्यान एवं समाधि) के अन्तर्गत वर्णित आसन, प्राणायाम एवं ध्यान आदि की व्याख्या करेंगे और उसी के सहयोगी हठयोग के षट्कर्म आदि का भी वर्णन यहाँ आपको उपलब्ध होगा। इन सब क्रियाओं से हमारी सुप्त चेतना-शक्ति का विकास होता है। योग से सुप्त (डेड) तन्तुओं का पुनर्जागरण होता है एवं नये तन्तुओं, कोशिकाओं (सेल्स) का निर्माण होता है। योग की सूक्ष्म क्रियाओं द्वारा हमारे सूक्ष्म स्नायुतन्त्र को चुस्त किया जाता है, जिससे उनमें ठीक प्रकार से रक्त-संचार होता है और नई शक्ति का विकास होने लगता है। योग से रक्त-संचार पूर्णरूपेण सम्यक् रीति से होने लगता है। शरीरविज्ञान का यह सिद्धान्त है कि शरीर के संकोचन एवं प्रसारण होने से उनकी शक्ति का विकास होता है तथा रोगों की निवृत्ति होती है। योगासनों से यह प्रक्रिया सहज ही हो जाती है। आसन एवं प्राणायामों के द्वारा शरीर की ग्रन्थियों एवं मांसपेशियों में कर्षण-विकर्षण, आकुञ्चन-प्रसारण तथा शिथिलीकरण की क्रियाओं द्वारा उनका आरोग्य बढ़ता है। रक्त को वहन करने वाली धमनियाँ एवं शिराएँ भी स्वस्थ हो जाती हैं। अत: आसन एवं अन्य यौगिक क्रियाओं से पेन्क्रियाज एक्टिव होकर इन्सुलिन ठीक मात्रा में बनने लगता है, जिससे डायबिटीज आदि रोग दूर होते हैं। पाचनतन्त्र की स्वस्थता पर पूरे शरीर की स्वस्थता निर्भर करती है। सभी बीमारियों का मूल कारण पाचनतन्त्र की अस्वस्थता है। यहाँ तक कि हृदयरोग (हार्ट-डिजीज) जैसी भयंकर बीमारी का कारण भी पाचनतन्त्र का अस्वस्थ होना पाया गया है। योग से पाचनतन्त्र पूर्ण रूप से स्वस्थ हो जाता है, जिससे सम्पूर्ण शरीर स्वस्थ, हल्का एवं स्फूर्तियुक्त बन जाता है। योग से हृदयरोग जैसी भयंकर बीमारी से भी छुटकारा पाया जा सकता है। फेफड़ों में पूर्ण स्वस्थ वायु का प्रवेश होता है, जिससे फेफड़े स्वस्थ होते हैं तथा दमा, श्वास, एलर्जी आदि रोगों से छुटकारा मिलता है। जब फेफड़ों में स्वस्थ वायु जाती है, तब उससे हृदय को भी बल मिलता है। यौगिक क्रियाओं से मेद का पाचन होकर शरीर का भार कम होता है तथा शरीर स्वस्थ, सुडौल एवं सुन्दर बनता है। इतना ही नहीं, इस स्थूल शरीर के साथ-साथ योग सूक्ष्म शरीर एवं मन के लिये भी अनिवार्य है। योग से इन्द्रियों एवं मन का निग्रह होता है, यम-नियमादि अष्टांग योग के अभ्यास से साधक असत्, अविद्या के तमस् से हटकर अपने दिव्य

स्वरूप ज्योतिर्मय, आनन्दमय, शान्तिमय, परम चैतन्य आत्मा एवं परमात्मा तक पहुँचने में समर्थ हो जाता है- **तदा द्रष्टुः स्वरूपेऽवस्थानम्** (योगसूत्र-१.३)। इस प्रकार हम योगपथ का अवलम्बन लेकर शारीरिक, मानसिक, बौद्धिक एवं आध्यात्मिक उन्नति को प्राप्त करते हुए अपने लक्ष्य ईश्वर-साक्षात्कार- पूर्णानन्द की अनुभूति अधिगत कर लेते हैं।

योगी के जीवन की सबसे बड़ी प्रेरणा

१. हर दिन प्रातः ब्राह्ममुहूर्त में उठते ही ये विचार व चिंतन करें कि मैं मूलतः ईश्वर की संतान, ऋषि-ऋषिकाओं, वीर-वीरांगनाओं की संतान या भारत माता की संतान हूँ। मेरा ज्ञान, जीवन, वाणी, व्यवहार व आचरण भगवान्, ऋषियों व भारत माता की संतान के अनुरूप ही होगा। मैं कुछ भी ऐसा नहीं सोचूँगा व करूँगा जो ईश्वर की संतान या ऋषियों की संतान को शोभा नहीं देता। मैं भारत माता, ऋषियों व भगवान् का प्रतिनिधि, प्रतिरूप या उनका मूर्त्त रूप हूँ।

मैं ब्रह्मरूप हूँ। मैं स्वयं एक ऋषि-ऋषिका, वीर-वीरांगना हूँ। मैं भारत हूँ, मुझसे भारत है। मैं इसी माइंड सैट, उच्च चेतना, दिव्य या भागवत चेतना के अनुरूप ही अपने जीवन में समस्त आचरण-व्यवहार करूँगा। भीतर से पूर्ण शान्त, बाहर से पूर्ण क्रियाशील, भीतर की पूर्णता में जीते हुए बाहर से भगवान् का दिव्य समर्थ, आदर्श यन्त्र बनकर हमें जीवन को जीना है।

२. योग-यज्ञ, योग-कर्मयोग, पुरुषार्थ व परमार्थ ही जीवन का सार है। एक क्षण के लिए भी अशुभ का स्वागत नहीं करना। मैत्री, करुणा, मुदिता व अशुभ के प्रति उपेक्षा भाव से सदा प्रसन्नचित्त रहना है। न तो मुझे साधनहीन दुःखी दरिद्र बनना है, न ही साधनसम्पन्न दुःखी अप्रसन्न रहना है। मैं समष्टि के प्रति पूर्ण कृतज्ञ रहता हुआ स्वयं योगी बनूँगा तथा सबको योगी, निरोगी, उपयोगी बनाने हेतु पूर्ण पुरुषार्थ व सेवा करूँगा। जब एक-एक व्यक्ति समर्थ, चरित्रवान्, महान् व आध्यात्मिक बनेगा, तभी पूरा भारत समर्थ, चरित्रवान्, महान् व आध्यात्मिक बनेगा।

हमें मजहबी राष्ट्र नहीं अपितु आध्यात्मिक भारत व आध्यात्मिक विश्व का निर्माण करना है। व्यष्टि व समष्टि की मुक्ति ही हमारा अन्तिम लक्ष्य होना चाहिए।

आध्यात्मिकता का यथार्थ स्वरूप

आध्यात्मिकता के नाम पर अनेकों भ्रमपूर्ण भ्रान्तियाँ प्रचलित हैं, जैसे- आध्यात्मिक व्यक्ति सदा ध्यान में बैठा रहता है, सदा जप करता रहता है, कुछ काम नहीं करता, सात्त्विक समृद्धि या ऐश्वर्य वृद्धि हेतु कुछ काम नहीं करता, इत्यादि प्रचलित भ्रान्तियों के निवारण हेतु कुछ सूत्रों की चर्चा यहाँ कर रहे हैं। आध्यात्मिकता का पहला सूत्र है- सात्त्विक सफलता एवं सात्त्विक संकल्प।

१. सात्त्विक सफलता-

सात्त्विक सफलता का मूल है योग एवं कर्मयोग। सामान्य चेतना के लोग सत्ता, सम्पत्ति, सम्मान, भौतिक सुख, सफलता एवं भौतिक समृद्धि आदि के लिए प्रयत्न करते दिखते हैं और आंशिक रूप से सफल होते हुए भी दिखते हैं। यह भौतिकवादी चिन्तन है। सात्त्विक आत्मायें भगवान् की प्रेरणा से, भगवान् की प्रसन्नता के लिए, भगवान् को ही सब ज्ञान, शक्ति एवं ऐश्वर्य का मूल स्रोत स्वीकार कर निष्काम भाव से निमित्त मात्र बनकर कर्मयोग करते हैं और परिणामत: सत्ता, सम्पत्ति, सम्मान, समृद्धि एवं सफलता आदि उपरोक्त सभी वस्तुएं उनको भी प्रचुर मात्रा में भगवान् की विविध विभूति या दिव्य ऐश्वर्य व सात्त्विक सामर्थ्य के रूप में उपलब्ध होती हैं। पतंजलि योगपीठ का सात्त्विक सामर्थ्य एवं सफलता इसका मूर्त उदाहरण है। योगियों का यह समस्त सामर्थ्य एवं ऐश्वर्य मानवता की सेवा के लिए प्रयुक्त होती है। यही सच्चा अध्यात्मवाद है।

२. सात्त्विक संकल्प-

सामान्य चेतना के व्यक्ति भगवान् के विधान को न समझते हुए अपनी योजना बनाकर काम करते हैं और उन्हें क्रियान्वित करने के लिए कर्म करते हुए दिखते हैं। मानवीय अल्पविवेक और दोषपूर्ण संकल्प होने के कारण यह मानवीय पुरुषार्थ कभी सुखदायी और कभी दु:खदायी भी हो जाता है। इसके विपरीत उच्चचेतना से युक्त संन्यासी, योगी, जो भगवान् के संकल्प से युक्त होकर भगवान् की दिव्य योजना के तहत भगवान् के दिव्य संकल्पों को भी मूर्त्त रूप देता है और इस समष्टि को सर्वविध सात्त्विक सुख एवं समृद्धि उपलब्ध करवाता है, वह धरती पर शाश्वत सत्ता का मूर्त्त रूप होकर विचरण करता है। पतंजलि योगपीठ के साथ जुड़ी लाखों आत्माएँ इसका मूर्त्त उदाहरण हैं।

३. दैवी एवं आसुरी सम्पदा-

गीता के १६वें अध्याय में भगवान् श्रीकृष्ण दैवी सम्पदा के रूप में २६ गुणों का वर्णन करते हैं- निर्भयता, मन की निर्मलता, ज्ञान हेतु ध्यानयोग में दृढ़ स्थिति, दान, दम, यज्ञ, स्वाध्याय, तप, सरलता,

अहिंसा, सत्य, अक्रोध, अहंकार व स्वार्थ का त्याग, शान्ति, उदारभाव, दया, लालच न रखना, कोमलता, अचापल्य, तेजस्विता, क्षमा, धृति, शुद्धता, द्रोह न करना और घमण्ड न करना- यह दैवी सम्पदा है। इसी प्रकार इन गुणों से विपरीत आचरण व भाव ही आसुरी सम्पदा के अन्तर्गत आ जाता है। इस आसुरी सम्पदा का फल बताते हुए भगवान् श्रीकृष्ण कहते हैं-

अहंकारं बलं दर्पं कामं क्रोधं च संश्रिताः। मामात्मपरदेहेषु प्रद्विषन्तोऽभ्यसूयकाः।। (गीता- १६.१८)

४. भगवान् का दर्शन एवं पूजा-

संसार का प्रत्येक व्यक्ति अपनी समझ के अनुसार किसी न किसी रूप में भगवान् का दर्शन व पूजन करना चाहता है। वेद एवं गीता में भगवान् का यही स्वरूप बताया है कि हम भगवान् को विश्वमय एवं विश्वातीत रूप में जानें। **ईशा वास्यमिदं सर्वम्। सर्वं खलु इदं ब्रह्मः। वासुदेवः सर्वम्। यो मां पश्यति सर्वत्र सर्वं च मयि पश्यति।** इत्यादि। यहाँ भगवान् के दर्शन का अभिप्राय है- हम सब सम्बन्धों एवं सब प्राणियों में भगवान् के इस स्वरूप को देखने का बार-बार अभ्यास करें तथा इस जगत् से अतीत रूप में भी उसी की सत्ता का अनुभव करें, यही भगवान् का दर्शन है तथा अपनी अन्तरात्मा में जो भगवान् प्रेरणा देता है उसी के अनुरूप कर्म और आचरण करना, यही भगवान् की पूजा है। **स्वकर्मणा तमभ्यर्च।**

५. संगठन का ध्येय-

संसार में सामाजिक, धार्मिक, आध्यात्मिक, आर्थिक एवं राजनैतिक रूप से जितने भी संगठन काम कर रहे हैं, उनके द्वारा यद्यपि संसार में बहुत कुछ शुभ भी घटित हो रहा है, लेकिन इन संगठनों में कहीं-कहीं आंशिक रूप से और कहीं व्यापक रूप से एक बहुत बड़ा दोष भी दिखाई देता है, वह है कि हम ही सर्वश्रेष्ठ हैं। हमारा विचार, विचारधारा एवं हमारे सिद्धान्त से ही इस दुनिया का कल्याण हो सकता है। इस कारण से पूरी दुनियाँ में भयंकर संघर्ष, खून-खराबा एवं युद्ध जैसी स्थिति भी बन जाती है। वेद एवं ऋषियों का सिद्धान्त 'मैं ही सर्वश्रेष्ठ हूँ' यह नहीं है, अपितु उनका सिद्धान्त है कि सभी सर्वश्रेष्ठ हैं एवं सभी एक ही ईश्वर की सन्तान हैं और यह सारा साम्राज्य भगवान् का ही है। राजनैतिक एवं साम्प्रदायिक रूप से देश व दुनिया में जितनी भी सीमा बनाई गयी हैं, विरोध खड़े कर दिये गये हैं, यह संसार के स्वार्थी व लालची लोगों का एक अविवेकपूर्ण कृत्य ही है।

हम अपने संगठन को इन दोषों से मुक्त एवं दिव्य संगठन के रूप में देखना चाहते हैं। हमारा मुख्य रूप से एक ही लक्ष्य है कि मनुष्य मात्र सभी क्षेत्रों में यथार्थ ज्ञान एवं श्रेष्ठ आचरण से युक्त हो मिथ्याज्ञान एवं तज्जन्य दोषपूर्ण प्रवृत्तियों एवं दोषपूर्ण आचरणों से मुक्त होकर दिव्य जीवन जिएँ। अन्ततः आचरण की दिव्यता व पवित्रता ही किसी भी व्यक्ति का, किसी भी संगठन का, किसी भी समाज का या राष्ट्र का सबसे बड़ा ध्येय होना चाहिए।

मुक्ति का व्यावहारिक स्वरूप, दर्शन व सिद्धान्त

मुक्ति शब्द 'मुच्लृ विमोचने' धातु से निष्पन्न होता है, जिसका अर्थ है विशेष रूप से बन्धन से मुक्त होना। मुख्य रूप से तीन प्रकार के बन्धनों से व्यक्ति बंधा हुआ है। वे हैं- अज्ञान, अश्रद्धा एवं अकर्मण्यता। ईश्वर के सर्वव्यापक होते हुए भी उससे जो दूरी अनुभव होती है। वह किसी स्थान की दूरी नहीं है, अपितु अज्ञान, अश्रद्धा व अकर्मण्यता के कारण ही दूरी की अनुभूति होती है। मुक्ति के लिए महर्षि दयानन्द ने शुद्ध ज्ञान, शुद्ध कर्म व शुद्ध उपासना को साधन बताया है। गीता में ज्ञानयोग, कर्मयोग व भक्तियोग के नाम से इसी बात का वर्णन किया है।

ज्ञान योग- ज्ञान-विज्ञान, अनुसन्धान, तत्त्वज्ञान एवं विविध कौशल से युक्त होना ज्ञानयोग है। कुशलता आदि से युक्त होना ही ज्ञानयोग है। ज्ञान का अन्तिम परिणाम, लक्ष्य या गन्तव्य है कि हमें यह समझ में आ जाये कि सब कुछ का मूल आधार भगवान् है। जब यह ज्ञान हमारे भीतर पूर्णत: प्रतिष्ठित हो जाता है। सब ज्ञान, शक्ति, सामर्थ्य, समृद्धि, सुख, शान्ति व आनन्द का मूल आधार भगवान् ही है। यद्यपि परमात्मा, आत्मा व प्रकृति ये तीन अनादि व अनन्त सत्तायें हैं, परन्तु इन तीन के भी मूल में एक सर्वव्यापक, सर्वशक्तिमान्, सर्वज्ञ, सृष्टि का कर्ता, नियन्ता व संहर्ता तत्त्व ओंकार पद का वाच्यार्थ ब्रह्म है। जब ऐसा ज्ञान हो जाता है तो हम सारे संशय, भ्रम, समस्त अज्ञान व अज्ञान जनित दोषों, दु:खों व अशुभ से पूर्णत: मुक्त हो जाते हैं, यही ज्ञानयोग है।

कर्म योग- जब हमें यह बोध हो गया कि समस्त ज्ञानशक्ति एवं ऐश्वर्य का मूल आधार भगवान् है तो हम निमित्त मात्र होकर, भगवान् के यन्त्र बनकर वेदानुकूल, शास्त्रानुकूल, ऋषियों के अनुकूल व आत्मानुकूल आचरण करने लगते हैं, इसी को प्रीतिपूर्वक धर्मानुसार यथायोग्य, न्यायपूर्ण व विवेकपूर्ण व्यवहार भी कहते हैं। कर्म, पुरुषार्थ, निष्काम सेवा, दिव्य प्रवृत्ति आदि में उत्साह, पराक्रम, शौर्य व स्वाभिमान आदि से युक्त होकर स्वधर्म का दिव्यतापूर्वक निर्वहन करना या दिव्य कर्म करना, यही कर्मयोग है।

भक्ति योग- जब हृदय श्रद्धा, भक्ति, प्रेम, करुणा, वात्सल्य व कृतज्ञता आदि समस्त दिव्य भावों से युक्त होता है तथा अकाम, अचाह, निष्काम व पूर्णकाम होकर अनासक्त भाव से हम जो भी सेवा, कर्म, तप, पुरुषार्थ या दिव्य प्रवृत्ति करते हैं, यह सब भक्तियोग ही है। यह भक्तिभाव के स्तर पर भी तथा आचरण या व्यवहार के स्तर पर भी भगवान् के प्रति पूर्ण समर्पण है। नवधाभक्ति, ईश्वर-प्रणिधान या मुमुक्षत्व शब्दभेद से एक ही तात्पर्य की अभिव्यक्ति है कि भगवान् के प्रति पूर्णश्रद्धा, पूर्णविश्वास एवं पूर्णप्रेम की पराकाष्ठा या ब्रह्म के साथ पूर्ण एकत्व ही भक्तियोग है।

मुक्ति के उपाय- दिव्य जीवन जीने के तीन सोपान, साधन या उपाय हैं। एक आसन व व्यायाम से शरीर की शुद्धि तथा प्राणायाम व ध्यान से अन्त:करण या चित्त की शुद्धि एवं अष्टांग योग के अन्तर्गत यम-नियमों से आचरण की शुद्धि। जब एक मनुष्य की ये तीन शुद्धियाँ हो जाती हैं तो वह मनुष्य देवता, ऋषि, महामानव

या महापुरुष बन जाता है। उसका जीवन दिव्य जीवन बन जाता है अर्थात् शारीरिक दु:ख, मानसिक दु:ख, तनाव, उदासी, परेशानी आदि तथा जीवन में आचरण स्वभाव आदि के दोष स्वरूप दूसरों से मिलने वाले समस्त दु:खों का नितान्त अभाव हो जाता है। सभी प्रकार के अज्ञान, अभाव, दु:ख शोक आदि से मुक्त जीवन ही वास्तव में जीवन्मुक्ति है, यही मुक्ति का मूल सिद्धान्त है। जो व्यक्ति इस जीवन को फूलों की तरह खिलता हुआ, हँसता हुआ, सुगन्धित (अपने सुकर्मों की गन्ध से) जीवन जीता है, वही जीवन्मुक्त योगी है और इसी में जीवन्मुक्त योगी के लक्षण हैं तथा वह निश्चित रूप से मरने के बाद भी मुक्त ही होता है, किन्तु जो यहाँ दु:ख से मुक्त नहीं हो पाया, वह मृत्यु के बाद मोक्ष को प्राप्त कर पायेगा, यह सम्भव नहीं है।

आसन व व्यायाम-

चिकित्सा-विज्ञान के अब तक के अनुसन्धान इस निष्कर्ष पर पहुँचे हैं कि कम से कम प्रत्येक स्वस्थ व्यक्ति को भी प्रतिदिन २० से ३० मिनट आसन व व्यायाम अवश्य करना चाहिये, जिससे व्यक्ति रोग, बुढ़ापा, दु:ख तनाव व तनावजनित रोग आदि से सर्वथा मुक्त रह सके।

युक्ताहारविहारस्य युक्तचेष्टस्य कर्मसु। युक्तस्वप्नावबोधस्य योगो भवति दु:खहा।। (गीता- ६.७)

अर्थात् जिसका आहार, व्यवहार, समस्त चेष्टाएं या क्रियाएं, निद्रा व जागरण सब युक्त हैं, उचित हैं, सन्तुलित हैं, उसके लिए यह योग दु:ख का नाशक बन जाता है। कोई कितना ही बड़ा महापुरुष, योगी, तपस्वी क्यों न हो यदि वह आसन, व्यायाम या आहार आदि की अवहेलना करेगा तो शारीरिक कष्टों से मुक्त हो ही नहीं सकता, इस यथार्थ को झुठलाया नहीं जा सकता। अनेक महापुरुषों का जीवन इसका प्रत्यक्ष प्रमाण है, जिन्हें आध्यात्मिक दृष्टि से बहुत ऊँचा जीवन जीते हुए भी आसन, व्यायाम आदि के अभाव में सामान्य रोगों से लेकर कैंसर आदि बड़े रोगों से पीड़ित होना पड़ा।

प्राणायामपूर्वक ध्यान-

प्रतिदिन कम से कम आधा घण्टा प्राणायामपूर्वक ध्यान करने से अन्त:करण की शुद्धि होकर समाधि की प्राप्ति होती है। प्राणायाम का फल बताते हुए योगदर्शन में लिखा है-

तत: क्षीयते प्रकाशावरणम्' (योगसूत्र-२.५२)

'प्राणो ब्रह्मेति' (उपनिषद्) अर्थात् जो संस्कार हमने क्रियायोग से तनु (क्षीण) किये थे, वे ध्यान से समूल नष्ट हो जाते हैं। **'योगाङ्गानुष्ठानादशुद्धिक्षये ज्ञानदीप्तिराविवेकख्याते:'** (योगसूत्र-२.२८) अर्थात् प्राणायामपूर्वक ध्यान से चित्त की अशुद्धि का क्षय होने पर ज्ञान का प्रकाश बढ़ता ही रहता है, जब तक कि पूर्ण विवेक प्राप्त न हो जाये।

प्राणायाम व ध्यान के अभ्यास के बिना किसी को भी इन्द्रिय व अन्त:करण की शुद्धि, मन पर विजय, चित्तवृत्तियों का निरोध, आत्मबोध व परमात्म तत्त्व का बोध हो ही नहीं सकता।

अष्टांग योग के अन्तर्गत यम-नियमों का पालन-

यम-नियमों का पालन करने से आत्मिक शुद्धि होती है। शुद्ध आत्मा का अन्तिम सत्य है आचरण की पवित्रता। **'आचारहीनं न पुनन्ति वेदा:'**। (वसिष्ठस्मृति- ६.३) अर्थात् आचरण से हीन व्यक्ति को तो वेद की ऋचाएं भी पवित्र नहीं कर पाती हैं। आचरण की पवित्रता ही मनुष्य जीवन का परम पुरुषार्थ है। **'अथ त्रिविधदु:खात्यन्तनिवृत्तिरत्यन्त पुरुषार्थ:'** आधिभौतिक, आधिदैविक व आध्यात्मिक तीन प्रकार के दु:खों का सर्वथा अभाव ही परम पुरुषार्थ है। **यत: प्रवृत्तिर्भूतानां येन सर्वमिदं ततम्। स्वकर्मणा तमभ्यर्च्य सिद्धिं विन्दति मानव:।।** (गीता-१८.४६) अर्थात् जिससे सभी प्राणी जन्म लेते हैं, जिससे यह सारा जगत् व्याप्त है, उस परमात्मा की अपने कर्म से पूजा करके मनुष्य सिद्धि को प्राप्त कर लेता है।

'पवित्रं मे शतायुषा' (वेद) अर्थात् मैं पवित्रता पूर्वक जीते हुए सौ वर्ष की आयु को प्राप्त करूँ।

स्वे-स्वे कर्मण्यभिरत: संसिद्धिं लभते नर:। स्वकर्मनिरत: सिद्धिं यथा विन्दति तच्छृणु।।

(गीता १८.४५)

जो व्यक्ति अपने-अपने कर्त्तव्य कर्म में लगा रहता है, वह सिद्धि को प्राप्त कर लेता है।

अत: योगी आसन, व्यायाम, प्राणायाम, ध्यान व यम-नियमों का सतत अनुष्ठान करते हुए अपने आचरण की दिव्यता व पवित्रता से आनन्दित रहता हुआ सर्वजगत्-हितकारी बन जाता है।

यम-नियमों के पालन के बिना योगी होना तो बहुत दूर की बात है, वह एक अच्छा इन्सान, अच्छा माता-पिता, गुरु, शिष्य, अच्छा किसान, व्यापारी, नेता, अभिनेता व एक आदर्श नागरिक भी नहीं बन सकता है। यदि कोई व्यक्ति यम-नियमों के पालन के बिना अध्यात्म की बात करता है तो वह कोरा पाखण्ड ही है; क्योंकि पूरा यम-नियम ही अध्यात्म की आधारशिला है। अध्यात्म के मूल सिद्धान्त, रीति, नीति व अध्यात्म का पूरा दर्शन यम-नियमों पर ही टिका हुआ है।

स्वस्थ व्यक्ति की दिनचर्या

उत्तम स्वास्थ्य ही सम्पूर्ण सुखों का आधार है। स्वास्थ्य है तो जहान है, नहीं तो श्मशान है। स्वस्थ कौन है? आयुर्वेद के प्रसिद्ध ग्रन्थ सुश्रुतसंहिता में महर्षि सुश्रुत लिखते हैं-

समदोष: समाग्निश्च समधातुमलक्रिय:। प्रसन्नात्मेन्द्रियमना: स्वस्थ इत्यभिधीयते।।

(सुश्रुत. सूत्र.- १५.४१)

जिसके तीनों दोष- वात, पित्त एवं कफ सम हों, जठराग्नि सम (न अति मन्द, न अति तीव्र) हो, शरीर को धारण करने वाली सप्त धातुएँ रस, रक्त, मांस, मेद, अस्थि, मज्जा तथा वीर्य उचित अनुपात में हों, मल-मूत्र की क्रिया सम्यक् प्रकार से होती हो और दस इन्द्रियाँ (कान, नाक, आँख, त्वचा, रसना, गुदा, उपस्थ, हाथ, पैर एवं जिह्वा), मन एवं इनका स्वामी आत्मा भी प्रसन्न हो तो ऐसे व्यक्ति को स्वस्थ

कहा जाता है। महर्षि सुश्रुत ने 'स्वस्थ' शब्द की बहुत ही व्यापक एवं वैज्ञानिक परिभाषा की है।

महर्षि चरक के अनुसार इस स्वस्थता की प्राप्ति हेतु आहार, निद्रा एवं ब्रह्मचर्य- ये तीन (उपस्तम्भ) खम्भे हैं।

त्रय उपस्तम्भा इति- आहारः स्वप्नो (निद्रा) ब्रह्मचर्यमिति। (चरक, सूत्र.- ११.३४)

वात, पित्त, कफ रूपी तीन स्तम्भों पर स्थित यह शरीर पूर्वोक्त तीन उपस्तम्भों (आहार, निद्रा एवं ब्रह्मचर्य) द्वारा स्वस्थ व दृढ बना है। गीता में योगेश्वर श्रीकृष्ण भी कहते हैं-

युक्ताहारविहारस्य युक्तचेष्टस्य कर्मसु। युक्तस्वप्नावबोधस्य योगो भवति दुःखहा।।

(गीता ६.१७)

जिसके आहार, विहार, विचार एवं व्यवहार सन्तुलित तथा संयमित हैं, जिसके कार्यों में दिव्यता, मन में सदा पवित्रता एवं शुभ के प्रति अभीप्सा है, जिसका शयन एवं जागरण नियमित है, वही सच्चा योगी है। इन उपस्तम्भों एवं अन्य नियमों के विषय में यहाँ संक्षिप्त रूप से विचार प्रस्तुत है।

१. आहार

यथा च खाद्यते ह्यन्नं तथा सम्पद्यते मनः। यथा च पीयते वारि तथा निर्गद्यते वचः।।

आहार से व्यक्ति के शरीर का निर्माण होता है। आहार का शरीर पर ही नहीं, मन पर भी पूरा प्रभाव पड़ता है-'जैसा अन्न, वैसा मन'।

आहारशुद्धौ सत्त्वशुद्धिः सत्त्वशुद्धौ ध्रुवा स्मृतिः स्मृतिलम्भे सर्वग्रन्थीनां विप्रमोक्षः।।

(छान्दोग्योपनिषद्- ७.२६.२)

आहार के विषय में आयुर्वेद का एक दृष्टान्त बहुत ही सुन्दर है। प्रश्न किया गया कि 'कोऽरुक्, कोऽरुक्, कोऽरुक् ?' कौन निरोगी है ? उत्तर दिया- 'हितभुक्, मितभुक्, ऋतुभुक्' अर्थात् हितकारी द्रव्यों का भोजन करने वाला, उचित मात्रा में भोजन करने वाला एवं ऋतु के अनुकूल भोजन करने वाला निरोगी रहता है। अपनी प्रकृति (वात, पित्त, कफ) को जानकर उसके अनुसार भोजन लें। यदि वात प्रकृति है, शरीर में वायु विकार होते हैं तो वायुकारक एवं खट्टा भोजन का त्याग कर देना चाहिए। छोटी पिप्पली, सोंठ, अदरक, लहसुन, घृतकुमारी, निर्गुण्डी, परिजात आदि का प्रयोग करते रहना चाहिए। पित्त प्रकृति वाले को गर्म, तले हुए पदार्थ नहीं लेने चाहिए। घीया, खीरा, ककड़ी, अंकुरित अन्न, भीगा हुआ मुनक्का एवं अंजीर आदि तथा कच्चा भोजन लाभदायक होता है। कफ प्रकृति वाले को ठण्डी चीजें घी, दही, छाछ आदि का सेवन अति मात्रा में भी नहीं करना चाहिए। दूध में छोटी पिप्पली, हल्दी, आदि डालकर सेवन करना चाहिए। उचित मात्रा में भोजन लेना चाहिए। आमाशय के दो भाग अन्न के लिये होने चाहिए, तृतीय भाग पेय पदार्थों के लिये रखते हुए चतुर्थ भाग को वायुसंचार के लिए खाली रखना चाहिए। इस प्रकार का

भोजन मित भोजन कहलाता है। ऋतु के अनुसार पदार्थों का मेल करके सेवन करने से रोग पास में नहीं आते। भोजन का समय निश्चित होना चाहिए। असमय में किया हुआ भोजन अपचन की स्थिति बनाकर रोग उत्पन्न करता है। प्रात:काल फलों या सब्जियों का रस अथवा अंकुरित या दलिया आदि अल्पाहार, दोपहर संतुलित, सात्त्विक व पौष्टिक भोजन तथा सायंकाल ८ बजे से पहले हल्का भोजन लेना चाहिए। भोजन करते समय वार्तालाप करने से भोजन अच्छी तरह से चबाया नहीं जाता तथा अधिक भी खा लिया जाता है। एक ग्रास को बत्तीस बार या कम से कम बीस बार तो चबाना ही चाहिए। चबाकर भोजन करने से हिंसा भाव की भी निवृत्ति होती है; क्योंकि हम सब जानते हैं कि जब क्रोध आता है, तब व्यक्ति दाँत पीसने लगता है, अर्थात् क्रोध का उद्गम-स्थान दाँत भी है। यदि हम हिंसाभाव को समाप्त करना चाहते हैं तो हमें चबाने पर विशेष ध्यान देना चाहिए। आप स्वयं इसका अनुभव करके देखेंगे तो इसके परिणाम से परिचित होंगे। यदि भोजन रूक्ष हो तो भोजन के बीच में थोड़ी मात्रा में पानी पी सकते हैं। भोजन के बाद दो-तीन घूँट से ज्यादा पानी नहीं पीयें। यदि छाछ हो तो जरूर पीना चाहिए। संस्कृत में एक श्लोक आता है-

भोजनान्ते पिबेत् तक्रं दिनान्ते च पिबेत् पय:। निशान्ते च पिबेद्वारि किं वैद्येन प्रयोजनम्।।

इसका तात्पर्य है- जो प्रात:काल उठकर जल पीता है, रात्रि को भोजनोपरान्त दूध पीता है तथा मध्याह्न में भोजन के बाद छाछ पीता है, उसे वैद्य की आवश्यकता नहीं होती। अर्थात् वह व्यक्ति निरोग रहता है। इसके साथ-साथ हमारा भोजन पूर्णरूप से हमारे लिए उपयुक्त हो। भोजन में खनिज, लवण एवं विटामिन्स भी भरपूर होने चाहिए। भोजन में मांस, अण्डे आदि का प्रयोग न हो। भगवान् ने हमें शाकाहारी बनाया है। जब हम रोटी खाकर जी सकते हैं, जिसमें कोई हिंसा नहीं, तो किसी प्राणी की हत्या कर उसके प्रिय जीवन को नष्ट कर जीने की क्या आवश्यकता है? इस जीने से तो मर जाना बेहतर है। मांस खाने से दया, करुणा, सहानुभूति, प्रेम, अपनत्व एवं श्रद्धाभक्ति आदि मानवीय गुणों का अन्त हो जाता है। मानव दानव होकर विचरता है। मांसाहारी का पेट एक मुर्दाघर या कब्रिस्तान की तरह होता है।

२. निद्रा-

निद्रा अपने-आप में एक सुखद अनुभूति व भगवान् का वरदान जैसी है। यदि व्यक्ति को नींद न आये तो पागल भी हो सकता है। निद्रा देखने में तो कुछ नहीं लगती, परन्तु जिनको नींद नहीं आती, वे ही जानते हैं, इसका क्या महत्त्व है। एक स्वस्थ व्यक्ति के लिए ६ घण्टे की नींद पर्याप्त है। बालक एवं वृद्ध के लिए आठ घण्टे सोना उचित है। सायंकाल शीघ्र सोना एवं प्रात:काल शीघ्र उठना व्यक्ति के जीवन को उन्नत बनाता है।

भगवान् ने प्रकृति को कुछ ऐसे ही नियमों में बाँधा है कि सभी मनुष्येतर प्राणी पशु, पक्षी सायंकाल होने पर अपने-अपने ठिकानों पर विश्राम करने लगते हैं। उल्लू, चमगादड़ आदि को छोड़कर सभी पक्षी जैसे ही रात्रि का अवसान होता है, प्रभु का स्मरण करके अपने कार्यों में लग जाते हैं। मुर्गा दूसरों को ब्रह्म

मुहूर्त में न सोने का सन्देश देता है। चिड़िया सुन्दर गीतों से भगवान् के नाम का स्तवन करती हुई नजर आती है; परन्तु यह अभागा मनुष्य उल्लू की तरह रात भर जागता है और इस का आनन्द लिए बिना ही पड़ा रहता है और अन्त में रोगी हो जाता है। हम भी इन मूक प्राणियों से प्रेरणा प्राप्त करें। जल्दी सोना एवं जल्दी उठना व्यक्ति को स्वस्थ एवं महान् बनाता है।

३. ब्रह्मचर्य- अपनी इन्द्रियों एवं मन को विषयों से हटाकर ईश्वर एवं परोपकार में लगाने का नाम ब्रह्मचर्य है। केवल उपस्थ इन्द्रिय का संयम-मात्र ही ब्रह्मचर्य नहीं, अपितु इन्द्रियों एवं मन की शक्तियों का रूपान्तरण कर उनको आत्माभिमुखी कर ब्रह्म की प्राप्ति करना ब्रह्मचर्य का लक्ष्य है।

भोगा न भुक्ता वयमेव भुक्तास्तपो न तप्तं वयमेव तप्ताः।
कालो न यातो वयमेव याताः तृष्णा न जीर्णा वयमेव जीर्णाः।। (वैराग्यशतक- १२)

भोग को हम नहीं भोगते, भोग ही हमें भोग लेते हैं। (जैसे- मोटापा, मधुमेह, कोलेस्ट्रोल व उच्चरक्तचाप आदि होने पर भोजन को हम नहीं खाते अपितु असंयत भोजन हमें खाने लगता है।) तप नहीं तपा जाता, हम स्वयं तप जाते हैं। काल का अन्त नहीं होता, हम ही काल में समा जाते हैं। तृष्णाएँ जीर्ण नहीं होती, हम स्वयं जीर्ण हो जाते हैं। भोग भोगने से तृप्ति कदापि नहीं होती, अपितु इच्छाएँ बलवती होती चली जाती हैं। महर्षि मनु कहते हैं-

न जातु कामः कामानामुपभोगेन शाम्यति। हविषा कृष्णवर्त्मेव भूय एवाभिवर्द्धते।।

(मनुस्मृति- २.९४)

काम, काम के उपभोग से शान्त नहीं होता, अपितु अग्नि में जैसे घृत डालने से अग्नि तीव्र होती है, वैसे ही भोगों को भोगने से वासनाएँ और अधिक बढ़ जाती हैं। महर्षि कपिल भी सांख्यदर्शन में कहते हैं :

न भोगाद् रागशान्तिर्मुनिवत्। (सांख्यसूत्र- ४.२७)

अर्थात् भोग से कभी राग की शान्ति नहीं होती, प्रत्युत बढ़ती ही जाती है। सारी सृष्टि मर्यादाओं के पालन का सतत उपदेश दे रही है। हम भी इस मर्यादित सृष्टि के सहयोगी बनें।

४. व्यायाम- इस शरीर को चलाने के लिए जैसे आहार की आवश्यकता है, वैसे ही आसन-प्राणायाम एवं व्यायाम आदि की भी परमावश्यकता है। बिना व्यायाम के शरीर अस्वस्थ तथा कान्तिहीन हो जाता है। जबकि नियमित रूप से व्यायाम करने से दुर्बल, रोगी एवं कुरूप व्यक्ति भी बलवान्, स्वस्थ एवं सुन्दर बन जाता है। हृदयरोग, मधुमेह, मोटापा, वातरोग, बवासीर, गैस, रक्तचाप, मानसिक तनाव आदि का भी मुख्य कारण शारीरिक श्रम का अभाव है। यदि नित्य प्रति योगाभ्यास किया जाये तो ये रोग कभी नहीं हो सकते। व्यायाम के भी कई प्रकार हैं। इन सबमें आसन-प्राणायाम सर्वोत्तम हैं। दूसरे व्यायामों से शारीरिक परिश्रम तो होता है, परन्तु मन में एकाग्रता एवं शान्ति नहीं आती। भारी व्यायाम करने से मांसपेशियाँ (Muscles) का ही अधिक व्यायाम होता है। इसीलिए भारी व्यायाम से मांसपेशियाँ इतनी सख्त हो

जाती हैं कि उनमें धीरे-धीरे रक्त-संचार होना भी कम हो जाता है तथा दर्द होना प्रारम्भ हो जाता है। जबकि आसन-प्राणायाम से पूर्ण आरोग्य लाभ होता है तथा किसी भी प्रकार की कोई हानि नहीं होती एवं शरीर के साथ मन में एकाग्रता एवं शांति का विकास होता है।

५. स्नान- आसन आदि के पश्चात् शरीर का तापमान सामान्य होने पर स्नान करना चाहिए। स्नान से शरीर में ताजगी आती है, अनावश्यक गर्मी शान्त होकर शरीर शुद्ध एवं हल्का बन जाता है।

अद्भिर्गात्राणि शुध्यन्ति मनः सत्येन शुध्यति। विद्यातपोभ्यां भूतात्मा बुद्धिर्ज्ञानेन शुध्यति।।

(मनुस्मृति- ५.१०९)

जल से शरीर शुद्ध होता है। सत्य से मन की शुद्धि होती है। विद्या एवं तप के अनुष्ठान से आत्मा शुद्ध होती है तथा ज्ञान से बुद्धि निर्मल बनती है।

रोगी को छोड़कर सामान्य व्यक्ति को ताजा ठण्डे पानी से स्नान करना चाहिए। शीतकाल में वृद्ध एवं वातरोग से पीड़ित व्यक्तियों के लिए उष्ण जल से स्नान हितकर होता है, पर उन्हें भी सिर पर उष्ण जल नहीं डालना चाहिए; क्योंकि इससे दृष्टि दुर्बल हो जाती है और बाल झड़ने लगते हैं तथा असमय में सफेद हो सकते हैं। आयुर्वेद का उल्लेख है-

उष्णाम्बुनाधःकायस्य परिषेको बलावहः। तेनैव तूत्तमाङ्गस्य बलहृत्केशचक्षुषाम्।।

(अष्टाङ्गहृदय, सूत्र.- २.१४)

शीतकाल में गर्म पानी से स्नान करना बलप्रद है, परन्तु सिर पर गर्म पानी डालने से केश एवं दृष्टि का बल क्षीण हो जाता है। अतः सिर पर गर्मपानी न डालें। स्नान के पश्चात् शरीर को खादी के तौलिए से खूब रगड़ना चाहिए। इससे कान्ति बढ़ती है। यदि कब्ज है तो पेट को भी तौलिए से रगड़ना चाहिए। स्वच्छ जल वाले तालाब, नदी आदि में तैरकर स्नान करें तो सर्वोत्तम है।

६. ध्यान- शौच, स्नान, आसन आदि नित्यकर्मों से निवृत्त होकर सुख, शान्ति एवं आनन्द की कामना रखने वाले व्यक्ति प्रतिदिन कम से कम १५ मिनट से लेकर एक घण्टे तक भगवान् का ध्यान, उपासना अवश्य करें। प्रणव (ओ३म्) एवं गायत्री आदि मन्त्रों का दीर्घकाल तक श्रद्धापूर्वक किया हुआ जप परम शक्ति, शान्ति एवं आनन्द प्रदान करता है।

योग में प्राणायाम की सर्वोच्च प्राथमिकता

सामान्य रूप से योगाभ्यास में आसनों का अभ्यास अधिक प्रचलन में था। यद्यपि तीन-चार दशक पहले तक गुफाओं व ग्रन्थों तक ही सिमट-सा गया था। श्रीमती इंदिरा गांधी जी के समय योग अट्टालिकाओं की भी शोभा बढ़ाने लगा था। भगवत्कृपा से अब योग जन-सामान्य के जीवन में समाहित हुआ है और योग मात्र आसनों तक ही सीमित नहीं रह गया है। यम-नियम, आसन-प्राणायाम, प्रत्याहार, धारणा-ध्यान एवं समाधि- यह अष्टांग योग, हठयोग, ज्ञानयोग कर्मयोग एवं भक्तियोग आदि योग का समग्र स्वरूप सर्वसमाज व विश्व के सामने आ रहा है। यद्यपि एक-एक श्वास एवं पूरा जीवन ही योग है। अपने आत्मस्वरूप में रहते हुए एकाग्रता, समता, कुशलता व दिव्यतापूर्वक अपने कर्त्तव्य का निर्वहन, यह बाह्ययोग तथा विवेक, वैराग्य व अभ्यास के सात्त्विक पुरुषार्थ के द्वारा वृत्तिनिरोध करके अपने ज्ञानमय, सुखमय एवं पूर्ण शान्तिमय स्वरूप में जीना यह आन्तरिक योग है। साधनाकाल व व्यवहार काल के योग के सिद्ध होने पर योग हमारा स्वभाव बन जाता है। 'स्वभावोऽध्यात्ममुच्यते'। (गीता-८.३) हम सहज योग, सहज समाधि या जीवन्मुक्ति का सहज आनन्द लेते हुए जीवन को पूर्ण सुख, समृद्धि एवं पूर्ण शान्ति के साथ जीने लगते हैं। योग से हम सामान्य मानवीय चेतना से विकसित, प्रगतिशील या उन्नत होकर उच्चचेतना, दिव्यचेतना, आत्मचेतना, गुरुचेतना, ऋषिचेतना या भागवत चेतना में जीते हुए जीवन का पूर्ण विकास या मानवीय चेतना के पूर्ण विकास अन्तिम लक्ष्य मोक्ष या निर्वाण को उपलब्ध हो जाते हैं। मानव से महामानव या दिव्य मानव होने की इस योगयात्रा या जीवनरूपी बीज के पूर्ण विकसित होकर मानव विकास की पराकाष्ठा की इस आध्यात्मिक जीवन-पद्धति का एक सहज विकास क्रम है- अष्टाङ्गयोग। अष्टाङ्गयोग के क्रम में अहिंसा, सत्य, अस्तेय, ब्रह्मचर्य एवं अपरिग्रह तथा शौच, सन्तोष, तप, स्वाध्याय व ईश्वर-प्रणिधान इन यम-नियमों के पालन से जीवन में एक सहज आत्म-अनुशासन विकसित होता है और हम एक सभ्य मानव विश्वनागरिक या दिव्य मानव की तरह आदर्श जीवन जीते हुए अब आसन, प्राणायाम, प्रत्याहार, धारणा, ध्यान व समाधि का निरन्तर अभ्यास करते हैं तो एक दिन हम पूर्ण योगी, पूर्ण निरोगी, सत्कार्यों में सहयोगी तथा समष्टि के लिए पूर्ण उपयोगी बन जाते हैं।

बिना योगानुशासन या आत्मानुशासन के चाहे किसी का भी शासन हो अथवा कोई भी देश हो, कभी भी व्यक्ति पूर्ण सुख, पूर्ण समृद्धि व पूर्ण शान्ति को प्राप्त नहीं कर सकता। केवल भौतिक विकास, केवल आर्थिक समृद्धि, केवल बाह्य-नियम कानून या भौतिक सुख सुविधाएं, केवल बाह्यसत्ता सम्पत्ति, सम्मान, बाह्य सफलता, बाह्य सम्बन्ध या केवल बाह्य भौतिक सुख- ये मनुष्य को पूर्ण सुख-शान्ति व पूर्ण संतुष्टि प्रदान नहीं कर सकते। अतः योग के द्वारा जीवन में पूर्ण बाह्य समृद्धि, जिसे हम अभ्युदय कहते हैं तथा

पूर्ण आन्तरिक समृद्धि, जिसे हम निःश्रेयस कहते हैं, इन दोनों की प्राप्ति होती है। इसी में मानवीय जीवन की पूर्ण सफलता है। इसीलिए वेदों में केवल आध्यात्मिक उन्नति या केवल बाह्य समृद्धि या प्रगति को उचित नहीं माना और अपराविद्या-पराविद्या अथवा अभ्युदय व निःश्रेयस जीव के दोनों पक्षों के विकास की साथ-साथ बात की है। जिस योग-विद्या की इतनी बड़ी महिमा, लाभ व उपयोगिता है एक सामान्य मनुष्य के जीवन में सबसे बड़ा प्रश्न आता है कि वह योग की साधना या योगाभ्यास को कहाँ से प्रारम्भ करें। योग का ज्ञान, योग का अभ्यास व योगमय आचरण जब तीनों यथार्थ रूप से हमारे जीवन में घटित हो जाएं तब हम एक सच्चे या प्रामाणिक योगी बन पाते हैं। योग के प्रामाणिक वैदिक ज्ञान, योग के प्रामाणिक अभ्यास एवं योगी के प्रामाणिक उन्नत दिव्य आदर्श आचरण के सत्य को हमने इस लघु पुस्तिका में सार रूप में लिखने का पूर्ण पुरुषार्थ किया है।

प्राणायाम का माहात्म्य

मैंने लाखों करोड़ों सामान्य व विशिष्ट लोगों के साथ सीधा संवाद किया है और मैं इस निष्कर्ष पर पहुँचा हूँ कि योग को लेकर जहाँ एक ओर पूरे विश्व में अत्यन्त उत्साह, उत्सुकता व जिज्ञासा है, वहीं योग को जीवन में कैसे अपनाएं और योग के द्वारा एक रोग तनाव व दुःखमुक्त, पूर्ण सुखी, पूर्ण समृद्ध, पूर्ण शान्तिमय व पूर्ण आनन्दमय जीवन कैसे जिएं? इसको लेकर बहुत अधिक भ्रान्तियाँ हैं। आज छोटे-छोटे बच्चों, विद्यार्थियों व युवकों से लेकर हर आयु वर्ग, प्रत्येक जाति, मत, पंथ, सम्प्रदाय एवं प्रत्येक देश के लोग योग को स्वीकार कर रहे हैं और योग को अपनाना चाहते हैं। यही मानव का अन्तिम गन्तव्य भी है और योग में ही मनुष्य की सब समस्याओं का समाधान व जीवन की पूर्ण सार्थकता, उपयोगिता एवं सफलता भी है। हिंसा, युद्ध, अपराध, अराजकता, बाह्य व आन्तरिक दरिद्रता, अभाव, अन्याय, नशा, अमानवीय असमानता व अमानवीय कृत्यों से मुक्ति का एकमात्र उपाय योग ही है। योग की इतनी बड़ी महिमा है और सदा रहेगी फिर भी एक सबसे बड़ा प्रश्न सभी के सामने बना हुआ है कि योग को प्रारंभ कहाँ से व कैसे करें? इस सन्दर्भ में मैंने भी एक लम्बे कालखण्ड तक गम्भीर चिन्तन, मंथन व अभ्यास किया और इस निष्कर्ष पर पहुँचा कि योगाभ्यास को प्राणायाम से ही प्रारम्भ करना चाहिए। इसके लिए हम यहाँ कुछ तर्क, तथ्य, युक्ति, प्रमाण एवं अनुभवों को क्रमशः प्रस्तुत कर रहे हैं।

(१) प्राणायाम करना सबके लिए अनुकूल, सहज, आसान एवं पूर्णलाभकारी तथा साथ ही हानिरहित भी है।

(२) ३ वर्ष के बालक से लेकर सभी आयु वर्ग के स्त्री व पुरुष समान रूप से प्राणायाम कर सकते हैं साथ ही योगी, रोगी एवं निरोगी सभी के लिए समान रूप से प्राणायाम उपयोगी है।

(३) रोगोपचार एवं आत्मसाक्षात्कार के लिए प्राणायाम समान रूप से उपयोगी है। रोगियों के लिए प्राण तथा प्राणायाम औषध रूप है, विद्यार्थियों के लिए प्राणायाम ज्ञान व मस्तिष्क के विकास का सर्वोत्तम साधन हैं, युवकों के लिए प्राण शक्ति है, वृद्धों के लिए प्राण सम्बल व संजीवनी है और बुढ़ापे में होने वाले दुःखों

व रोगों से बचने का एक वैज्ञानिक, आसान व अत्यन्त प्रभावशाली तुरन्त लाभ देने वाला साधन है। वहीं यह प्राण योगियों के लिए ब्रह्म है। प्राणायाम रहस्य पुस्तक में हमने विस्तार से प्राणायाम एवं प्राण की महिमा व उपयोगिता लिखी है। एक बार उसे भी आप पढ़ने का प्रयत्न अवश्य करना। प्राणविद्या ही पराविद्या, ब्रह्मविद्या, अध्यात्मविद्या या जीवनविद्या है।

(४) प्राणायाम शरीर, इन्द्रियों, मन, बुद्धि व चित्त की पूर्ण शुद्धि करके इनको पूर्ण स्वस्थ, संतुलित व पूर्ण दिव्यता प्रदान करने वाला है। जबकि आसनों से मोटापा, मधुमेह मेरुदण्ड के रोग एवं शरीर सौष्ठव में आंशिक लाभ ही होता है। उच्च रक्तचाप, थायरॉयड, हृदयरोग, तनाव, अनिद्रा, आर्थराइटिस, अस्थमा स्नायु व नाडीतन्त्र के रोगों से लेकर कैंसर जैसे रोगों को हमने प्राणायाम से पूर्णरूप से निर्मूल किया है, केवल आसन या एलोपैथिक दवाओं से इन रोगों का उपचार (Cure) नहीं कर सकते।

(५) प्राणायाम करने से शरीर, इन्द्रियों व अन्त:करण के शुद्ध व स्वस्थ होने पर यम-नियमों का पालन स्वाभाविक रूप से होने लगता है। नित्यप्रति प्राणायाम का विधि व निष्ठापूर्वक अभ्यास करने वाले व्यक्ति के मन में हिंसा, झूठ, चोरी, अब्रह्मचर्य (असंयम) परिग्रह तथा अशुचिता, असंतोष, अकर्मण्यता (विलासिता), आत्मविमुखता व नास्तिकता का भाव ही पैदा नहीं होता। अहिंसा, सत्य आदि यम तथा शौच-संतोष आदि नियम प्राणायाम करने वाले व्यक्ति का स्वभाव बनने लगते हैं। प्राणायाम करने से सहज आसन भी स्वत: सिद्ध हो जाता है तथा निरन्तर प्राणायाम के अभ्यास से प्रत्याहार, धारणा, ध्यान व समाधि की भी प्राप्ति होने लगती है। निष्कर्ष के रूप में हमने अपने तथा हजारों लाखों लोगों पर प्राणायाम का प्रयोग करके यह पाया या इसे प्रत्यक्ष अनुभव किया कि प्राणायाम करने पर अष्टाङ्गयोग व हठयोग सिद्ध हो जाते हैं। ज्ञान, भक्ति व कर्म या पुरुषार्थ की प्राप्ति होती है। अज्ञान, अश्रद्धा व अकर्मण्यता या प्रमाद से मुक्त होकर हम ज्ञानयोग, भक्तियोग एवं कर्मयोग के मार्ग पर स्वाभाविक रूप से चलने लगते हैं। अत: हम निष्कर्ष के रूप में कह सकते हैं कि प्राणायाम से योग का प्रारम्भ करें तथा प्राणायाम से या प्राणयोग से सभी प्रकार के योग को सिद्ध कर सकते हैं। प्राणायाम योग प्रारम्भ भी है तथा प्राणायाम योग की पराकाष्ठा तक ले जाने का एक सर्वश्रेष्ठ साधन भी है।

(६) प्राणायाम करने वाले को योग के कठिन आसनों के करने की आवश्यकता नहीं है, फिर भी यदि प्राणायाम के साथ-साथ कठिन या सरल आसन करना चाहें तो कर सकते हैं।

(७) प्राणायाम, रोग, बुढ़ापा, सभी प्रकार के विकारों अशुभ व मृत्यु पर भी विजय पाने का साधन या माध्यम है। प्राणायाम के अभ्यास से योगाभ्यास में कुशल हो जाते हैं। मैंने स्वयं के जीवन में तथा लाखों करोड़ों लोगों के जीवन में यह प्रत्यक्ष अनुभव किया है। प्राणायाम से साध्य-असाध्य, छोटे-बड़े रोग तो हमने लाखों करोड़ों लोगों के मिटाये ही हैं प्राणायाम व ध्यान से लोगों की वाणी, व्यवहार, स्वभाव व आचरण में हमने एक दिव्य रूपान्तरण का अनुभव किया है।

इसीलिए हम रोग, नशा, तनाव, हिंसा व समस्त दु:खों व अमानवीय कृत्यों से मुक्त पूर्ण स्वस्थ, सुखमय, समृद्धिमय एवं शान्तिमय जीवन जीने के लिए योग को सर्वोच्च प्राथमिकता देते हैं तथा योग में भी प्राणायाम को सर्वोच्च प्राथमिकता देते हैं। प्राणायाम से ध्यान, समाधि व जीवन की सभी दिव्य सिद्धियाँ या विभूतियाँ स्वत: सिद्ध या उपलब्ध हो जाती हैं।

अष्टांग योग की उपयोगिता

संसार के सभी व्यक्ति सुख एवं शान्ति चाहते हैं तथा विश्व में जो कुछ भी व्यक्ति कर रहा है, उसका एक ही मुख्य लक्ष्य है कि इससे उसे सुख मिलेगा। व्यक्ति ही नहीं, कोई भी राष्ट्र अथवा विश्व के सम्पूर्ण राष्ट्र मिलकर भी इस बात पर सहमत हैं कि विश्व में शान्ति स्थापित होनी चाहिए। प्रतिवर्ष इसी उद्देश्य से ही एक व्यक्ति को, जो कि सर्वात्मना शान्ति स्थापित करने के लिए समर्पित होता है, उसे नोबेल पुरस्कार भी प्रदान किया जाता है। परन्तु यह शान्ति कैसे स्थापित हो, इस बात को लेकर सभी असमंजस की स्थिति में हैं। सभी लोग अपने-अपने विवेक के अनुसार इसके लिए कुछ चिन्तन करते हैं, परन्तु एक सर्वसम्मत मार्ग नहीं निकल पाता। इसका अर्थ है कि दुनिया के लोग जिन उपायों पर विचार कर रहे हैं, उनमें सार्थकता तो है, परन्तु परिपूर्णता, समग्रता एवं व्यापकता नहीं। प्रचलित मत पन्थों, सम्प्रदायों एवं तथाकथित धर्मों को अपनाने से जहाँ व्यक्ति को एक ओर थोड़ी शान्ति मिलती है, वहीं इन सम्प्रदायों के पचड़े में पड़कर व्यक्ति कुछ ऐसे अन्धविश्वासों, कुरीतियों एवं मिथ्या आग्रहों में फँस जाता है। जिनसे निकलना मुश्किल हो जाता है। साथ ही वह पूर्ण सत्य से भी वंचित रह जाता है, परन्तु क्या ऐसा कुछ नहीं हो सकता, जिस पर दुनिया का हर इन्सान चल सके? क्या ऐसे कुछ नियम, सिद्धान्त, मान्यताएँ एवं मर्यादाएँ हो सकती हैं, जिन पर पूरी दुनिया के सभी व्यक्ति चल सकें? जिससे किसी भी व्यक्ति एवं राष्ट्र की एकता एवं अखण्डता खण्डित नहीं होती हो और न ही किसी का व्यक्तिगत स्वार्थ सिद्ध होता हो, जिसको प्रत्येक व्यक्ति अपना सके और जीवन में पूर्ण सुख, शान्ति एवं आनन्द को प्राप्त कर सके। यह है- महर्षि पतंजलि-प्रतिपादित अष्टांग योग का पथ। यह कोई मत-पन्थ या सम्प्रदाय नहीं, अपितु जीवन जीने की सम्पूर्ण पद्धति है। यदि संसार के लोग वास्तव में इस बात को लेकर गम्भीर हैं कि विश्व में शांति स्थापित होनी ही चाहिए तो इसका एकमात्र समाधान है अष्टांग योग का पालन। अष्टांग योग के द्वारा ही वैयक्तिक एवं सामाजिक समरसता, शारीरिक स्वास्थ्य, बौद्धिक जागरण, मानसिक शान्ति एवं आत्मिक आनन्द की अनुभूति हो सकती है। अब हम संक्षेप में इस अष्टांग योग के सम्बन्ध में विचार करते हैं। महर्षि पतंजलि योगसूत्रों के माध्यम से लिखते हैं-

यमनियमासनप्राणायामप्रत्याहारधारणाध्यानसमाधयोऽष्टावङ्गानि।। (योगसूत्र- २.२९)

१. यम, २. नियम, ३. आसन, ४. प्राणायाम, ५. प्रत्याहार, ६. धारणा, ७. ध्यान तथा ८. समाधि- ये योग के आठ अंग हैं। इन सब योगांगों का पालन किये बिना कोई भी व्यक्ति योगी नहीं हो सकता। यह अष्टांग योग केवल योगियों के लिए ही नहीं, अपितु जो भी व्यक्ति जीवन में स्वयं पूर्ण सुखी होना चाहता है

तथा प्राणिमात्र को सुखी देखना चाहता है, उन सबके लिए अष्टांग योग का पालन अनिवार्य है। अष्टांग योग धर्म, अध्यात्म, मानवता एवं विज्ञान की प्रत्येक कसौटी पर खरा उतरता है। इस दुनिया के आपसी संघर्ष को यदि किसी उपाय से रोका जा सकता है तो वह अष्टांग योग ही है। अष्टांग योग में जीवन के सामान्य व्यवहार से लेकर ध्यान एवं समाधि सहित अध्यात्म की उच्चतम अवस्थाओं तक का अनुपम समावेश है। जो भी व्यक्ति अपने अस्तित्व की खोज में लगा है तथा जीवन के पूर्ण सत्य से परिचित होना चाहता है, उसे अवश्य ही अष्टांग योग का अनुष्ठान (आचरण) करना चाहिए। यम और नियम अष्टांग योग के मूल आधार हैं।

१. यम

अष्टांग योग का प्रथम अंग है यम। यम शब्द 'यमु उपरमे' धातु से निष्पन्न होता है, जिसका अर्थ है - यम्यन्ते उपरम्यन्ते निवर्त्यन्ते हिंसादिभ्य इन्द्रियाणि यैस्ते यमा: 'अर्थात् जिनके अनुष्ठान से इन्द्रियों एवं मन को हिंसादि अशुभ भावों से हटाकर आत्मकेन्द्रित किया जाये, वे यम हैं'। महर्षि पतंजलि ने इन यमों की परिगणना इस प्रकार की है :

अहिंसासत्यास्तेयब्रह्मचर्यापरिग्रहा: यमा:। (योगसूत्र- २.३०)

अहिंसा, सत्य, अस्तेय, ब्रह्मचर्य तथा अपरिग्रह- ये पाँच यम हैं। अब हम यहाँ क्रमश: इनका संक्षेप में वर्णन करते हैं।

(क) अहिंसा- अहिंसा का अर्थ है किसी प्राणी को मन, वचन तथा कर्म से कष्ट न देना। मन में भी किसी का अहित न सोचना, किसी को कटुवाणी आदि के द्वारा भी कष्ट न देना तथा कर्म से भी किसी भी अवस्था में, किसी भी स्थान पर 'किसी भी दिन' किसी भी प्राणी की हिंसा न करना, अपितु प्राणिमात्र से आत्मबल प्रेम तथा सम्पूर्ण सृष्टि के प्रति मैत्री एवं करुणा की दृष्टि रखना यही यथार्थ रूप में अहिंसा है। महर्षि व्यास भी कहते हैं-

तत्राहिंसा सर्वथा सर्वदा सर्वभूतानामनभिद्रोह:। (योगसूत्र-व्यासभाष्य- २.३०)

(ख) सत्य- जैसा देखा, सुना तथा जाना हो, वैसा ही शुद्ध भाव मन में हो, वही प्राणी में तथा उसी के अनुरूप कार्य हो तो वह सत्य कहलाता है। दूसरों के प्रति ऐसी वाणी कभी नहीं बोलनी चाहिए, जिसमें छल-कपट हो, भ्रान्ति पैदा होती हो अथवा जिसका कोई प्रयोजन न हो। ऐसी वाणी बोलनी चाहिए जिससे किसी प्राणी को दु:ख न पहुँचे। सत्यवाणी भी सर्वभूतहिताय होनी चाहिए। दूसरों की हानि करने वाली वाणी पापमयी होने से दु:खजनक होती है। अत: परीक्षा करके सब प्राणियों का हित करने वाली वाणी का ही प्रयोग करना चाहिए। यही बात महर्षि व्यास सत्य के सम्बन्ध में कहते हैं **'सत्यं यथार्थे वाङ्मनसी। यथादृष्टं यथानुमितं यथाश्रुतं तथा वाङ्मनश्चेति। परत्र स्वबोधसंक्रान्तये वागुक्ता सा यदि न बाधिता भ्रान्ता वा प्रतिपत्तिबन्ध्या वा भवेदिति। एषा सर्वभूतोपकारार्थं प्रवृत्ता न भूतोपघाताय'।**

(योगसूत्र-व्यासभाष्य- २.३०)

(ग) अस्तेय- अस्तेय का अर्थ है चोरी न करना। दूसरों की वस्तु पर बिना पूछे अधिकार करना अथवा शास्त्रविरुद्ध ढंग से वस्तुओं का ग्रहण करना स्तेय (चोरी) कहलाता है। दूसरों की वस्तु को प्राप्त करने की मन में लालसा भी चोरी है। अत: योगी पुरुष को न तो चोरी करनी चाहिए, न ही किसी से करवानी चाहिए, अपितु अपने सात्त्विक व पूर्ण पुरुषार्थ से तथा भगवान् की कर्मफल व्यवस्था के अनुरूप या प्रकृति के विधान से जो कुछ हमें प्राप्त होता है, उसमें पूर्ण सन्तुष्ट एवं आनन्दित रहना चाहिए।

(घ) ब्रह्मचर्य- कामवासना को उत्तेजित करने वाले खान-पान, दृश्य-श्रव्य साधनों एवं शृंगारादि का परित्याग कर सतत वीर्य-रक्षा करते हुए ऊर्ध्वरेता होना ब्रह्मचर्य कहलाता है। अष्टविध मैथुन- वासना की दृष्टि से किसी का दर्शन, स्पर्शन, एकान्त-सेवन, भाषण, विषय-कथा, परस्पर क्रीड़ा, विषय का ध्यान तथा संग (sex) ये आठ प्रकार के मैथुन हैं। ब्रह्मचारी को इनसे बचते हुए सदा जितेन्द्रिय होकर अपनी समस्त इन्द्रियों आँख, कान, नाक, त्वचा एवं रसना को सदा शुभ की ओर प्रेरित करना चाहिए तथा मन में सदा भद्र, सुविचार, शिव-संकल्प रखना चाहिए। साधक को सदा ही अपने मन में इस विचार को दृढ़ रखना चाहिए कि मेरी स्वाभाविक अवस्था विकार रहित है। जैसे जल का स्वाभाविक गुण शीतलता एवं द्रवत्व (बहना) है। जमना, गर्म होना, वाष्प बनाना तथा वाष्प बनकर उड़ना ये गुण उसके स्वाभाविक नहीं होते तथा गर्म करने, वाष्प बनने तथा बर्फ बनने पर ठोस हो जाने के बाद भी वह अपनी स्वाभाविक अवस्था में ही वापस लौट आता है, इसी तरह ब्रह्मचर्य हमारी स्वाभाविक अवस्था है।

कभी शान्त एकान्त स्थान पर बैठकर चिन्तन करना और अपने भीतर यह देखना, कहीं वासना है क्या? क्या आप में काम, क्रोध, लोभ, मोह एवं अहंकार आदि विकार हैं? तो आप पायेंगे कि आपमें ये विकार स्वाभाविक रूप में तो हैं ही नहीं। इन विकारों को तो आमन्त्रित कर पैदा किया जाता है। ये विकार चोरों की तरह हमारे शरीर में आते हैं एवं थोड़ी ही देर ठहरते हैं तथा उतनी ही देर में हमारे शरीर, मन एवं आत्मा की शक्ति को लूटकर, विकृत कर, सब कुछ बिगाड़ कर भाग जाते हैं। काम तथा क्रोध थोड़ी देर के लिए आते हैं तथा थोड़ी ही देर में ये विकार हमारे शरीर को हिलाकर रख देते हैं, शरीर को शक्तिहीन एवं ओजहीन तथा निस्तेज कर देते हैं, शरीर में जहर घोल देते हैं। हम बार-बार लुटते हैं और कहते रहते हैं कि इनसे लुटना तो स्वाभाविक है। हम बच नहीं सकते। तो फिर भाई आपको कोई बचा नहीं सकता।

उठो, जागो और अपने स्वाभाविक धर्म (स्वधर्म) को पहचानो। विकार आपके स्वधर्म नहीं, ये परधर्म हैं और गीता में भगवान् श्रीकृष्ण कहते हैं **'स्वधर्मे निधनं श्रेय: परधर्मो भयावह:'।** काम, क्रोध, लोभ, मोह एवं अहंकार आदि विकारों की भट्ठी में अब अपने-आपको और अधिक नहीं जलाओ। आप आत्मा हैं, आपके स्वाभाविक गुण हैं- मैत्री, करुणा, प्रेम, सहानुभूति, सेवा, समर्पण, परोपकार, आनन्द एवं शान्ति। आप निर्विकार हैं, विकारों को तो हम बुलाते हैं, आमन्त्रित करते हैं, ऐसे ही जैसे कि कोई धन-सम्पत्ति एवं वैभव को संचित करे और फिर चोरों को आमन्त्रित कर दे, तदनन्तर जब चोर हमारे ही मकान, भूमि एवं भवन में कब्जा करके बैठ जाएँ, सब सम्पत्ति लूट लें तथा हम ठगे-से खड़े रहकर देखते

रहें और कहें कि हाय! यह सब क्या हुआ! मैंने तो इन्हें क्या बुलाया कि ये तो मेरा ही सब कुछ लूट रहे हैं, सब बर्बाद कर रहे हैं, किन्तु मनुष्य बाहरी सम्पत्ति को लुटाने के लिए तो चोरों को निमन्त्रण नहीं देता; क्योंकि यह सम्पत्ति एवं वैभव वह खुद इकट्ठा करता है, उसको वह लुटता हुआ नहीं देख सकता।

अत: मनुष्य! जरा विचार कर, तेरे भीतर असीम आनन्द, शान्ति, अपार सुख, शक्ति, ओज, तेज, बल, बुद्धि, पराक्रम, मैत्री, करुणा, मुदिता आदि अनन्त ऐश्वर्य हैं, जो तेरे प्रभु ने तुझे दिया है, उसे काम, क्रोध आदि विकार एवं वासना रूपी चोरों को बार-बार बुलाकर बार-बार क्यों लुटाता है और कहता है कि यह तो स्वाभाविक ही है, मैं इसमें क्या करूँ ? अब तो सँभलो और अपने-आपको पहचानो, भगवान् की दी हुई शक्ति को पहचानो। इस सुविचार शिव-संकल्प को अपने भीतर दृढ़कर लो कि मैं निर्विकार हूँ, ब्रह्मचर्य मेरा स्वधर्म है, ब्रह्मचारी रहना स्वाभाविक है और निश्चित जानो कि विकारों के अस्वाभाविक एवं अल्पकालीन उफान एवं प्रवाह के बाद आपको निर्विकार स्थिति में ही जीवन जीना होता है। अत: अब अपने-आपको विकारों की अग्नि में और अधिक न जलाओ।

भगवान् की दी हुई दिव्य शक्तियों से सम्पन्न होकर ब्रह्मचर्य का पालन करते हुए असीम शान्ति एवं अपरिमित आनन्द और अपार-अथाह सुख को अपने भीतर से प्राप्त करो। ब्रह्मचर्य का पालन करके ओजस्वी, तेजस्वी, बुद्धिमान्, बलवान् एवं पराक्रमी बनकर सबसे दिव्य प्रेम करते हुए सेवा, परोपकार एवं करुणा आदि से अपने जीवन को सुन्दर बनाओ। योग-साधना के पथ पर चलो, तभी अपने-आपको तथा अपने ही भीतर विराजमान सच्चिदानन्द-स्वरूप प्रभु को जान तथा पहचान पाओगे। यही जीवन का सत्य है। यही जीवन का लक्ष्य और उद्देश्य है।

(ङ) अपरिग्रह- परिग्रह का अर्थ है- चारों ओर से संग्रह (इकट्ठा) करने का प्रयत्न करना। इसके विपरीत जीवन जीने के लिए न्यूनतम, धन, वस्त्र आदि पदार्थों एवं मकान से सन्तुष्ट होकर जीवन के मुख्य लक्ष्य ईश्वर-आराधना में निरत रहना अपरिग्रह है। साधक एवं प्रत्येक विवेकशील मनुष्य को इस विचार के साथ जीवन को जीना चाहिए कि क्या इसके बिना भी मेरे जीवन का निर्वाह हो सकता है ? यही योगवृत्ति है, यही अपरिग्रह है। इसके विपरीत भोगवृत्ति या उपभोक्तावाद है। ईश्वरीय व्यवस्था के अनुसार जीवन में जो कुछ भी धन, वैभव, भूमि, भवन आदि ऐश्वर्य हमें प्राप्त हों, उनको कभी अहंकार के वशीभूत होकर अपना नहीं मानना चाहिए तथा भौतिक सुख तथा बाह्य सुख के साधनों की इच्छा भी साधक को नहीं करनी चाहिए अनासक्त भाव से जीवन जीते हुए अपने-आप जो भी सुख-साधन उपलब्ध हों, उनका उपयोग दूसरों को सुख पहुँचाने व सेवा के लिए करना चाहिए। महर्षि व्यास कहते हैं-

विषयाणामर्जनरक्षणक्षयसंगहिंसादोषदर्शनादस्वीकरणमपरिग्रहः।

(योगसूत्र-व्यासभाष्य- २.३०)

विषय-रूप धन आदि भोग्य पदार्थों के अर्जन (संग्रह) करने में दोष, रक्षण-अर्थात् संग्रह किये हुए पदार्थों की रक्षा में दोष, क्षय-संगृहीत किये हुए पदार्थों के नाश होने में दोष, संग- उन संगृहीत ऐश्वर्यों

में आसक्त होने में दोष और हिंसा- अर्थात् **'नानुपहत्य भूतान्युपभोगः सम्भवति'** (योगसूत्र-व्यासभाष्य-२.१५) प्राणियों को बिना पीड़ा दिये सुख का उपभोग सम्भव नहीं है। इसलिए लौकिक सुख-भोग में हिंसाकृत दोष भी है। अत: योगी पुरुष को विषयों के प्रति अनासक्त रहकर अपरिग्रह का पालन करना चाहिए। इन सभी यमों (अहिंसा एवं सत्य आदि) का पालन मनसा, वाचा, कर्मणा मन, वचन तथा कर्म (आचरण) से करना चाहिए और इसमें किसी तरह की कोई सीमा नहीं है। महर्षि पतञ्जलि कहते हैं-

जातिदेशकालसमयानवच्छिन्नाः सार्वभौमा महाव्रतम्। (योगसूत्र- २.३१)

अर्थात् जाति, देश, काल तथा समय से अनवच्छिन्न-अप्रतिबद्ध, अर्थात् इनकी सीमाओं के बन्धन से ऊपर इन अहिंसा आदि का सर्वत्र पालन किया जाना चाहिए। इस प्रकार आचरण में उतरे हुए ये अहिंसा आदि महाव्रत कहलाते हैं। इनके पालन करने में सामान्य व्यक्ति की दृष्टि से देखा जाये तो बड़ी कठिनाई आती है। इसलिए व्यक्ति कुछ सीमाएँ निर्धारित कर लेता है और इन अहिंसा, सत्य एवं अस्तेय आदि को जाति अर्थात् वर्ग-विशेष, देश-विशेष, काल-विशेष तथा समय-विशेष की सीमाओं में बाँध लेता है। उदाहरण के लिए, हम अहिंसा को ही लेते हैं; जैसे- एक व्यक्ति मछुआरा है, वह मछली मारकर बेचता एवं खाता है। यह उसकी हिंसा हुई, परन्तु वह गाय, भेड़, बकरी आदि को नहीं मारता, यह उसकी अहिंसा हो गई, परन्तु यह अहिंसा पूर्ण अहिंसा नहीं होगी; क्योंकि यह अहिंसा मछली जाति को छोड़कर ही लागू होती है। इसी तरह अहिंसा देश की सीमा में बँधी हुई है, जैसे कि मैं काशी, मथुरा या हरिद्वार आदि तीर्थों में हिंसा नहीं करूँगा, अर्थात् इन तीर्थों से अन्यत्र मैं हिंसा कर सकता हूँ। ऐसा सोचने वाला देश (स्थान-विशेष) तक ही अहिंसक है, पूरा अहिंसक नहीं है। काल के सम्बन्ध में भी यही बात है, जैसे कि मैं एकादशी, पूर्णमासी, अमावस्या या मंगलवार आदि या किसी पर्व-विशेष के दिन हिंसा नहीं करूँगा। यह काल की सीमा में बँधी हुई अहिंसा हो गई। इसी प्रकार से समय (शर्त) की सीमा होती है, जैसे कि मैं सामान्य अवस्था में तो नहीं, परन्तु विशेष अवस्था में जब मुझ पर कोई संकट होगा, तब मैं हिंसा करूँगा। यह भी पूर्ण अहिंसा नहीं है। पूर्ण अहिंसा तब होगी जब सब सीमाओं से ऊपर उठकर सर्वथा, सर्वदा, सर्वत्र, सब प्राणियों के प्रति, सब अवस्थाओं में, सब स्थानों पर बिना हेर-फेर के सहज रूप से इनका पालन किया जायेगा।

इसी प्रकार से सत्य-अस्तेय-ब्रह्मचर्य एवं अपरिग्रह के सम्बन्ध में जानना चाहिए। जैसे सामान्य रूप से मैं किसी ब्राह्मण, गौ आदि की रक्षा के लिए तो झूठ बोलूँगा। यह जातिपरक झूठ हो गया। देश-स्थान-विशेष, अर्थात् हरिद्वार आदि तीर्थों या गुरुकुल, मठ अथवा मन्दिर, गुरुद्वारा, मस्जिद, चर्च आदि में सत्य बोलूँगा। अन्यत्र व्यापार वा न्यायालय आदि राजकार्यों में असत्य भी बोलूँगा। इसी तरह से काल-विशेष अर्थात् एकादशी आदि तथा समय-विशेष प्रसंग या विशेष प्रयोजन के लिए झूठ बोलूँगा, सामान्य अवस्था में नहीं, यह सब पूर्ण सत्य नहीं होगा। इसी प्रकार अस्तेय, ब्रह्मचर्य एवं अपरिग्रह के सम्बन्ध में भी जानना चाहिए। सब सीमाओं के बन्धन से ऊपर उठकर मन, वचन तथा कर्म से इन यमों का प्रत्येक साधक को पालन करना चाहिए।

२.नियम

योग का दूसरा आधारभूत अंग है- नियम। महर्षि पतंजलि लिखते हैं-

शौचसन्तोषतप:स्वाध्यायेश्वरप्रणिधानानि नियमा:। (योगसूत्र- २.३२)

शौच, सन्तोष, तप, स्वाध्याय तथा ईश्वर-प्रणिधान- ये पाँच नियम हैं।

(क) शौच- शौच कहते हैं शुद्धि को, पवित्रता को। यह शौच, शुचिता या पवित्रता भी दो प्रकार की होती है: एक बाह्य, दूसरी आभ्यन्तर। महर्षि मनु ने शौच के सम्बन्ध में बहुत ही सुन्दर कहा है:

अद्भिर्गात्राणि शुध्यन्ति मन: सत्येन शुध्यति। विद्यातपोभ्यां भूतात्मा बुद्धिर्ज्ञानेन शुध्यति।।

(मनुस्मृति ५.१०९)

साधक को प्रतिदिन जल से शरीर की शुद्धि, सत्याचरण से मन की शुद्धि, विद्या और तप के द्वारा आत्मा की शुद्धि तथा ज्ञान के द्वारा बुद्धि की शुद्धि करनी चाहिए। भगवती गंगा आदि के पवित्र जल से भी शरीर की शुद्धि हो सकती है। मन, बुद्धि एवं आत्मा की शुद्धि के लिए तो ऋषियों द्वारा बताये गये उपायों को करना ही होगा।

(ख) सन्तोष- अपने पास विद्यमान समस्त साधनों से पूर्ण पुरुषार्थ करें। जो कुछ प्रतिफल मिलता है, उससे पूर्ण सन्तुष्ट रहना और अप्राप्त की इच्छा न करना, अर्थात् पूर्ण पुरुषार्थ एवं ईश्वर-कृपा से जो प्राप्त हो, उसका तिरस्कार न करना तथा अप्राप्त की तृष्णा न रखना ही सन्तोष है। महर्षि व्यास कहते हैं-

सन्तोषामृततृप्तानां यत्सुखं शान्तचेतसाम्। कुतस्तद्धनलुब्धानामितश्चेतश्च धावताम्।।

सन्तोष-रूपी अमृत के पान करने से तृप्त हुए शान्तचित्त मनुष्यों को जो आत्मिक और हार्दिक सुख मिलता है, वह धन-वैभव की लालच व व्याकुलता में इधर-उधर भटकने वाले मनुष्यों को कभी नहीं मिल सकता। अन्यत्र भी कहा है -**'सन्तोषमूलं हि सुखं दु:खमूलं विपर्यय:'**। सुख का मूल आधार सन्तोष है और इसके विपरीत तृष्णा-लालसा दु:खों का मूल है। उपनिषद् में ऋषि कहते हैं- **'न वित्तेन तर्पणीयो मनुष्य:'**। धन के द्वारा मनुष्य की कभी तृप्ति नहीं हो सकती। अत: साधक को पूर्ण पुरुषार्थ करते हुए उसका जो भी प्रतिफल ईश्वर अपनी न्यायव्यवस्थानुसार प्रदान करते हैं, उसमें पूर्ण सन्तुष्ट रहना चाहिए और यह कभी नहीं भूलना चाहिए कि ईश्वर सदा ही हमारी आवश्यकता और पात्रता से अधिक ही हमें रूप, यौवन, धन, समृद्धि एवं समस्त वैभव प्रदान करते हैं।

(ग) तप- महर्षि व्यासदेव कहते हैं- **'तपो द्वन्द्वसहनम्'** अर्थात् अपने सद्-उद्देश्य की सिद्धि में जो भी कष्ट, बाधाएँ, प्रतिकूलताएँ आयें, उनको सहजता से स्वीकार करते हुए, निरन्तर, बिना विचलित हुए, अपने लक्ष्य की ओर आगे बढ़ना तप कहलाता है। महाभारत में प्रसंग आता है कि यक्ष युधिष्ठिर से प्रश्न करता है- **'तपस: किं लक्षणम्'** तो महाराज युधिष्ठिर उत्तर देते हैं- **'तप: स्वधर्मवर्तित्वम्'**। हे यक्ष! अपने कर्त्तव्य के पालन में जो भी विघ्न-बाधाएँ आयें, उन्हें सहते हुए निरन्तर अपने स्वधर्म का पालन

करना ही तप है। ये द्वन्द्व हैं- भूख-प्यास, सर्दी-गर्मी, सुख-दु:ख, लाभ-हानि, मान-अपमान, स्तुति-निन्दा, जय-पराजय आदि। इन सब प्रतिकूलताओं में सम रहना तप है, न कि अग्नि के बीच तपना या एक पैर पर खड़े होकर अपने शरीर को अनावश्यक व अवैज्ञानिक रूप से कष्ट देना आदि।

(घ) स्वाध्याय- महर्षि व्यास कहते हैं- **'प्रणवादिपवित्राणां जपो मोक्षशास्त्राणामध्ययनं वा'।** अर्थात् प्रणव-ओंकार का जप करना तथा मोक्ष की ओर ले जाने वाले वेद-उपनिषद्, योगदर्शन, गीता आदि जो सत्यशास्त्र हैं, इनका श्रद्धापूर्वक अध्ययन करना स्वाध्याय है। हम यदि इस स्वाध्याय शब्द पर शाब्दिक दृष्टि से विचार करें तो इसके मुख्यार्थ दो हैं। एक है- **'सु-अध्ययनं स्वध्याय:, स्वध्याय एव स्वाध्याय:'** अर्थात् उत्तम अध्ययन। ऋषि-प्रतिपादित सत्-शास्त्रों का पूर्ण श्रद्धा और आस्था के साथ अध्ययन करना। उत्तम ग्रन्थों के अध्ययन से हमारे विचारों एवं संस्कारों में पवित्रता, दिव्यता तथा दृढ़ता आती है और विचारों की पवित्रता एवं दृढ़ता से ही जीवन में सात्त्विकता आती है। दूसरा स्वाध्याय का अर्थ है- **स्व-अध्ययनं स्वाध्याय:** अर्थात् अपना अध्ययन, अपने-आपको पढ़ना, अपने अस्तित्व के सम्बन्ध में चिन्तन, विचार तथा निदिध्यासन करना कि मैं कौन हूँ? मुझे क्या करना चाहिए? मैं क्या कर रहा हूँ? मेरे जीवन का क्या लक्ष्य है? मुझे किसने पैदा किया है और क्यों पैदा किया है?

इस प्रकार साधक सजग होकर विवेकपूर्वक विचार करेगा तो वह बाहर के वैभव में न फँसकर प्रणव (ओंकार) का जप तथा ऋषि-प्रतिपादित अध्यात्मविद्या, पराविद्या के ग्रन्थों का अध्ययन करता हुआ परमेश्वर का सान्निध्य प्राप्त कर सफल हो सकता है।

(ङ) ईश्वर-प्रणिधान- महर्षि व्यास कहते हैं- **'तस्मिन् परमगुरौ सर्वक्रियाणामर्पणम्'।** अर्थात्, उस गुरुओं के भी गुरु, परम गुरु परमात्मा में अपने समस्त कर्मों का अर्पण कर देना। भगवान् को हम वही समर्पित कर सकते हैं, जो शुभ है, दिव्य एवं पवित्र है। इसलिए साधक पूर्ण श्रद्धा, भक्ति एवं सर्वात्मना प्रयत्न से वही कार्य करेगा, जिसे वह भगवान् को समर्पित कर सके, अर्थात् उसकी समस्त क्रियाओं का ध्येय ईश्वर-अर्पण होगा। सच्चा भक्त सदा यही विचार करता है कि मुझे जीवन में शरीर, मन, बुद्धि, शक्ति, रूप, यौवन, समृद्धि, ऐश्वर्य, पद, सत्ता, मान आदि जो कुछ वैभव मिला है, सब ईश्वर-कृपा से ही मिला है। इसलिए मुझे अपनी समस्त शक्तियों का उपयोग अपने प्रियतम प्रभु को प्रसन्न करने के लिए ही करना है। इस जीवन का सम्पूर्ण प्रयास तथा पुरुषार्थ मेरा यही है कि मैं सब कुछ, अपने अस्तित्व-सहित, प्रभु में अर्पण कर दूँ और ऐसे भक्त पर ही भगवान् की कृपा एवं ईश्वरीय अमृत सदा बरसता है, जो सर्वात्मना ईश्वर के प्रति समर्पित हो जाता है।

यम-नियमों में बाधाएँ-

इन यम-नियमों का पालन करने में कई प्रकार की विघ्न-बाधाएँ हैं, जो हमें योग से विचलित करती हैं। महर्षि पतञ्जलि कहते हैं-

वितर्कबाधने प्रतिपक्षभावनम्। (योगसूत्र- २.३३)

यम-नियमों के अनुष्ठान में, इनके विपरीत हिंसा, असत्य, चोरी, असंयम, परिग्रह तथा अशुचिता, असन्तोष, विलासिता, स्वाध्याय का अभाव आत्म-विमुखता तथा नास्तिकता (ईश्वर से विमुखता) अधर्म है। इनके प्रतिपक्ष (विरोध) का चिन्तन कर इनसे बचना चाहिए। साधक को एक बार यह दृढ निश्चय कर लेना चाहिए कि मैंने इस दु:खमयी संसाराग्नि के ताप से बचने के लिए जो इन हिंसा, असत्य, चोरी, असंयम आदि वितर्कों का परित्याग किया है, इन हिंसा आदि को मैं भूलकर भी ग्रहण नहीं करूँगा; क्योंकि मैंने विवेकपूर्वक निश्चय करके इन दोषों का परित्याग किया है। अब मुझे श्वानवृत्ति (अर्थात् जैसे कुत्ता उल्टी करने के बाद चाट लेता है, उस तरह) नहीं होना। मैं दृढनिश्चय होकर इन महाव्रतों का श्रद्धापूर्वक पूरी शक्ति के साथ पालन करूँगा, यही मेरे जीवन का स्वधर्म है। ऐसा करते हुए यदि मुझे मरना भी पड़े तो स्वीकार है- 'स्वधर्मे निधनं श्रेय:'।

ये वितर्क क्या हैं और इनसे बचने की प्रतिपक्ष-भावना क्या है ? इस विषय में महर्षि पतंजलि कहते हैं-

वितर्का हिंसादय: कृतकारितानुमोदिता लोभक्रोधमोहपूर्वका
मृदुमध्याधिमात्रा दु:खाज्ञानानन्तफला इति प्रतिपक्षभावनम्। (योगसूत्र- २.३४)

ये हिंसा, असत्य, चोरी सत्य आदि वितर्क (कृत्य- अर्थात् स्वयं किये हुए, कारित- दूसरों के द्वारा कराये गये और अनुमोदित- अनुमोदन (समर्थन) किये गये) लोभ, क्रोध और अज्ञान के कारण उत्पन्न होने वाले हैं। ये मृदु, मध्य और तीव्र भेद वाले तथा अनन्त (असीम) दु:ख और अज्ञान रूप फल देने वाले हैं। यह विचार ही प्रतिपक्ष-भावना या विरोधी-चिन्तन है। इन हिंसा एवं असत्य आदि वितर्कों (बाधाओं) में से हम उदाहरणार्थ हिंसा को लेते हैं।

हिंसा के प्रकार, जिनसे साधकों को बचना चाहिए

यह हिंसा तीन प्रकार की होती है। **प्रथम कृत-** स्वयं अपने मन, वचन तथा कर्म से किसी की हिंसा करना; **द्वितीय कारित-** स्वयं प्रत्यक्ष रूप से तो किसी की हिंसा नहीं करना, परन्तु दूसरों से करवाना, तथा **तृतीय अनुमोदित-** हिंसा के लिए दूसरों को प्रेरित करना या दूसरों द्वारा की गई हिंसा का अनुमोदन करना। तीन प्रकार की हिंसाओं के लोभ, क्रोध और मोहपूर्वक होने से पुन: तीन-तीन भेद हैं। मांस, चमड़ा, भूमि, भवन तथा अन्य किसी लोभ के लिए कृत, कारित तथा अनुमोदित लोभजन्य हिंसा है। इसी प्रकार क्रोधजन्य हिंसा (कृत, कारित तथा अनुमोदित तीनों प्रकार की) इसलिए करना कि इस हिंसित होने वाले प्राणी ने मेरा कोई अनिष्ट किया है, अत: उसका बदला लिया गया है। मोह के कारण कृत, कारित तथा अनुमोदित हिंसा इसलिए की जाती है कि मेरी स्त्री, पुत्र अथवा किसी प्रियजन का स्वार्थ सिद्ध होने से मेरा स्वार्थ सिद्ध हो जायेगा। लोभ, क्रोध एवं मोहपूर्वक की गई हिंसा के पुन: प्रत्येक के तीन-तीन भेद किये गये हैं- मृदु, मध्य एवं अधिमात्र। लोभ, क्रोध, मोह की मात्रा कम होने से मृदु हिंसा (हिंसा कम मात्रा में),

इनकी मात्रा मध्य स्तर एवं अधिक स्तर होने से हिंसा भी मध्यस्तर एवं अधिमात्र स्तर की होती है। इन मृदु, मध्य, अधिमात्र की हिंसा में भी प्रत्येक के पुन: तीन-तीन भेद किये गये हैं। यथा मृदु स्तर की हिंसा के तीन भेद हैं- (१) मृदुमृदु- मृदु स्तर की हिंसा में सबसे कम हिंसा का होना; (२) मध्यमृदु- मृदु हिंसा से कुछ अधिक हिंसा होना; (३) तीव्रमृदु- मृदु स्तर की ही सीमा में सबसे अधिक हिंसा का होना। इसी तरह से 'मध्यस्तर' एवं 'अधिमात्रस्तर' हिंसा के भी तीन-तीन भेद होते हैं। इस प्रकार हिंसा ८१ प्रकार की होती है। यह ८१ भेदों वाली हिंसा नियम, विकल्प और समुच्चय-भेद से असंख्य भेदों वाली हो जाती है। इसी प्रकार हिंसा की तरह ही असत्य आदि अन्य वितर्कों के भी ८१-८१ भेद समझने चाहिए।

असत्य, चोरी, अब्रह्मचर्य तथा परिग्रह भी स्वयं करना, दूसरों से करवाना तथा कोई अन्य कर रहा हो तो उसका अनुमोदन करना भी साधक के लिए बाधक है। स्वयं झूठ न बोलकर दूसरों से बुलवाना तथा झूठे व्यक्तियों का अनुमोदन करना भी असत्य ही है। इसी प्रकार चोरी करना, दूसरों से करवाना तथा अनुमोदन करना- यह सब चोरी के अन्तर्गत ही है। स्वयं तो ब्रह्मचर्य का पालन न करना, परन्तु दूसरों को ब्रह्मचर्य-पालन करवाना तथा ब्रह्मचर्य के लिए प्रेरित करना भी पूर्ण ब्रह्मचर्य नहीं हो सकता। इसी प्रकार अपरिग्रह के विषय में जानना चाहिए। कृत-कारित-अनुमोदित की तरह ही असत्य-चोरी आदि के अन्य लोभ-क्रोध-मोहपूर्वक आदि भेद हिंसा की तरह ही समझने चाहिए और साधक को अपने मन में यह दृढ़ संकल्प धारण करना चाहिए कि ये वितर्क निश्चय ही दु:ख-रूप तथा अज्ञान-रूप अनन्त अशुभ फलों के देने वाले हैं। इस प्रकार प्रतिपक्ष-वितर्क एवं विरोधी भावना बनाकर हिंसा, असत्य आदि से बचकर निरन्तर योगानुष्ठान करते हुए आत्म-साक्षात्कार के मार्ग पर निरन्तर आगे बढ़ना चाहिए।

यम-नियमों के अनुष्ठान का फल

(क) अहिंसा के अनुष्ठान का फल-

अहिंसाप्रतिष्ठायां तत्सन्निधौ वैरत्याग:। (योगसूत्र- २.३५)

साधक में अहिंसा की प्रतिष्ठा होने पर जो प्राणी उस योगी पुरुष के संग में रहते हैं, उनका भी हिंसा-वैरभाव छूट जाता है। जब योगी पुरुष पूर्ण रूप से अहिंसा का मनसा-वाचा-कर्मणा पालन करता है, जब योगी पुरुष सब प्राणियों के प्रति हृदय से सहज, निश्छल, नि:स्वार्थ स्नेह करता है, तब यह कैसे सम्भव है कि उसके प्रति कोई भी वैर भाव रखे। योगी पुरुष के सान्निध्य से केवल मनुष्यों का ही वैरभाव नहीं छूटता- सर्प, सिंह, व्याघ्र आदि हिंसक जीव भी हिंसा छोड़ देते हैं।

(ख) सत्याचरण का फल-

सत्यप्रतिष्ठायां क्रियाफलाश्रयत्वम्। (योगसूत्र- २. ३६)

सत्य के पूर्ण पालन का फल है कि पूर्ण सत्याचरण करने वाला योगी पुरुष जो कह देता है, वही हो जाता है। जो सत्य ही मानता, बोलता और वैसा ही आचरण भी करता है, उसकी वाणी अमोघ हो जाती

है। इसलिए आज तक जितने भी महापुरुष, योगिराज हुए, उनके जीवन में हम देखते हैं कि उन्होंने जो कुछ भी कहा, वही हुआ है, परन्तु यहाँ यह बात भी ध्यान देने योग्य है कि योगी पुरुष कभी असम्भव, अयुक्त तथा हानिकारक वाणी का प्रयोग नहीं करते। योगी पुरुष सदा सत्य एवं शुभ ही उच्चारण करते हैं। इसलिए योगी जनों का एक शब्द ही जीवन को रूपान्तरित कर देता है, जीवन के प्रवाह को शुभ की ओर बदल देता है। बहुत बड़ी शक्ति होती है, सत्यवादी महापुरुषों में।

(ग) अस्तेय के पालन का फल-

अस्तेयप्रतिष्ठायां सर्वरत्नोपस्थानम्। (योगसूत्र- २.३७)

पूर्णरूप से चोरी का त्याग कर देने पर साधक को चारों ओर से रत्नों की प्राप्ति होने लगती है। यह नितान्त सत्य भी है कि योगी पुरुष, चोरी की बात तो बहुत दूर है, किसी पदार्थ की इच्छा ही नहीं करते कि यह मेरे पास होनी चाहिए। योगी पुरुष को जीवन-निर्वाह के लिए जो कुछ चाहिए, उसे भगवान् स्वतः प्रदान करते हैं।

यह दुनिया का नियम है कि जो यहाँ माया को बहुत अधिक चाहता है, माया उतना ही आगे-आगे भागती है तथा जो माया का त्याग करते हैं, माया उन्हीं के पीछे दौड़ती है। योगी महापुरुषों की भी यही स्थिति होती है। वे पूर्ण निर्लोभ निःस्पृह ही होते हैं, इसलिए दुनिया के वैभवशाली पुरुष उनको सब प्रकार के ऐश्वर्य रत्न-आभूषण दिलाते हैं एवं उनके चरणों में अर्पित कर देते हैं। वे योगी पुरुष भी पुनः उन रत्न आदि ऐश्वर्यों को समस्त मानवता के हित में अर्पित कर देते हैं।

(घ) ब्रह्मचर्य के पालन का फल-

ब्रह्मचर्यप्रतिष्ठायां वीर्यलाभः। (योगसूत्र- २.३८)

ब्रह्मचर्य के पूर्णरूप से पालन करने से योगी पुरुष का ओज, तेज, कान्ति, वीर्य (वीरता), बल तथा पराक्रम बढ़ जाता है। बिना ब्रह्मचर्य-पालन के कोई भी पुरुष योगी नहीं हो सकता।

(ङ) अपरिग्रह के अनुष्ठान का फल-

अपरिग्रहस्थैर्ये जन्मकथन्तासम्बोधः। (योगसूत्र-२.३९)

अपरिग्रह का फल है कि मनुष्य विषयासक्ति से रहित होकर सदा जितेन्द्रिय रहता है। तब मैं कौन हूँ, कहाँ से आया हूँ और मुझे क्या करना चाहिए? इत्यादि शुभ गुणों का विचार कर योगी भौतिक पदार्थों का संग्रह नहीं करता है, किन्तु जिस आत्मबोध के होने से जन्म-मरण के बन्धन से छुटकारा मिलता है, वह उस स्थिति को प्राप्त कर लेता है।

(च) शौच के अनुष्ठान का फल

शौचात् स्वाङ्गजुगुप्सा परैरसंसर्गः। (योगसूत्र- २.४०)

शरीर की बार-बार जल आदि से शुद्धि करता हुआ साधक जब यह अनुभव करता है कि इस शरीर को मैं इतना शुद्ध करने का प्रयत्न करता हूँ, फिर भी यह शरीर पुन: मलिन होता रहता है, इसमें चारों ओर से दुर्गन्ध ही निकलता रहता है तो साधक को स्वाङ्ग-जुगुप्सा-अपने शरीर के अङ्गों से जुगुप्सा (घृणा) होने लगती है तथा दूसरों के शरीर को भी वह जब देखता है, तब उसको सबके शरीर मलमूत्र आदि से भरे हुए दिखते हैं और वह दूसरे स्त्री-पुरुष आदि से अपने शरीर के स्पर्श की इच्छा नहीं करता। आलिंगन आदि से भी उसे अनासक्ति होने लगती है। योगी शरीर का उपयोग साधन की तरह करता है, साध्य तो आत्मा की पूर्णता ही है। शरीर की स्वाभाविक मलिनता के विषय में महर्षि व्यास भी कहते हैं-

स्थानाद् बीजादुपष्टम्भान्निस्स्यन्दान्निधनादपि। कायमाधेयशौचत्वात् पण्डिता ह्यशुचिं विदुः।।

(योगसूत्र-व्यासभाष्य- २.५)

अर्थात्, यह शरीर पवित्र नहीं है; क्योंकि यह मलमूत्रमय योनि से पैदा होता है। रजवीर्यादि रूप से निर्मित होने से, मल-मूत्र स्थान एवं रोमकूप और मुख आदि से भी निरन्तर दुर्गन्ध निकलने तथा मरणोपरान्त शव के भी अति दुर्गन्धमय होने से यह शरीर पवित्र नहीं है, अपितु मल का भण्डार है। इस शरीर की बार-बार जल आदि से शुद्धि करने पर भी यह सदा मलिन ही रहता है। इस प्रकार विचार करके साधक की शरीर से आसक्ति हट जाती है। वह शरीर से मोह नहीं करता है। वह शरीर की अपेक्षा आत्मा से प्रेम करने लगता है। यह तो बाह्य शौच (शुद्धि) का फल है। आन्तरिक शुद्धि का फल महर्षि पतंजलि बताते हैं-

सत्त्वशुद्धिसौमनस्यैकाग्र्येन्द्रियजयात्मदर्शनयोग्यत्वानि च। (योगसूत्र- २.४१)

सत्य, अहिंसा, विद्या, तप आदि आन्तरिक शौच से अन्त:करण की शुद्धि, मन की प्रसन्नता और एकाग्रता, इन्द्रियों पर विजय तथा आत्मा को जानने की योग्यता प्राप्त होती है।

(छ) सन्तोष के अनुष्ठान का फल-

सन्तोषादनुत्तमः सुखलाभः। (योगसूत्र- २.४२)

सन्तोष से जो सुख होता है, वह सबसे उत्तम सुख है। सन्तोष-सुख को ही तृष्णाक्षयजन्य सुख भी कहते हैं। इस विषय में महर्षि व्यासदेव का वचन है-

यच्च कामसुखं लोके यच्च दिव्यं महत्सुखम्। तृष्णाक्षयसुखस्यैते नार्हतः षोडशीं कलाम्।।

(योगसूत्र-व्यासभाष्य- २.४२)

संसार में कामनाओं के पूर्ण होने से जो सुख मिलता है तथा पुण्यात्माओं को जो दिव्य स्वर्गीय सुख मिलता है, ये दोनों ही सन्तोषी व्यक्ति को मिलने वाले तृष्णाक्षयजन्य सुख के सोलहवें अंश के बराबर भी नहीं हो सकते। अत: सन्तोष-सुख से बढ़कर दुनिया में और कोई सुख नहीं।

तृष्णा ही हमें पग-पग पर सताती है। भर्तृहरि कहते हैं- **तृष्णा न जीर्णा वयमेव जीर्णाः।** (वैराग्यशतक-

७) अर्थात् तृष्णा की पूर्ति करने वाले बूढ़े हो जाते हैं, परन्तु तृष्णा कभी बूढ़ी नहीं होती।

(ज) तप के अनुष्ठान का फल-

कायेन्द्रियसिद्धिरशुद्धिक्षयात् तपसः। (योगसूत्र- २.४३)

तप के अनुष्ठान से अशुद्धि के क्षीण होने से, साधक का शरीर तथा इन्द्रियाँ सदा दृढ़ एवं नीरोग रहती हैं। महर्षि दयानन्द जी महाराज तप के सम्बन्ध में कहते हैं-

'यथार्थ शुद्धभाव, सत्य मानना, सत्य बोलना, सत्य करना, मन को अधर्म में न जाने देना, शरीर, इन्द्रिय और मन से शुभकर्मों का आचरण करना, वेदादि विद्याओं का पढ़ना-पढ़ाना, वेदानुसार आचरण करना आदि उत्तम धर्मयुक्त कर्मों का नाम तप है। धातु को तपा के चमड़ी जलाना तप नहीं कहलाता'।

(झ) स्वाध्याय के अनुष्ठान का फल-

स्वाध्यायादिष्टदेवतासम्प्रयोगः। (योगसूत्र- २.४४)

स्वाध्याय का अनुष्ठान करने वाले योगी को विद्वान्, देव, मन्त्रद्रष्टा ऋषि और सिद्ध पुरुष दिखाई दे जाते हैं और साधक की साधना में सहायक हो जाते हैं। जो साधक प्रणव (ओंकार) का जप तथा मोक्षशास्त्रों का निरन्तर अध्ययन करता है, उसे जब-जब योग-साधना करते हुए कठिनाई या बाधा आती है, तब सिद्ध-सन्त पुरुष प्रत्यक्ष अथवा परोक्ष रूप से उसका मार्गदर्शन करते हैं। ईश्वरीय व्यवस्था के अनुसार साधक को मार्गदर्शक सिद्ध गुरु मिल ही जाते हैं।

(ञ) ईश्वर-प्रणिधान का फल -

समाधिसिद्धिरीश्वरप्रणिधानात्। (योगसूत्र-२.४५)

ईश्वर-प्रणिधान, अर्थात् अपनी समस्त क्रियाओं को परमगुरु परमेश्वर के प्रति समर्पित कर उन कार्यों के फल की इच्छा का परित्याग कर देने से **(ईश्वरप्रणिधानं सर्वक्रियाणां परमगुरावर्पणं तत्फलसंन्यासो वा।** (योगसूत्र-व्यासभाष्य-२.१) साधक को समाधि की सिद्धि (प्राप्ति) सुगमता से हो जाती है।

यम-नियमों तथा उनका अनुष्ठान करने पर प्राप्त होने वाली सिद्धियों (फलों) का वर्णन करने के बाद योग के अंगों में तृतीय अंग आसन का वर्णन करते हैं।

३. आसन

स्थिरसुखमासनम्। (योगसूत्र-२.४६)

पद्मासन, भद्रासन, सिद्धासन या सुखासन आदि किसी भी आसन में स्थिरता और सुखपूर्वक बैठना आसन कहलाता है। साधक को जप, उपासना एवं ध्यान आदि करने के लिए किसी भी आसन में स्थिरता और सुखपूर्वक बैठने का लम्बा अभ्यास भी करना चाहिए। जो इन आसनों में नहीं बैठ सकते या रोगी हैं, उनके लिए महर्षि व्यास कहते हैं कि वे सोपाश्रय आसन, अर्थात् कुर्सी अथवा दीवार आदि का भी

आश्रय (सहारा) लेकर प्राणायाम-ध्यान आदि का अभ्यास कर सकते हैं। जप एवं ध्यानादि-रूप उपासना के लिए आसन का अभ्यास अति आवश्यक है। किसी ध्यानोपयोगी आसन के करते समय मेरुदण्ड सदा सीधा होना चाहिए। भूमि समतल हो, बिछाने के लिए गद्दीदार वस्त्र, कुशा या कम्बल आदि ऐसा आसन होना चाहिए जो विद्युत का कुचालक तथा आरामदायक हो। उपासना के लिए एकान्त स्थान, शुद्ध वायु, मक्खी-मच्छर आदि से रहित वातावरण उपयुक्त है।

आज समाज में कुछ ऐसी भ्रान्तियाँ फैलती जा रही हैं कि कुछ लोग मात्र योग के कुछ आसनों को करके अपने-आप को योगी कहने लगते हैं और कुछ लोग उनको योगी भी समझने लगते हैं। योगासन तो योग का एक अंगमात्र है। योगी होने के लिए तो अहिंसा, सत्य, अस्तेय व ब्रह्मचर्य आदि यमों तथा शौच, सन्तोष आदि नियमों सहित अन्य योगाङ्गों का अनुष्ठान (आचरण) करते हुए दीर्घकाल तक श्रद्धापूर्वक समाधि का अभ्यास करना पड़ता है।

हठयोग में अनेक प्रकार के आसन बताये गये हैं। ध्यानोपयोगी आसनों के अतिरिक्त हठयोग में दूसरे ऐसे आसन वर्णित हैं, जिनका सम्बन्ध शारीरिक एवं मानसिक आरोग्य से है। इन आसनों को करने से शरीर के प्रत्येक अंग-प्रत्यंग को पूरी क्रियाशीलता मिलती है एवं वे स्वस्थ और लचीले बन जाते हैं। प्रकरण ५ से १० तक विभिन्न रोगों में उपयोगी आसनों का सचित्र वर्णन किया गया है। पाठक गण वहीं देखें।

४. प्राणायाम

तस्मिन् सति श्वासप्रश्वासयोर्गतिविच्छेदः प्राणायामः। (योगसूत्र-२.४९)

आसन के स्थिर हो जाने पर श्वास लेने व श्वास को छोड़ने की स्वाभाविक गति का विच्छिन्न होना प्राणायाम कहलाता है।

बाह्याभ्यन्तरस्तम्भवृत्तिर्देशकालसंख्याभिः परिदृष्टो दीर्घसूक्ष्मः। (योगसूत्र-२.५०)

बाह्यवृत्ति, आभ्यन्तरवृत्ति, स्तम्भवृत्ति- इन भेदों वाला प्राणायाम, देश, काल एवं संख्या के द्वारा नापा गया दीर्घ और सूक्ष्म होता जाता है।

बाह्याभ्यन्तरविषयाक्षेपी चतुर्थः। (योगसूत्र-२.५१)

चौथा प्राणायाम बाह्य और आभ्यन्तर विषयक प्राण के आक्षेप अर्थात् आलोचन स्वरूप वाला होता है। इसमें प्राण के बाह्य-आभ्यन्तर विषय का आलोचन करते हुए प्राण की गति को दीर्घ-सूक्ष्म किया जाता है, जो धारणा एवं ध्यान आदि को सिद्ध करने में बहुत ही उपयोगी होती है।

ततः क्षीयते प्रकाशावरणम्। धारणासु च योग्यता मनसः। (योगसूत्र-२.५२-५३)

प्राणायाम के नियमित अभ्यास से प्रकाशावरण कमजोर पड़ने लगता है अर्थात् तमोगुण क्षीण हो जाता है तथा रजोगुण के क्षीण होने और सत्त्वगुण के बढ़ने से धारणाओं (सघन एकाग्रताओं) को साधने में मन सक्षम हो जाता है।

किसी भी एक ध्यानोपयोगी आसन में बैठकर श्वास-प्रश्वासों पर नियन्त्रण करके प्राणशक्ति के द्वारा शरीर, इन्द्रियों व मन का शुद्धिकरण व दिव्य रूपान्तरण करना ही प्राणायाम है। महर्षि पतंजलि ने बाह्यवृत्ति, आभ्यन्तरवृत्ति, स्तम्भवृत्ति तथा बाह्याभ्यन्तरविषयाक्षेपी- इन चार प्राणायामों का प्रमुखता से वर्णन किया है।

भस्त्रिका, कपालभाति, अनुलोम-विलोम व भ्रामरी आदि प्राणायामों की पूरी विधियां एवं उनसे होने वाले वैज्ञानिक व अत्यन्त प्रभावशाली लाभों के सन्दर्भ में पूरी जानकारी हेतु आप पतञ्जलि योगपीठ द्वारा ही प्रकाशित हमारी पुस्तक 'प्राणायाम रहस्य' एक बार अवश्य पढ़ें। प्रस्तुत पुस्तक में प्राणायाम का संक्षिप्त परिचय मात्र लिखा है।

५. प्रत्याहार

स्वविषयासम्प्रयोगे चित्तस्वरूपानुकार इवेन्द्रियाणां प्रत्याहार:। (योगसूत्र-२.५४)

इन्द्रियों के अपने-अपने विषय रूप-रस आदि का सन्निकर्ष न होने पर चित्तवृत्ति के अनुरूप ही इन्द्रियाँ हो जाती हैं, इसलिए जब साधक विवेक-वैराग्य आदि से अपने मन के ऊपर नियन्त्रण कर लेता है, तब इन्द्रियों का जीतना अपने-आप हो जाता है, क्योंकि मन ही इन्द्रियों को चलाने वाला है। यह मनोजय अथवा विषयों से विमुख होकर मन तथा इन्द्रियों को अन्तर्मुखी करना ही प्रत्याहार है। आङ्पूर्वक 'हृ' धातु आहरण, आकृष्ट करने के अर्थ में प्रयुक्त होती है। प्रति उपसर्ग से उसके विपरीत अर्थ (विमुख होने) को द्योतित किया गया है। इस प्रत्याहार का फल बताते हुए महर्षि पतंजलि कहते हैं-

तत: परमा वश्यतेन्द्रियाणाम्। (योगसूत्र-२.५५)

प्रत्याहार के द्वारा साधक का इन्द्रियों पर पूर्ण अधिकार हो जाता है। शब्द, स्पर्श, रूप, रस, गन्ध आदि की आसक्ति व्यक्ति को आत्मकल्याण के रास्ते से दूर हटाती है। एक-एक इन्द्रिय की आसक्ति मन को विचलित कर देती है। इन्द्रियों के विषयों (रूप-रस आदि) में आसक्ति रखने वाले व्यक्ति की प्रीति भोगों में होती है, भगवान् में नहीं। इसलिए अभ्यास और वैराग्य के द्वारा यथार्थ बोध से ही प्रत्याहार सिद्ध होने पर यह इन्द्रिय-जय होता है। फिर साधक को भगवान् में प्रीति, परम रस और परम सुख का अनुभव होने लगता है और सारा संसार दु:खमय प्रतीत होता है-

परिणामतापसंस्कारदु:खैर्गुणवृत्तिविरोधाच्च दु:खमेव सर्वं विवेकिन:। (योगसूत्र-२.१५)

कर्माशय (संचित कर्मों का समूह) का विपाक (फल) ही जन्म, आयु और भोग होता है। ये जन्म, आयु तथा भोग पुण्य कर्मों के कारण सुखमय तथा अपुण्य कर्मों के कारण दु:खमय होते हैं, परन्तु योगी के लिए लौकिक विषयों का सुख भी दु:खमय ही होता है। इसका कारण यह है कि यह शब्द, स्पर्श, रूप, रस आदि वासनारूप विषय-सुख, व्यक्ति को अविद्यावश ही प्रतीत होता है। जब इन सुखों के परिणाम आदि पर विचार किया जाये, तब निश्चित रूप से हम पायेंगे कि ये समस्त सांसारिक सुख भी दु:खमय

ही होते हैं; क्योंकि ये सुख प्राणियों को पीड़ा दिये बिना नहीं भोगे जा सकते तथा इन सुखों में भी सूक्ष्म परिणाम-सन्ताप एवं संस्कार-रूप से जो दु:ख मिश्रित हैं, उन्हें सामान्य जन अनुभव नहीं कर पाते, किन्तु योगी उनके परिणामों को जान लेता है। अत: उसके लिए लोगों को सुख प्रतीत होने वाला लौकिक सुख भी दु:खमय ही है। इसलिए साधक दु:ख की आत्यन्तिक निवृत्ति के लिए ईश्वर-प्राप्ति हेतु पूर्ण पुरुषार्थ करता है।

यह यम से प्रत्याहार पर्यन्त बहिरंग योग है। इसके बाद यहाँ हम धारणा, ध्यान तथा समाधि रूप अन्तरंग योग का संक्षेप में वर्णन करेंगे।

६. धारणा

देशबन्धश्चित्तस्य धारणा। (योगसूत्र- ३.१)

नाभिचक्र, हृदय-पुण्डरीक, मूर्धाज्योति, भ्रूमध्य, ब्रह्मरन्ध्र, नासिकाग्र, जिह्वाग्र इत्यादि प्रदेशों में से किसी एक स्थान पर मन का निग्रह या एकाग्र होना धारणा कहलाता है। प्रत्याहार द्वारा जब इन्द्रियाँ एवं मन को बाह्य विषयों से हटाकर सूक्ष्म लक्ष्य आत्मा-परमात्मा आदि पर केन्द्रित करने को धारणा कहते हैं। धारणा ध्यान की नींव है। ज्यों-ज्यों धारणा का अभ्यास सुदृढ़ होगा, ध्यान भी साथ-साथ होने लगेगा।

७. ध्यान

तत्र प्रत्ययैकतानता ध्यानम्। (योगसूत्र- ३.२)

उस धारणा किये हुए, अर्थात् नाभिचक्र, भ्रूमध्य या हृदय आदि में ध्येय रूप परमेश्वर में प्रत्यय की एकतानता- ज्ञान का सदृश प्रवाह (एकरस प्रवाह) ध्यान है। जैसे नदी जब समुद्र में प्रवेश करती है, तब वह समुद्र के साथ एकाकार हो जाती है, सदृश-प्रवाह हो जाती है। वैसे ही ध्यान के समय सच्चिदानन्द परमेश्वर के अतिरिक्त अन्य विषय का स्मरण नहीं करना, अपितु उसी अन्तर्यामी ब्रह्म के आनन्दमय, ज्योतिर्मय एवं शान्तिमय स्वरूप में मग्न हो जाना ध्यान है।

ध्यान हमारे जीवन के साथ प्रतिपल जुड़ा हुआ है। भारतीय संस्कृति में तो ध्यान प्रत्येक क्रिया का पूरक होता था। इसीलिए आज भी हमें अपने घर एवं परिवार के बड़े व्यक्ति किसी कार्य को विधिवत् सम्पन्न करने हेतु जब कहते हैं, तब सर्वत्र यही वाक्य होता है- भाई ध्यान से पढ़ना, ध्यान से चलना, प्रत्येक कार्य को ध्यान से करना। आज हम ध्यान शब्द का प्रयोग तो करते हैं, परन्तु यह ध्यान क्या है, उस ओर किसी का ध्यान नहीं जाता है। लेकिन जीवन के प्रत्येक कार्य के साथ जुड़े इस ध्यान शब्द से हम यह तो जान ही सकते हैं कि ध्यान जीवन का अपरिहार्य अंग है। ध्यान के बिना जीवन अधूरा है। ध्यान के बिना हम अपने किसी भी भौतिक तथा आध्यात्मिक लक्ष्य में सफल नहीं हो सकते। ध्यान से ही हम सदा आनन्दमय एवं शान्तिमय जीवन जी सकते हैं। यद्यपि ध्यान अपने-आपमें एक बहुत बड़ी यौगिक प्रक्रिया है, तथापि ध्यान की कुछ विधियों पर हम संक्षेप में प्रकाश डालेंगे, जिससे साधकों को कुछ दिशा-निर्देश मिल सके।

ध्यान के लिए कुछ दिशा-निर्देश

- ध्यान करने से पहले प्राणायाम अवश्य करें; क्योंकि प्राणायाम के द्वारा मन पूर्ण शान्त एवं एकाग्र हो जाता है। शान्त मन के द्वारा ही धारणा और ध्यान हो सकते हैं।
- कपालभाति और अनुलोम-विलोम प्राणायाम विधिपूर्वक करने से मन निर्विषय हो जाता है, अतः ध्यान स्वतः लगने लगता है। साधक जब कम से कम १०-१५ मिनट कपालभाति और ५ और १० मिनट अनुलोम-विलोम-प्राणायाम करता है, तब उसके मूलाधार चक्र में सन्निहित ब्रह्म की दिव्यशक्ति जागरित होकर ऊर्ध्वगामी होने लगती है, जिससे समस्त चक्रों और नाड़ियों का शोधन हो जाता है। आज्ञाचक्र में, एक दिव्य ज्योतिपुंज में, सच्चिदानन्द-स्वरूप ओंकार में मन अवस्थित होने लगता है। अत्यन्त चंचल मन भी प्राणायाम के द्वारा एकाग्र हो जाता है।
- ध्यान करते समय ध्यान को ही सर्वोपरि महत्त्व दें। ध्यान के समय किसी भी अन्य विचार को, चाहे वह कितना ही शुभ क्यों न हो, महत्त्व न दें। दान करना, सेवा एवं परोपकार करना, विद्याध्ययन, गुरु, राष्ट्र एवं विश्व की सेवा तथा गोसेवा आदि पवित्र कार्य हैं, परन्तु इनका भी ध्यान के समय ध्यान या चिन्तन न करें। ध्यान के समय चिन्तन, मनन, निदिध्यासन एवं साक्षात्कार का लक्ष्य ईश्वर ही होना चाहिए।
- ध्यान के समय मन एवं इन्द्रियों को अन्तर्मुखी बनायें तथा ध्यान से पहले प्रतिदिन मन में यह चिन्तन भी अवश्य करें कि मैं प्रकृति, धन, ऐश्वर्य, भूमि, भवन, पुत्र, पौत्र, भार्या आदि रूप नहीं हूँ। ये सब व्यक्त-अव्यक्त सत्त्व मेरे स्वरूप नहीं हैं। मैं समस्त जड़-चेतन रूप बाह्य पदार्थों के बन्धन से परे हूँ। यह शरीर भी मेरा स्वरूप नहीं है। मैं शरीर, इन्द्रियाँ तथा इन्द्रियों के विषय (शब्द, स्पर्श, रूप, रस, गन्ध आदि) से रहित हूँ। मैं मन तथा मन के विषय, काम, क्रोध, लोभ, मोह एवं अहंकार आदि वासना-रूप नहीं हूँ। मैं अविद्या, अस्मिता, राग, द्वेष तथा अभिनिवेश-रूप पंचक्लेशों से भी रहित हूँ। मैं आनन्दमय, ज्योतिर्मय, प्रकाशमय, शान्तिमय, परम सुखमय, त्रिगुणातीत, भावातीत, शुद्धसत्त्व हूँ। मैं अमृतपुत्र हूँ। मैं उसी ब्राह्मी चेतना में अवस्थित हूँ। जैसे बूँद समुद्र से आकाश की ओर उठती है, फिर भूमि पर गिरकर नदियों के प्रवाह से होकर पुनः सागर में ही समाहित हो जाती है, सागर को छोड़कर बूँद रह नहीं सकती है, मैं भी उस आनन्द के सिन्धु परमेश्वर में बूँद से समुद्र-रूप होना चाहता हूँ। वही विधाता हमें जीवन, प्राण, शक्ति, गति, ओज, शान्ति, सुख एवं समस्त भौतिक ऐश्वर्य प्रदान करता है। वही प्रभु मुझे सतत आनन्द दे रहा है, प्रभु की शान्ति एवं परम सुख मुझ पर सब ओर से बरस रहा है। एक पल भी वह आनन्दमयी माँ एवं परम रक्षक पिता मुझे अपने से दूर नहीं करता। मैं सदा प्रभु में हूँ और प्रभु सदा मुझमें हैं, यह तादात्म्य-भाव, तद्रूपता एवं तदाकार भाव ही हमें परम आनन्द प्रदान करेगा। भगवान् अपने आनन्द की अजस्र वृष्टि कर रहे हैं। यदि हम फिर भी उस आनन्द को अनुभव न करें तो इसमें हमारा ही दोष है।

☞ साधक को सदा विवेक-वैराग्य के भाव में रहना चाहिए। स्वयं को द्रष्टा-साक्षीभाव में अवस्थित रखकर अनासक्त भाव से समस्त शुभ कार्यों को भगवान् की सेवा मानकर करना चाहिए। कर्त्तृत्व का अहंकार व फल की अपेक्षा से रहित कर्म भगवान् का क्रियात्मक ध्यान है।

☞ बाह्य सुखप्राप्ति का विचार एवं सुख के समस्त साधन सब दु:ख-रूप हैं। संसार में जब तक सुख-बुद्धि बनी रहेगी, तब तक भगवत्समर्पण, ईश्वर-प्रणिधान नहीं हो सकेगा तथा बिना ईश्वर-प्रणिधान के ध्यान एवं समाधि तक पहुँचना असम्भव है।

तस्य वाचकः प्रणवः। (योगसूत्र-१.२७)
तज्जपस्तदर्थभावनम्। (योगसूत्र-१.२८)
ओमित्येकाक्षरं ब्रह्म। (गीता- ८.१३)
ओं खं ब्रह्म। (यजुर्वेद -४०.१७)
एतदालम्बनं परम्। (कठोपनिषद्-२.१७)

ध्यान के लिए अर्थपूर्वक ओंकार-जप का अवलम्बन सर्वोत्तम है। भगवान् ने भ्रुवों, आँख, नाक, ओष्ठ, कान, हृदय, छाती आदि समस्त अंगों की आकृति ओंकारमयी बनाई है।

यह पिण्ड (देह) तथा समस्त ब्रह्माण्ड ओंकारमय है। इस प्रकार साधक ओंकार का जप करता हुआ सर्वव्यापक सर्वान्तर्यामी, सच्चिदानन्द ब्रह्म परमेश्वर को ही सर्वत्र अनुभव करता हुआ उसके दिव्य स्वरूप में समाहित होने लगता है। ओंकार कोई व्यक्ति या आकृति-विशेष नहीं, अपितु एक दिव्य शक्ति है, जो इस सम्पूर्ण ब्रह्माण्ड का संचालन कर रही है। जैसे इस पिण्ड शरीर में आत्मा दिखाई नहीं देती, फिर भी शरीर के सब कार्य आत्मा के अस्तित्व से ही सम्पन्न होते हैं, इसी प्रकार इस सम्पूर्ण ब्रह्माण्ड में वह ओंकार-रूप ब्रह्म, यद्यपि इन बाह्य आँखों से दिखाई नहीं देता, तथापि अपनी दिव्य शक्ति से सम्पूर्ण ब्रह्माण्ड का संचालन कर रहा है। प्रणव के साथ-साथ वेदों के सबसे महान् मन्त्र गायत्री का भी अर्थपूर्वक जप एवं ध्यान किया जा सकता है।

☞ श्वास-प्रश्वास पर मन को एकाग्र करके प्राण के साथ उद्गीथ (ओंकार) की उपासना की जाती है। सभी इन्द्रियाँ सदोष हैं; क्योंकि आँखें शुभ-अशुभ दोनों प्रकार से देखती हैं। कान भद्र-अभद्र सुनते हैं, घ्राण गन्ध-दुर्गन्ध दोनों को ही सूँघते हैं, वाणी झूठ-सत्य बोलती है, रसना भक्ष्य-अभक्ष्य दोनों प्रकार का भक्षण करती है, मन में भी कुविचार एवं सुविचार आदि रूप में पूर्ण निर्दोषता नहीं है। प्राण पूर्ण निर्दोष एवं निर्विकार है। अत: निर्विकार एवं निर्दोष ब्रह्म के साक्षात्कार के लिए हमें निर्दोष प्राण का आश्रय लेकर प्राण के साथ उद्गीथ-उपासना करनी चाहिए। जब भी समय उपलब्ध हो, बैठ जायें और द्रष्टा बनकर श्वास-प्रश्वास को दीर्घ एवं सूक्ष्म गति से लेते और छोड़ते हुए प्रत्येक श्वास के साथ ओ३म् का ध्यान करें। श्वास लेते और छोड़ते समय श्वास की गति इतनी सूक्ष्म होनी चाहिए कि स्वयं को भी श्वास की ध्वनि की अनुभूति न हो तथा यदि नासिका के आगे रूई भी रख दें तो हिले

नहीं। प्रयास करें कि एक मिनट में एक श्वास तथा एक प्रश्वास चले। इस प्रकार श्वास को भीतर तक देखने का भी प्रयत्न कीजिए। प्रारम्भ में श्वास के स्पर्श की अनुभूति मात्र नासिकाग्र पर होगी। धीरे-धीरे आप श्वास के गहरे स्पर्श को भी अनुभव कर सकेंगे। इस प्रकार कुछ समय तक श्वास के साथ द्रष्टा (साक्षी)-भावपूर्वक ओंकार जप करने से ध्यान स्वत: होने लगता है। यही सहजयोग है तथा ध्यान करते-करते साधक सच्चिदानन्द-स्वरूप ब्रह्म के साथ तद्रूप होता हुआ समाधि के अनुपम दिव्य आनन्द को भी प्राप्त कर लेता है। साधक को सोते समय भी इस प्रकार ध्यान करते हुए सोना चाहिए, ऐसा करने से निद्रा भी योगमयी हो जाती है और साधक का सम्पूर्ण जीवन योगमय होने लगता है।

☞ इस प्रकार प्रत्येक मुमुक्षु को प्रतिदिन कम से कम एक घण्टा जप, ध्यान एवं उपासना अवश्य करनी चाहिए। ऐसा करने पर इसी जन्म में सम्पूर्ण दु:खों की समाप्ति और परमपिता परमेश्वर की प्राप्ति या अनुभूति हो सकती है। यह सदा स्मरण रखना चाहिए कि जीवन का मुख्य लक्ष्य आत्म-साक्षात्कार एवं प्रभु-प्राप्ति है, शेष सब कार्य और लक्ष्य गौण हैं। यदि हमने इस जीवन में अभी से ईश्वर-साक्षात्कार के मार्ग पर बढ़ना प्रारम्भ नहीं किया, तो उपनिषद् के ऋषि कहते हैं, यह महती विनष्टि (जीवन की बर्बादी) है। इसलिए योग एवं ध्यान हमारे जीवन की सर्वोच्च आवश्यकता है।

८.समाधि

तदेवार्थमात्रनिर्भासं स्वरूपशून्यमिव समाधि:। (योगसूत्र- ३.३)

ध्यान में जब केवल ध्येयमात्र (ईश्वर) के स्वरूप या स्वभाव को प्रकाशित करने वाला अपने स्वरूप से शून्य जैसा होता है, तब उसे समाधि कहते हैं। आनन्दमय, ज्योतिर्मय एवं शान्तिमय परमेश्वर का ध्यान करता हुआ साधक ओंकार ब्रह्म परमेश्वर में इतना तल्लीन, तन्मय एवं तद्रूप-सा हो जाता है कि वह स्वयं को भी भूल-सा जाता है, मात्र भगवान् के दिव्य आनन्द का अनुभव होने लगता है, यही स्वरूपशून्यता है। मृत्युञ्जय महायोगी महर्षि दयानन्द जी महाराज कहते हैं कि ध्यान एवं समाधि में इतना ही भेद है कि ध्यान में तो ध्यान करने वाला, जिस मन से, जिस तत्त्व का ध्यान करता है, वे तीनों (ध्याता, ध्येय और ध्यान) विद्यमान रहते हैं। परन्तु समाधि में केवल परमेश्वर के आनन्दमय, शान्तिमय, ज्योतिर्मय स्वरूप एवं दिव्य-ज्ञान-आलोक में आत्मा निमग्न हो जाता है, वहाँ तीनों का भेदभाव नहीं रहता। जैसे मनुष्य जल में डुबकी लगाकर थोड़ी समय भीतर ही भीतर रुका रहता है, वैसे ही जीवात्मा परमेश्वर के आनन्द में मग्न होकर समाधि का आनन्द लेता है। इसी बात को ऋषि दूसरे शब्दों में यों भी कहते हैं कि जैसे अग्नि के बीच लोहा डालने पर वह भी अग्नि रूप हो जाता है, वैसे ही परमेश्वर के दिव्यज्ञान के आलोक में आत्मा प्रकाशमय होकर अपने शरीर आदि को भी भूले हुए के समान जानकर स्वयं को परमेश्वर के प्रकाश-स्वरूप आनन्द और पूर्ण ज्ञान से परिपूर्ण अनुभव करता है, इसे समाधि कहते हैं।

श्रीभोज महाराज समाधि का अर्थ इस प्रकार करते हैं-

सम्यगाधीयत एकाग्रीक्रियते विक्षेपान् परिहृत्य मनो यत्र स समाधिः।

जिसमें मन को विक्षेपों से हटाकर यथार्थता से धारण किया जाता है, अर्थात् एकाग्र किया जाता है, वह समाधि है। योगदर्शन के प्रथम पाद में वर्णित सवितर्क समापत्ति को ध्यान की एक अवस्था समझना चाहिए; क्योंकि उसमें शब्द, अर्थ एवं ज्ञान के विकल्प होते हैं और निर्वितर्क समापत्ति को समाधि की दूसरी अवस्था समझना चाहिए। सम्प्रज्ञात समाधि की उन्नत अवस्था में ऋतम्भरा प्रज्ञा साधक को भगवत्प्रसाद के रूप में प्राप्त होती है। इसके बाद समाधि की भी उन्नत श्रेणी है- निर्बीज समाधि। इस स्थिति में संसार के विषय-भोग-वासनाओं के चित्त में संस्कार भी नहीं रहते , 'संस्कारों' के बीज-सहित नष्ट होने पर सब वृत्तियों का पूर्ण निरोध हो जाता है। फिर भव-बन्धन में बँधने की सम्भावना भी नष्ट हो जाती है, इसे 'निर्बीज समाधि' कहते हैं। यह योग की अथवा जीवन की पूर्णता है, जिसे प्राप्त करके महर्षि व्यास के शब्दों में योगी कहता है-

प्राप्तं प्रापणीयं, क्षीणाः क्षेत्तव्याः क्लेशाः, छिन्नः शिलष्टपर्वा भवसंक्रमः।
यस्याविच्छेदाज्जनित्वा म्रियते मृत्वा च जायत इति।
ज्ञानस्यैव परा काष्ठा वैराग्यम्। एतस्यैव हि नान्तरीयकं कैवल्यमिति।

(योगसूत्र-व्यासभाष्य-१.१६)

ज्ञान की पराकाष्ठा (चरम सीमा) ही वैराग्य है। समाधि द्वारा ज्ञान के इस उच्चतम क्षितिज की प्राप्ति होने पर मोक्ष अवश्यम्भावी है, जिसे पाकर योगी इस प्रकार अनुभव करता है कि प्राप्त करने योग्य सब कुछ पा लिया, क्षीण करने योग्य अविद्या आदि क्लेश (अविद्या-अस्मिता-राग-द्वेष-अभिनिवेश) नष्ट हो गये हैं, जिसके पर्व (खण्ड) मिले हुए हैं, ऐसा भव-संक्रमण (एक देह से दूसरे देह की प्राप्ति-रूप संसार का आवागमन) छिन्न-भिन्न हो गये हैं, जिसके छिन्न-भिन्न होने से प्राणी उत्पन्न होकर मरता है और मरकर पुनः उत्पन्न होता है। इस प्रकार यहाँ संक्षेप में समाधि का वर्णन किया गया।

नवधा तुष्टि व अष्ट सिद्धियाँ

योग साधना करने वाले योगी भी कई बार अपने मूल्यांकन में भूल कर बैठते हैं। योग व अध्यात्म का यथार्थ बोध न होने से अज्ञान व अज्ञान जनित दोषों के कारण साधक के मन में सूक्ष्म भ्रान्तियाँ उत्पन्न हो जाती हैं और साधक की आध्यात्मिक यात्रा में एक बहुत बड़ी बाधा खड़ी हो जाती है। योग साधना करने वाले प्रामाणिक योगी या साधकों को कोई संशय भ्रम या भ्रान्ति नहीं रहे और साधक राजनैतिक तुष्टिकरण की तरह आध्यात्मिक तुष्टियों या तुष्टिकरण से बचकर योगसाधना में सिद्धियाँ प्राप्त करके समाधि के द्वारा जीवन का सम्पूर्ण समाधान खोज सके, इसलिए संक्षेप से हम यहां नवधा तुष्टि व अष्ट विध सिद्धियों के सन्दर्भ में प्रकाश डाल रहे हैं।

महर्षि कपिल ने संसार के समस्त दु:खों को आधिभौतिक, आधिदैविक व आध्यात्मिक- इन तीन विभागों में बाँटकर उनसे अत्यन्त निवृत्ति को ही जीवन का परम लक्ष्य या परम पुरुषार्थ बताया है।

अथ त्रिविधदु:खात्यन्तनिवृत्तिरत्यन्तपुरुषार्थ:। (सांख्यसूत्र- १.१)
अत्यन्तदु:खनिवृत्त्या कृतकृत्यता। (सांख्यसूत्र- ६.५)

ऋषि ने सांख्यदर्शन के तृतीय अध्याय में जीवन की कुछ मूल बाधाएं तथा उनकी निवृत्ति के उपायों की चर्चा की है। यद्यपि कपिल ऋषि ज्ञान को सर्वाधिक महत्त्व देते हैं, इसलिए उन्होंने कहा **'ऋते ज्ञानान्न मुक्ति:'** अर्थात् ज्ञान के बिना मुक्ति नहीं है। मुक्ति या मोक्ष शब्द 'मुच्लृ मोचने' धातु से निष्पन्न होता है, जिसका अर्थ होता है- छूटना। अब प्रश्न उठता है किससे छूटना ? उत्तर है जिससे भी हम बंधे हैं। श्रद्धेय स्वामी जी महाराज के अनुसार अज्ञान, अश्रद्धा व अकर्मण्यता से मुक्ति ही जीवन्मुक्ति, निर्वाण या मोक्ष है। अलग-अलग व्यक्ति अलग-अलग वस्तु से बँधा है। कोई काम से या क्रोध से, लोभ से, मोह से, अहङ्कार से, अविश्वास से, घृणा से, द्वेष से, हताशा से, वैचारिक दरिद्रता से, शब्द से, स्पर्श से, रूप से, रस से या गन्ध से और एक शब्द में कहें तो सभी बँधे हैं अज्ञान से; क्योंकि सब दोषों का मूल है- अज्ञान। अज्ञान से छूटने का एकमात्र यदि कोई उपाय हो सकता है, तो वह ज्ञान ही है और वह भी केवल उपदेश से सुना हुआ, पुस्तक से पढ़ा हुआ नहीं, अपितु अनुभूत ज्ञान होना अपेक्षित है।

सांख्यदर्शन के द्वितीय अध्याय के तृतीय सूत्र में ऋषि ने कहा-

'न श्रवणमात्रात्तत्सिद्धिरनादिवासनाया बलवत्त्वात्' (सांख्यसूत्र- २.३)

केवल ज्ञान का उपदेश सुन लेने मात्र से वैराग्य की सिद्धि नहीं हो सकती है; क्योंकि अनादि काल की, अनन्त जन्मों की बलवती वासनाएं हमारे चित्त में विद्यमान हैं। इसका अभिप्राय यह कदापि नहीं है कि हम गुरुजनों का उपदेश न सुनें, अपितु स्वयं कपिल ऋषि कहते हैं, वह तो बार-बार सुनना चाहिये **'आवृत्तिरसकृदुपदेशात्'** (सांख्यसूत्र- ४.३) एक बार सुन लेना पर्याप्त नहीं, बार-बार सुनें। स्वाध्याय करें लेकिन वैसा आचरण करके जब वह ज्ञान अपने अनुभव में उतर आता है, तभी वह हमारा अपना बन पाता है। क्योंकि-

' नोपदेशश्रवणेऽपि कृतकृत्यता परामर्शादृते विरोचनवत्' (सांख्यसूत्र- ४.१७)

लेकिन ज्ञान के इतने प्रबल समर्थक होने के बावजूद उन्होंने कर्म को भुला दिया हो या कर्म के प्रति उदासीन हो गए हों, ऐसा कदापि नहीं है।

तृतीय अध्याय में आसन, प्राणायाम धारणा व ध्यान के उपदेश के साथ-साथ वे कहते हैं-

धारणासनस्वकर्मणा तत्सिद्धि:। निरोधश्छर्दिविधारणाभ्याम्।
स्थिरसुखमासनम्। स्वकर्म स्वाश्रमविहितकर्मानुष्ठानम्।

(सांख्यसूत्र- ३.३२-३५)

अर्थात् आश्रम चार होते हैं- ब्रह्मचर्य, गृहस्थ, वानप्रस्थ और संन्यास। अतः प्रत्येक व्यक्ति को अपने-अपने आश्रम विहित कर्मों का अनुष्ठान पूरी श्रद्धा, निष्ठा, ईमानदारी व जिम्मेदारी से करना चाहिये। यहाँ भाष्य में अपने-अपने विहित कर्मों के साथ-साथ या योगाभ्यास के साथ-साथ सेवा आदि अनुकूल कर्मों की ओर विशेष ध्यान-दिलाने का संकेत किया है। जैसे- प्रत्येक अभ्यासी को यम-नियमों का पालन अवश्यमेव करना चाहिये। इनके पालन में प्रायः प्रत्येक विहित कर्म का समावेश हो जाता है, किन्तु वहीं पर ऋषि ने इनके पालन में होने वाले व्यवधान की भी चर्चा की है।

वे व्यवधान हैं- २८ अशक्ति, ९ तुष्टि और ८ सिद्धियाँ। यद्यपि ८ सिद्धियाँ आत्मज्ञान में सहायक भी हो सकती हैं, यदि कोई सिद्धियाँ प्राप्त करके अपनी अध्यात्म की यात्रा को विराम न लगाकर निरन्तर आगे बढ़ता रहे तो। **अशक्तिरष्टाविंशतिधा तु। आध्यात्मिकभेदान्नवधा तुष्टिः। ऊहादिभिः सिद्धिरष्टधा।**

(सांख्यसूत्र- ३.३८,४३,४४)

यहाँ आत्मा के भोग- अपवर्ग के साधन, ५ ज्ञानेन्द्रियाँ, ५ कर्मेन्द्रियाँ एवं मन को मिलाकर कुल ११ इन्द्रियाँ मानी जाती हैं। इनके साथ ९ तुष्टि व ८ सिद्धियाँ मिलाकर (११+९+८ = २८) ये २८ बुद्धिवृत्तियों होती हैं। इनका विघात होने से २८ प्रकार की अशक्तियाँ बतायी गई हैं। यहाँ ११ इन्द्रियाँ जब अपने-अपने विषय को प्राप्त करने के सामर्थ्य को खो देती हैं तो यह इन्द्रियों की अशक्ति है। ४ तुष्टियाँ अध्यात्म-विषयक हैं- प्रकृति, उपादान, काल एवं भाग्य तथा पाँच तुष्टियाँ बाह्य-विषयक हैं। बाह्य तुष्टियों का स्वरूप इस प्रकार है- शब्द, स्पर्श, रूप, रस और गन्ध- इन पाँच विषयों में अर्जन, रक्षण, क्षय, भोग और हिंसा इन दोषों के कारण जो उनमें उपरम की भावना जागृत हो जाती है, उतने में ही सन्तुष्ट होकर, साधक बैठा रहता है आगे आत्मज्ञान के लिए यत्नशील नहीं होता है, ये बाह्य तुष्टियाँ हैं। इनका विस्तृत स्वरूप आगे बताया जा रहा है। अध्यात्म-विषयक तुष्टियों का स्वरूप इस प्रकार है-

१. प्रकृति तुष्टि- यह सब प्रकृति का ही परिणाम है, वही सब करती रहती है, मैं तो कूटस्थ चैतन्य आत्मा हूँ, मुझे कुछ करने की आवश्यकता नहीं है। इस प्रकार आलसी बनकर बैठ जाना प्रकृति तुष्टि है। इसी का दूसरा नाम 'अम्भ' कहा है।

२. उपादान तुष्टि- दण्ड-कमण्डलु, अक्षमाला, कृष्णमृगचर्म, धार्मिक वस्त्र व धार्मिक प्रतीक चिह्न मात्र धारण करके मैं ब्रह्मचारी, संन्यासी या आदर्श कार्यकर्त्ता बन गया, इस प्रकार बाह्य वेशभूषा धारण करके, प्रचण्ड पुरुषार्थ न करना, यह उपादान नामक तुष्टि है। इसका दूसरा नाम 'सलिल' भी है। धर्मशास्त्र में विहित कर्मों का मोक्षशास्त्र के विधान के अनुरूप आत्मस्थ होकर पालन करना चाहिये। इसी में जीवन के सच्चे अभ्युदय व निःश्रेयस की सिद्धि या प्राप्ति होती है।

३. काल तुष्टि- ब्रह्मचर्य या संन्यास धारण करके या विशेष प्रशिक्षण लेकर थोड़ा बहुत जप-तप करके, सेवा करने पर प्रतिकूलताओं से बचने के लिए यह भावना कर लेना कि समय आने पर ही सब कुछ मिलता है, व्यर्थ कष्ट उठाने से क्या लाभ? यह 'काल' नामक तुष्टि है, यह 'ओघ' नाम से भी कही जाती है।

४. **भाग्य तुष्टि-** संसार में सब कुछ भाग्य से ही मिलता है, भाग्य के लिखे को कोई मिटा नहीं सकता। समय से पहले और भाग्य से ज्यादा कुछ नहीं मिलता, इस प्रकार सोचकर पुरुषार्थ छोड़ देना 'भाग्य' नामक तुष्टि है, इसी का दूसरा नाम 'वृष्टि' भी है। ये चार तुष्टियाँ आध्यात्मिक इसलिए कही जाती हैं; क्योंकि ये भावनाएं अपने अन्त:करण में जागृत होती हैं।

५. **अर्जन दोष तुष्टि-** विषयों के अर्जन के लिए कृषि, उद्योग, पढ़ाई, पशुपालन, व्यवसाय व सेवा आदि बहुत कष्टकर कार्य करने पड़ते हैं, फिर हमारे पुरुषार्थ करने से दूसरे भी लाभ उठायेंगे, ऐसा सोचकर मेहनत से उपरत हो जाना तथा स्वयं को कृतकृत्य मान लेना यह पाँचवी तुष्टि है।

६. **रक्षण दोष तुष्टि-** यदि अर्जन कर भी लें तो टैक्स के रूप में राजा, बन्धु-बान्धव, चोर, भिक्षुक, संन्यासी आदि सब माँगने लगेंगे। अत: उसका रक्षण करना कितना कष्टदायी है? क्यों झंझट मोल लें, घर बसायेंगे तो साधु भिक्षा लेने आयेंगे, खेती करेंगे तो हिरण, गाय आदि भी खाने आयेंगे, उद्योग चलायेंगे तो टैक्स देना होगा और दूसरे मौज उड़ायेंगे, इससे अच्छा है उपरत होकर बैठें, यह छठी तुष्टि है; किन्तु वेद का आदेश है **'अकर्मा दस्यु:'**। (ऋग्वेद-१०.२२.८) अर्थात् कर्म न करने वाला दस्यु (ठग या लुटेरा) है।

७. **क्षय दोष तुष्टि-** इन विषयों के अर्जन, रक्षण में कष्ट है, इतना ही नहीं रक्षा करते-करते भी उपभोग के कारण ये क्षीण हो जाते हैं। इसलिए घर में या आश्रम में अकर्मण्य होकर बैठना तथा वैराग्य का ढोंग या स्वांग भरना यह सातवीं तुष्टि है।

अप्रमादोऽमृतपदं प्रमादो मृत्यो पदम्। अप्रमत्ता न म्रियन्ते ये प्रमत्ता यथा मृता: ।।

(धम्मपद-२.१)

अप्रमाद अमृत पद है तथा प्रमाद मृत्युपद (मृत्यु का आधार) है। अप्रमत्त (सावधान जन) नहीं मारे जाते हैं।

८. **भोग दोष तुष्टि-** अर्जन, रक्षण, क्षय आदि का प्रतीकार होने पर भी विषयों के भोगों में इन्द्रियों की तृप्ति नहीं होती, तृष्णा बराबर बनी ही रहती है और भोगों में क्लेश ही हैं, इस भावना से पुरुषार्थ न करना आठवीं तुष्टि है। वेद का आदेश है **'तेन त्यक्तेन भुञ्जीथा:'** संसार के समस्त ऐश्वर्य साधन रूप हैं, इनसे अपनी जीवन यात्रा को सात्त्विक रूप से आगे बढ़ाएं तथा सम्पूर्ण अर्थ परमार्थ के लिए लगाते हुए समष्टि की सेवा करते जाएं, लेकिन कर्महीन आलसी बनकर न बैंठे।

९. **हिंसा दोष तुष्टि-** संसार के जितने भी विषय हैं, वे अन्य प्राणियों को कष्ट पहुँचाए बिना उपलब्ध हो ही नहीं सकते, इसलिए पाँचों विषयों का अर्जन, रक्षण आदि करना-दूसरों की हिंसा करना है। ऐसा सोचकर प्रमादी बनना और उसी को उन्नत स्थिति मान लेना, पुरुषार्थ व परमार्थ से विमुख हो जाना ये कपिल ऋषि ने नौवीं तुष्टि कही है; क्योंकि कृषि, उद्योग आदि शुभकर्म या स्वाभाविक रूप से सेवाएं करने से यदि थोड़ी-बहुत हिंसा भी होती है तो बदले में हजारों गुणा अन्य प्राणियों का रक्षण और पोषण भी तो होता है। महर्षि कपिल ने इन तुष्टियों को मोक्ष मार्ग में बाधक बताया है, अत: स्पष्ट ही उन्होंने अप्रत्यक्ष रूप से

कल्याण चाहने वाले व्यक्ति को अखण्ड-प्रचण्ड पुरुषार्थ करते हुए सर्वस्व समष्टि की सेवा में समर्पित कर देने का उपदेश दिया है।

सांख्य दर्शन के अनुसार-

रूपैः सप्तभिरात्मानं बध्नाति प्रधानं कोशकारवद् विमोचयत्येकेन रूपेण।

(सांख्यसूत्र- ३.७३)

अर्थात् - धर्म, अधर्म, ज्ञान-अज्ञान, वैराग्य-अवैराग्य, ऐश्वर्य-अनैश्वर्य- ये आठ रूप प्रकृति के बताये गये हैं। इनमें से सात रूप तो आत्मा को बांधने वाले हैं तथा एक रूप 'ज्ञान' यह आत्मा को बन्धनमुक्त करने वाला है। जैसे- रेशम का कीड़ा रेशम के खोल से सब तरफ से आवेष्टित रहता है, केवल एक द्वार से बाहर निकल जाता है। विवेकपूर्ण पुरुषार्थ, विवेकपूर्ण सेवा, विवेकपूर्ण-काम, क्रोध, लोभ, मोह, अहङ्कार आदि। ये सब हमारे साधन बन जाते हैं, यदि केवल एक विवेक जागृत अवस्था में बना रहे तो।

इस प्रकार ऊहा, शब्द, अध्ययन, आत्मिकदुःखविघात, भौतिकदुःखविघात, दैविकदुःखविघात, सुहृत्प्राप्ति और दान- ये आठ सिद्धियाँ, जिज्ञासु साधक को अध्यात्ममार्ग की ओर प्रोत्साहित करके परम लक्ष्य तक पहुँचाने में सहायक या साधक भी मानी जाती हैं और यदि इनसे आगे न बढ़ा जाये, इन्हीं में साधक उलझकर रह जाये तो फिर ये तुष्टि वाली श्रेणी में ही जाकर बाधक भी बन जाती हैं। योगदर्शन में भी वैसे तो तृतीय पाद पूरा ही सिद्धियों से भरा हुआ है लेकिन ४५वें सूत्र में प्रसिद्ध अणिमा आदि सिद्धियों का वर्णन किया है- अणिमा, लघिमा, महिमा, प्राप्ति, प्राकाम्य, वशित्व, ईशित्व, यत्रकामावसायित्व अर्थात् सत्यसंकल्पता। वहाँ इन सिद्धियों के बारे में कहा है कि-

ते समाधावुपसर्गा व्युत्थाने सिद्धयः। (योगसूत्र- ३.३७)

अर्थात् समाधि में तो ये बाधक हैं लेकिन व्युत्थान काल में ये सिद्धियां हैं। इसलिए ८ सिद्धियों के स्वामी, (अष्टसिद्धि नवनिधि के दाता) हनुमान् जी महाराज ने अपनी सिद्धियों के सदुपयोग के लिए सेवा का मार्ग चुना तथा अन्य ऋषि-महर्षियों ने भी अपनी सिद्धियों को मानवता की सेवा में समर्पित कर समस्त मानवता को मोक्षमार्ग दिखाकर अपने जीवन को धन्य किया। उसी ऋषि परम्परा का अनुसरण करते हुए परम पुरुषार्थ से प्राप्त अपनी सिद्धियों को समस्त मानवता की सेवा में लगाकर हम स्वयं का या समष्टि का अभ्युदय व निःश्रेयस सिद्ध करें।

आसनोपयोगी नियम

१. समय- आसन प्रातः सायं दोनों समय कर सकते हैं। यदि दोनों समय नहीं कर सकते तो प्रातःकाल का समय उत्तम है। प्रातःकाल मन शान्त रहता है। प्रातः शौचादि से निवृत्त होकर खाली पेट तथा दोपहर के भोजन के लगभग ५-६ घण्टे बाद सायंकाल आसन कर सकते हैं। आसन करने से पहले शौच आदि से निवृत्त होना चाहिए। यदि कब्ज रहता है तो प्रातःकाल ताँबे या चाँदी के बर्तन में रखे हुए पानी को पीना चाहिए। उसके पश्चात् थोड़ा भ्रमण करें। इससे पेट साफ हो जाता है। अधिक कब्ज हो तो त्रिफला चूर्ण सोते समय गर्म पानी से लें। प्रातःकाल उठकर पतंजलि आंवला एवं एलोवेरा जूस ४-४ चम्मच गर्म पानी में पीने से कब्ज, गैस, पाचन तन्त्र के रोग, नेत्ररोग, धातुरोग दूर होते हैं तथा इम्युनिटी बढ़ती है।

२. स्थान- स्वच्छ, शान्त एवं एकान्त स्थान आसनों के लिए उत्तम है। यदि वृक्षों की हरियाली के समीप बाग, तालाब या नदी का किनारा हो तो सर्वोत्तम है। खुले वातावरण एवं वृक्षों के नजदीक ऑक्सीजन पर्याप्त मात्रा में होती है, जो स्वास्थ्य के लिए उत्तम है। यदि घर में आसन-प्राणायाम करें तो घी का दीपक या गुग्गुलु आदि जलाकर उस स्थान को सुगन्धित करना चाहिए।

३. वेशभूषा- आसन करते समय शरीर पर वस्त्र कम और सुविधाजनक होने चाहिए। पुरुष हाफ पैण्ट और बनियान का उपयोग कर सकते हैं। माताएँ और बहनें सलवार, ब्लाउज आदि पहनकर आसन, प्राणायाम व ध्यान आदि का अभ्यास करें।

४. योगाभ्यास एवं मात्रा- भूमि पर बिछाने के लिए मुलायम दरी, योग मैट या कम्बल का प्रयोग करना उचित है। अपने सामर्थ्य के अनुसार व्यायाम करना चाहिए। आसनों का पूर्ण अभ्यास एक घण्टे में, मध्यम अभ्यास ३० मिनट में तथा संक्षिप्त अभ्यास १५ मिनट में होता है। आधा घण्टा तो प्रत्येक व्यक्ति को योगासन करना ही चाहिए तथा ३० से ४५ मिनट कम से कम प्राणायाम और अन्त में लगभग ५ मिनट का ध्यान व थोड़ी देर के शवासन के साथ प्रतिदिन के योगाभ्यास का समापन करना चाहिए।

५. आयु- मन एकाग्र कर प्रसन्नता एवं उत्साह के साथ अपनी आयु, शारीरिक शक्ति और क्षमता का पूरा ध्यान रखते हुए यथाशक्ति अभ्यास करना चाहिए। तभी वह योग से वास्तविक लाभ उठा सकेगा। ३ वर्ष की आयु से प्राणायाम व सूक्ष्म व्यायाम का अभ्यास प्रारम्भ करके प्रत्येक आयु वर्ग के सभी स्त्री-पुरुष अपने सामर्थ्य के अनुसार योगाभ्यास अवश्य करें। योग को अपना स्वभाव बनाएं। दस वर्ष से अधिक आयु के बालक सभी यौगिक अभ्यास कर सकते हैं। गर्भवती महिलाएं कठिन आसन आदि न करें। वे केवल शनैः-शनैः दीर्घ श्वसन, अनुलोम-विलोम, भ्रामरी, उद्गीथ प्राणायाम करें तथा 'ओ३म्' एवं गायत्री आदि मन्त्रों का जप करें।

६. अवस्था एवं सावधानियाँ- सभी अवस्थाओं में आसन एवं प्राणायाम किए जा सकते हैं। इन क्रियाओं से स्वस्थ व्यक्ति का स्वास्थ्य उत्तम बनता है। वह रोगी नहीं होता और रोगी व्यक्ति स्वस्थ होता है, परन्तु

फिर भी कुछ ऐसे आसन हैं, जो रोगी व्यक्ति को नहीं करने चाहिए यथा जिनके कान बहते हों, नेत्रों में लाली हो, स्नायु एवं हृदय दुर्बल हो, उन्हें शीर्षासन नहीं करना चाहिए। हृदय-दौर्बल्य वाले को अधिक कठिन आसन जैसे पूर्ण शलभासन, धनुरासन एवं चक्रासन आदि नहीं करने चाहिए। अण्डकोष-वृद्धि वालों को भी वे आसन नहीं करने चाहिए, जिनसे नाभि के नीचे वाले हिस्से पर अधिक दबाव पड़ता है। उच्च रक्तचाप वाले रोगियों को सिर के बल किये जाने वाले शीर्षासन आदि तथा महिलाओं को ऋतुकाल में ४-५ दिन कठिन आसनों का अभ्यास नहीं करना चाहिए। इन दिनों में महिलाएं सूक्ष्म व्यायाम, प्राणायाम एवं ध्यान आदि का अभ्यास अवश्य करें। जिनको कमर और गर्दन में दर्द रहता हो, वे आगे झुकने वाले आसन न करें।

७. भोजन- योगाभ्यास के लगभग १० से १५ मिनट बाद स्नान कर आहार ले सकते हैं। भोजन में सात्त्विक पदार्थ हों। तले हुए गरिष्ठ पदार्थों के सेवन से पाचनतन्त्र विकृत हो जाता है। आसन के बाद चाय नहीं पीनी चाहिए। एक बार चाय पीने से यकृत् आदि कोमल ग्रन्थियों के लगभग ५० सेल्स निष्क्रिय या कमजोर हो जाते हैं। इससे आप स्वयं अनुमान कर सकते हैं कि चाय से कितनी हानि है। यह भी स्वास्थ्य की एक भयंकर शत्रु है, जो शरीररूपी पावन मन्दिर को विकृत कर देती है। इसमें एक प्रकार का नशा भी होता है, निरन्तर लेने से व्यक्ति इसका अभ्यस्त (आदी) हो जाता है। जठराग्नि को मन्द करने एवं अम्लपित्त, गैस, कब्ज आदि रोगों को उत्पन्न करने में चाय और अंग्रेजी दवा- इन दोनों की हानिकारक भूमिका होती है। शाकाहार, सन्तुलित एवं पौष्टिक आहार ही उत्तम स्वास्थ्य के लिए सर्वाधिक उपयोगी होता है।

८. श्वास-प्रश्वास का नियम- आसन करते समय सामान्य नियम है कि आगे की ओर झुकते समय श्वास बाहर निकालते हैं तथा पीछे की ओर झुकते समय श्वास अन्दर भरकर रखते हैं। श्वास नासिका से ही लेना और छोड़ना चाहिए, मुख से नहीं; क्योंकि नाक से लिया हुआ श्वास फिल्टर होकर अन्दर जाता है तथा स्वर-तन्त्र का सन्तुलन बना रहता है। किसी एक आसन में जब लम्बे समय तक स्थिर होते हैं तो श्वासों की गति सामान्य हो जाती है। सूक्ष्म व्यायाम व व्यायाम के समय लम्बे श्वासों का अभ्यास करना चाहिए।

९. दृष्टि- आँखे बन्द करके योगासन करने से मन की एकाग्रता बढ़ती है, जिससे मानसिक तनाव एवं चंचलता दूर होती है। सामान्यत: आसन एवं प्राणायाम आँखे खोलकर भी कर सकते हैं।

१०. क्रम- यदि कोई आसन दाँयीं ओर से करें तो उसे बायीं दिशा से भी करें। इसके अतिरिक्त आसनों का एक ऐसा क्रम निश्चित कर लें कि प्रत्येक अनुवर्ती आसन से विघटित दिशा में भी पेशियों और सन्धियों का व्यायाम हो जाए। उदाहरणत: सर्वांगासन के पश्चात् मत्स्यासन, मण्डूकासन के पश्चात् उष्ट्रासन किया जाए। नवाभ्यासी शुरू में २-४ दिन मांसपेशियों और सन्धियों में पीड़ा अनुभव करेंगे। अभ्यास जारी रखें। पीड़ा स्वत: ही शान्त हो जाएगी। जैसी जिसको अनुकूलता हो, तदनुसार लेटकर किये जाने वाले आसन एवं व्यायाम-प्राणायाम को ध्यान से पहले भी कर सकते हैं तथा बाद में भी। शीतकाल में पहले थोड़ा व्यायाम व आसन करने से अनुकूलता रहती है तथा गर्मी की ऋतु में प्राणायाम व ध्यान पहले करने से मन की प्रसन्नता व आनन्द अधिक रहता है। आसनों के बाद जब भी उठा जाए, बायीं

करवट लेकर उठना चाहिए। योगाभ्यास के अन्त में शवासन ३ से ५ मिनट के लिए अवश्य करें, ताकि अंग-प्रत्यंग शिथिल हो जाएं।

११. विश्राम- आसन करते हुए जब-जब थकान हो, तब-तब शवासन या मकरासन में विश्राम करना चाहिए। थक जाने पर बीच में भी विश्राम कर सकते हैं।

१२. गुरु- गुरूपदिष्टमार्गेण योगमेव समभ्यसेत्।

योग की सिद्धि गुरुकृपा और गुरु-उपदिष्ट मार्ग से ही होती है। इसलिए योगासन, प्राणायाम व ध्यान आदि का अभ्यास प्रारम्भ में गुरु के सान्निध्य में ही करना चाहिए। टी.वी. व अन्य वैज्ञानिक माध्यमों से भी योगाभ्यास सीखा व किया जा सकता है, बस सामान्य सावधानियाँ रखकर अभ्यास कर सकते हैं। हमने करोड़ों लोगों को टी.वी. एवं अन्य मीडिया का उपयोग करके योग सिखाया है। गुरु का प्रत्यक्ष सान्निध्य योग की शिक्षा-दीक्षा में निश्चितरूपेण अधिक प्रभावी होता है।

१३. यम-नियम- योगाभ्यासियों को यम-नियम का पालन पूर्ण श्रद्धा व पूर्ण पुरुषार्थ के साथ करना चाहिए। बिना यम-नियमों के पालन के कोई भी व्यक्ति योगी नहीं हो सकता।

१४. शरीर का तापमान- शरीर का तापमान अधिक उष्ण होने या ज्वर होने की स्थिति में योगाभ्यास करने से तापमान बढ़ जाए तो चन्द्रस्वर यानी बायीं नासिका से श्वास अन्दर खींचकर (पूरक कर), सूर्य-स्वर, यानी दाँयीं नासिका से रेचक (श्वास बाहर निकालना) करने की विधि बार-बार करके तापमान सामान्य कर लेना चाहिए।

१५. पेट की सफाई- पेट की ठीक से सफाई न होती हो, कब्ज और अपच की शिकायत रहती हो तो कुछ दिन प्रारम्भ में कोई सौम्य रेचक हरड़ या त्रिफला आदि चूर्ण रात को सोते समय ले लें। अन्यथा पेट साफ न होने की स्थिति में आँख, मुख, सिर में विकार एवं स्नायु-मण्डल में कमजोरी होने की शिकायत हो सकती है। अत: पेट का साफ होना, कब्ज-रहित होना, अपच न होना, रात को समय से सोकर पूरी नींद लेना और उचित आहार-विहार करना बहुत ही आवश्यक है।

१६. कठिन- जिन व्यक्तियों का कभी अस्थिभंग हुआ हो, वे कठिन आसनों का अभ्यास कभी नहीं करें, अन्यथा उसी स्थान पर ही दोबारा टूट आ सकती है। वृद्धावस्था व किसी बड़े ऑपरेशन के बाद भी कठिन आसन न करें।

१७. पसीना आने पर- योगाभ्यास के दौरान पसीना आ जाए तो तोलिए से पोंछ लें, इससे चुस्ती आ जाती है, चर्म स्वस्थ रहता है और रोगाणु चर्म मार्ग से शरीर में प्रवेश नहीं कर सकेंगे। योगासनों का अभ्यास यथासम्भव स्नान आदि से निवृत्त होकर करना चाहिए। अभ्यास के १० से १५ मिनट बाद भी शरीर का तापमान सामान्य होने पर स्नान कर सकते हैं।

सूक्ष्म व्यायाम

शरीर की सन्धियों को स्वस्थ एवं स्नायु-मण्डल को शक्ति, स्फूर्ति एवं आरोग्य प्रदान करने वाली सूक्ष्म व्यायाम की प्रमुख क्रियाएं।

बैठने की स्थिति दण्डासन-

विधि- बैठकर किये जाने वाले सभी आसनों को दण्डासन की स्थिति से प्रारम्भ करते हैं। दोनों पैर मिले हुए सामने सीधे रहें। कमर के दोनों ओर हाथों की हथेलियाँ भूमि पर टिकी हुई, अंगुलियाँ आगे की ओर, हाथ तथा कमर सीधी रहे।

१. पैर की अंगुलियों कि लिए -

अंगुली संचालन- दोनों पैरों की अंगुलियों तथा अंगुष्ठों को आगे की ओर धीरे-धीरे बलपूर्वक दबायें। उसी तरह पीछे की ओर भी करें। एड़ियाँ स्थिर रखें। इस प्रकार आठ-दस बार करें।

२. एड़ी एवं पूरे पैर के लिए-

एड़ी संचालन- दोनों पैरों को मिलाते हुए पूरे पंजे को एड़ी सहित धीरे-धीरे आगे एवं पीछे दबायें। आगे-पीछे दबाते समय एड़ी का जमीन पर घर्षण होगा। यह अभ्यास सियाटिका पेन तथा घुटनों के लिए उपयोगी है।

३. पंजों के लिए-

पंजा संचालन- दोनों पंजों को मिलाकर रखें। पहले दाँयें ओर से पंजों को वृत्ताकार घुमाते हुए पंजे से शून्य जैसी आकृति बनाएं। इस रीति से पाँच-सात बार इस अभ्यास को दोहराएं, फिर इसको विपरीत दिशा से करें।

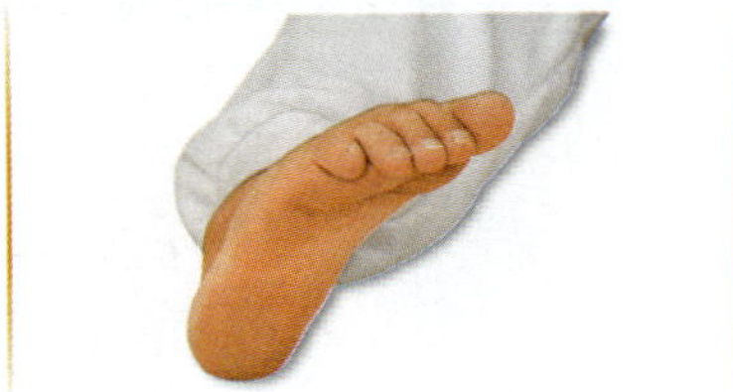
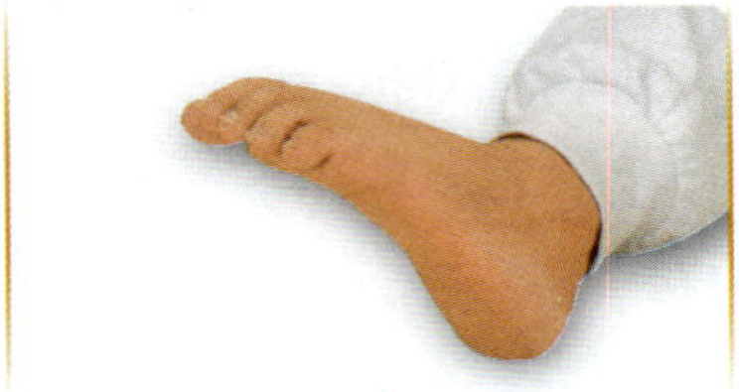
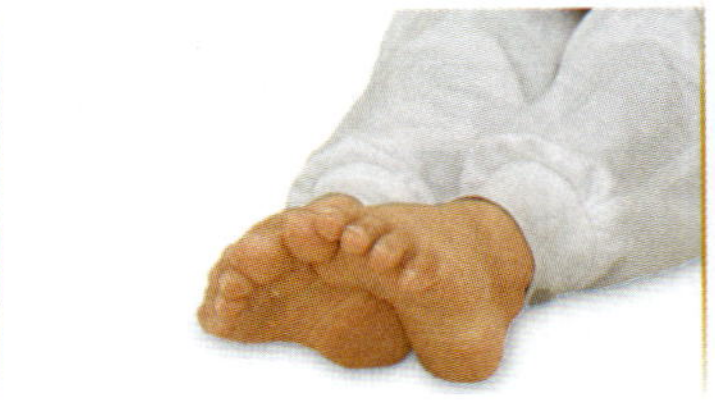

४. नितम्बों के लिए-

नितम्ब संचालन- (क) दाँयें पैर को मोड़कर बायीं जाँघ पर रखें, बायें हाथ से दाँयें पंजे को पकड़े तथा दाँयें हाथ को दाँयें घुटने पर रखें। अब दाँयें हाथ को दाँयें घुटने के नीचे लगाते हुए घुटने को ऊपर उठाकर छाती से लगायें तथा घुटने को दबाते हुए जमीन पर टिका दें। इसी प्रकार इस अभ्यास को विपरीत रूप में अर्थात् बायें पैर को मोड़कर दाँयीं जाँघ पर रखकर पूर्ववत् करें।

नितम्ब संचालन (ख) तितली आसन (बटर फ्लाई)- दोनों पैर घुटनों से मोड़कर पैर के तलवों को आपस में मिलाकर रखें तथा दोनों हाथों की अंगुलियों को इन्टरलॉक करके पाँव के पंजों को पकड़ लें तथा तितली के पंखों की तरह घुटनों को ऊपर-नीचे चलाते हुए इस क्रिया को दोहराएं। नितम्ब के जोड़ को स्वस्थ करने के लिए तथा वहाँ बढ़ी हुई चर्बी को कम करने के लिए यह अभ्यास उत्तम है। इससे पद्मासन करने में भी सुगमता होगी।

५. घुटनों के लिए- जानु संचालन-

(क) पैरों को सीधा रखते हुए दोनों हाथों को कमर के दोनों पार्श्वभाग में रखें। घुटनों की कपाली को दबाते एवं छोड़ते हुए आकुंचन एवं प्रसारण की क्रिया करें। इसके बाद दोनों हाथों की अंगुलियों को एक-दूसरे में डालते हुए घुटने के नीचे जँघा को पकड़ें। फिर पैर को मोड़ते हुए नितम्ब के पास लायें और साइक्लिंग जैसी क्रिया करते हुए पैर से सामने की ओर से शून्य बनायें। इसी तरह विपरीत दिशा के पैर से भी करें।

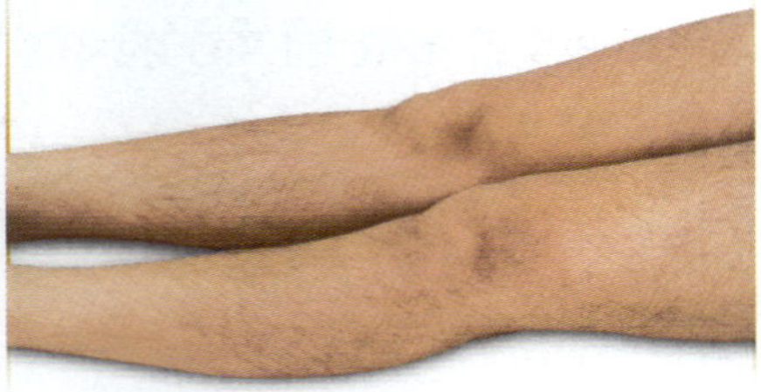

(ख) सीधे खड़े होकर दोनों एड़ियों को एक साथ सटाते हुए घुटनों को भी सटायें। दोनों हथेलियों को घुटनों पर रखकर पहले बायीं ओर फिर दाँयीं ओर वृत्ताकार पथ पर घुमायें। इस क्रिया को पाँच-सात बार दुहरायें। यह व्यायाम घुटनों के लिए लाभकारी है।

(ग) सीधे खड़े होकर दोनों हाथों को सामने सीधा कर दें, हथेलियों की दिशा भूमि की ओर रखें धीरे-धीरे नीचे की ओर झुकें तथा आसन्दिका (कुर्सी) जैसी स्थिति बनाएं। दोनों हाथ घुटनों के ऊपर सीधे रहेंगें। थोड़ी देर इस स्थिति में रुककर पुन: सामान्य अवस्था में लौट आएं।

६. पेट तथा कमर के लिए-

(क) **कटि संचालन-चक्की आसन- (Grinding)** दोनों हाथों की अंगुलियों को एक-दूसरे में डालते हुए सामने दोनों पैरों के ऊपर रखें। दाँयीं ओर से बायीं ओर हाथों को इस तरह से घुमायें कि कमर आगे झुकाते हुए, पैर की अंगुलियों से हाथ छूते हुए वृत्ताकार में घूमें, जब जँघाओं पर हाथ आयें तो कमर को पीछे की ओर झुकायें। पैरों को स्थिर रखें। इसी तरह दूसरी ओर से इस क्रिया को दोहरायें।

(ख) स्थिति कोणासन- दोनों पैरों को थोड़ा खोलकर सामने फैलायें। दोनों हाथों को कन्धों के समकक्ष सामने उठाकर रखें। फिर दाँयें हाथ से बायें पैर के अंगूठे को पकड़ें एवं बायें हाथ को पीछे की ओर घुमाते हुए पर्वताकार में ऊपर सीधा रखें, गर्दन को भी बायीं ओर घुमाते हुए पीछे की ओर देखें। इसी प्रकार दूसरी ओर से करें। इन दोनों अभ्यासों से कमर दर्द दूर होता है और पेट स्वस्थ होता है तथा कमर की बढ़ी हुई चर्बी दूर होती है, परन्तु जिनको अत्यधिक कमर दर्द है, वे इन अभ्यासों को न करें।

७. हाथ की अंगुलियों के लिए-

अंगुली संचालन-

(क) दोनों हाथों को सामने फैलाकर पंजे नीचे की ओर रखते हुए कन्धों के समकक्ष सीधा रखें। फिर अंगुलियों के पोरों को बलपूर्वक धीरे-धीरे मोड़े और सीधा करें।

(ख) इसके पश्चात् अंगूठे को मोड़कर अंगुलियों से दबाते हुए मुक्के जैसी आकृति बनायें, फिर धीरे-धीरे खोलें। इस प्रकार दस-बारह बार करें।

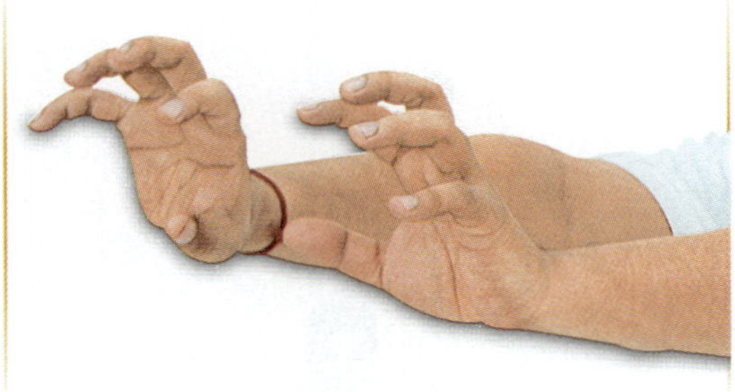

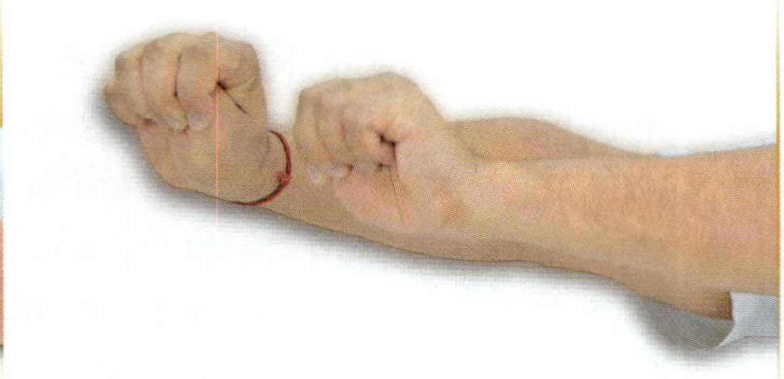

८. पूरे हाथ, सर्वाइकल स्पॉण्डलाइटिस तथा फ्रोजन शोल्डर के लिए-

दोंनों हाथों की हथेलियों को आकाश की ओर सीधा रखते हुए कंधे के समान्तर प्रथम सामने से मोड़ें तथा सीधा करें। इसी प्रकार से इस क्रिया को कंधों के समक्ष पार्श्वभाग से भी मोड़ें तथा सीधा करें।

९. स्कन्ध संचालन-

दोनों हाथों से एक दूसरे हाथ की कलाई पकड़कर ऊपर उठाते हुए सिर के पीछे ले जाएं। श्वास अन्दर भरते हुए दाँयें हाथ से बायें हाथ को दाँयीं ओर सिर के पीछे से खींचे। गर्दन एवं सिर स्थिर रहें। फिर श्वास छोड़ते हुए हाथों को ऊपर ले जाएं। इसी प्रकार दूसरी ओर से इस क्रिया को करें।

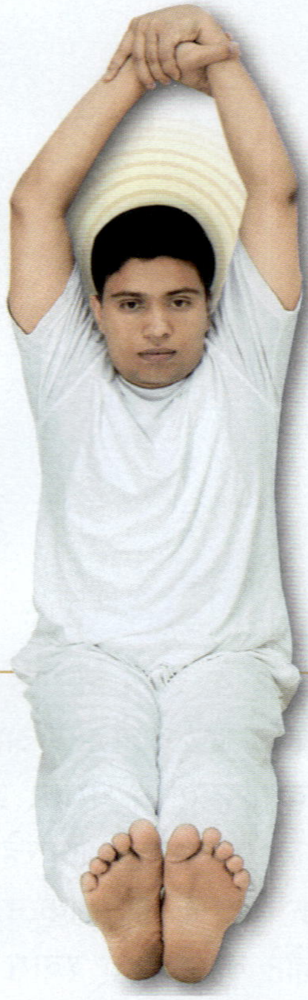

१०. स्कन्ध संचालन- (१) (क) दोनों हाथों की हथेलियों को ऊपर की ओर करते हुए हाथों को सामने फैलायें। अब कोहनी को मोड़ते हुए अंगुलियों से कन्धों को स्पर्श करें। फिर धीरे-धीरे सीधा करें। **(ख)** इसी अभ्यास को पार्श्व भागों में (दोनों साइड) हाथों को दोनों ओर कन्धों के समानान्तर फैलाकर भी करें।

११. स्कन्ध संचालन- (२)

(क) दोनों हाथों को मोड़कर कन्धे पर रखें। कोहनियाँ कन्धे के समकक्ष सामने रहें। फिर दोनों कोहनियों को छाती के सामने मिलाते हुए वृत्ताकार में घुमाते हुए बड़ा शून्य बनायें। यह क्रिया विपरीत दिशा से भी करें।

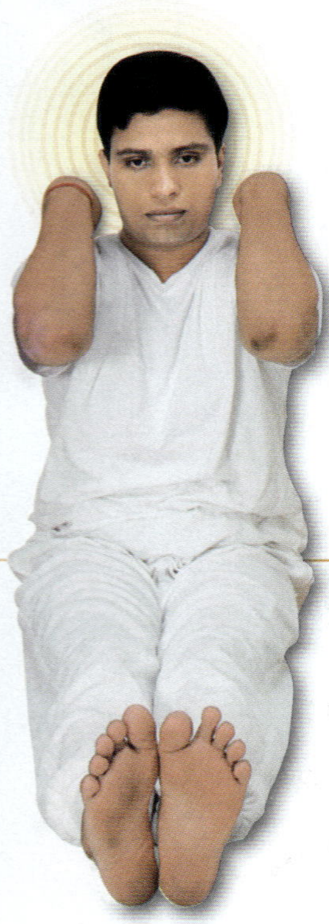

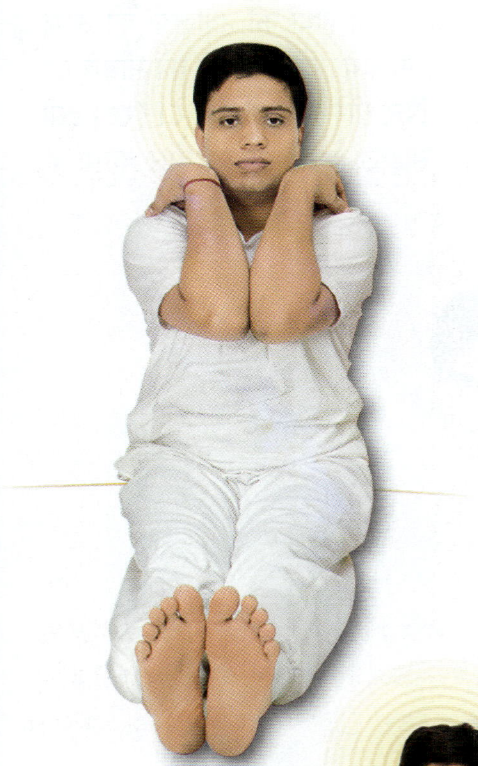

(ख) दोनों हाथों की मुट्ठी बन्द करके छाती के पास इस प्रकार रखें कि अंगुलियों के पीछे वाले भाग आपस में लगे हुए हों। अब श्वास छाती में भरकर हाथों को धीरे-धीरे सामने खोलें, परन्तु यह ध्यान रहे कि अंगुलियाँ आपस में ठीक से लगी रहें, पृथक् न हों। हाथों के सामने सीधा होने के पश्चात् श्वास को बाहर निकालते हुए हाथों को छाती के पास ले आयें। इस प्रकार कई बार इसे दोहरायें।

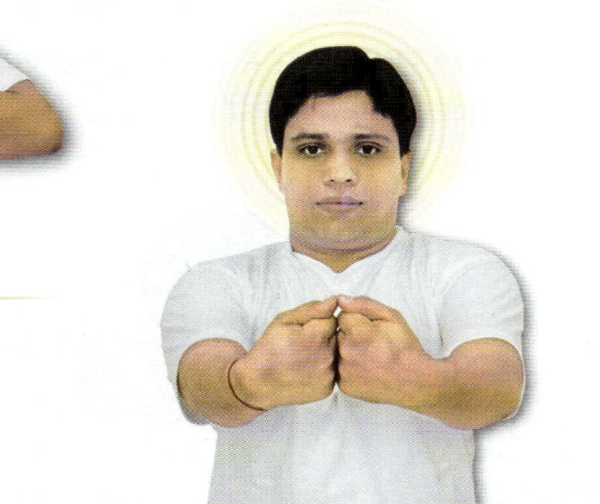

१२. गर्दन के लिए-

ग्रीवा संचालन-

(क) सीधे बैठकर गर्दन को दाँयीं ओर घुमाते हुए पहले दाँयें कन्धे से लगायें। इसी तरह बायें कन्धे से छुएँ। इसके पश्चात् गर्दन को आगे की ओर झुकाते हुए ठोड़ी को छाती से लगायें, फिर धीरे-धीरे पीछे की ओर यथाशक्ति झुकायें। अन्त में गर्दन को वृत्ताकार में दोनों दिशाओं में क्रमश: घुमाना चाहिए।

(ख) दाँयें हाथ की हथेली को दाँयीं ओर कान के ऊपर सिर पर रखकर हाथ से सिर को दबायें तथा सिर से हाथ की ओर दबाव डालें। इस प्रकार हाथ से सिर को तथा सिर से हाथ को एक दूसरे के विरुद्ध दबाने से गर्दन में एक कम्पन होता है। इस प्रकार चार-पाँच बार दबाव डालकर बायीं ओर से इस क्रिया को करना चाहिए।

(ग) अन्त में दोनों हाथों की अंगुलियों को एक-दूसरे में डालते हुए (इण्टरलॉक करते हुए) हाथों से सिर को तथा सिर से हाथों को दबाना चाहिए। ऐसा करते हुए सिर तथा गर्दन सीधी रहेगी। विरुद्ध दबाव से मात्र एक कम्पन होगा, जो कि गर्दन के आरोग्य के लिए तथा वहाँ पर रक्त-संचार को सुचारु करने के लिए आवश्यक है।

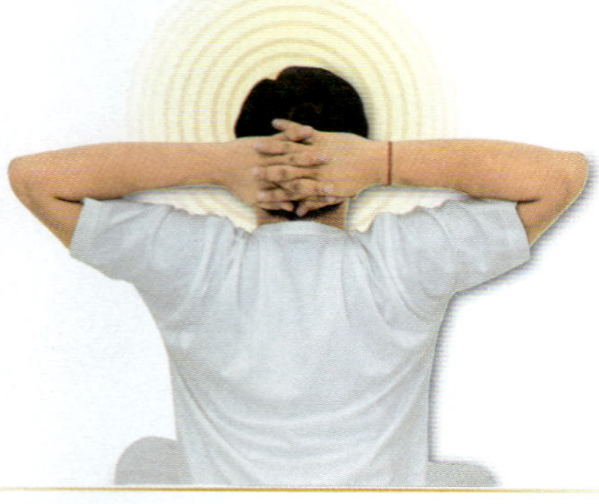

१३. आँखों के लिए- गर्दन को सीधा रखकर आँखों की पुतलियों को पहले ऊपर-नीचे और फिर दाँयें-बायें घुमायें। तत्पश्चात् दाँयें-बायें गोलाई में घुमायें।

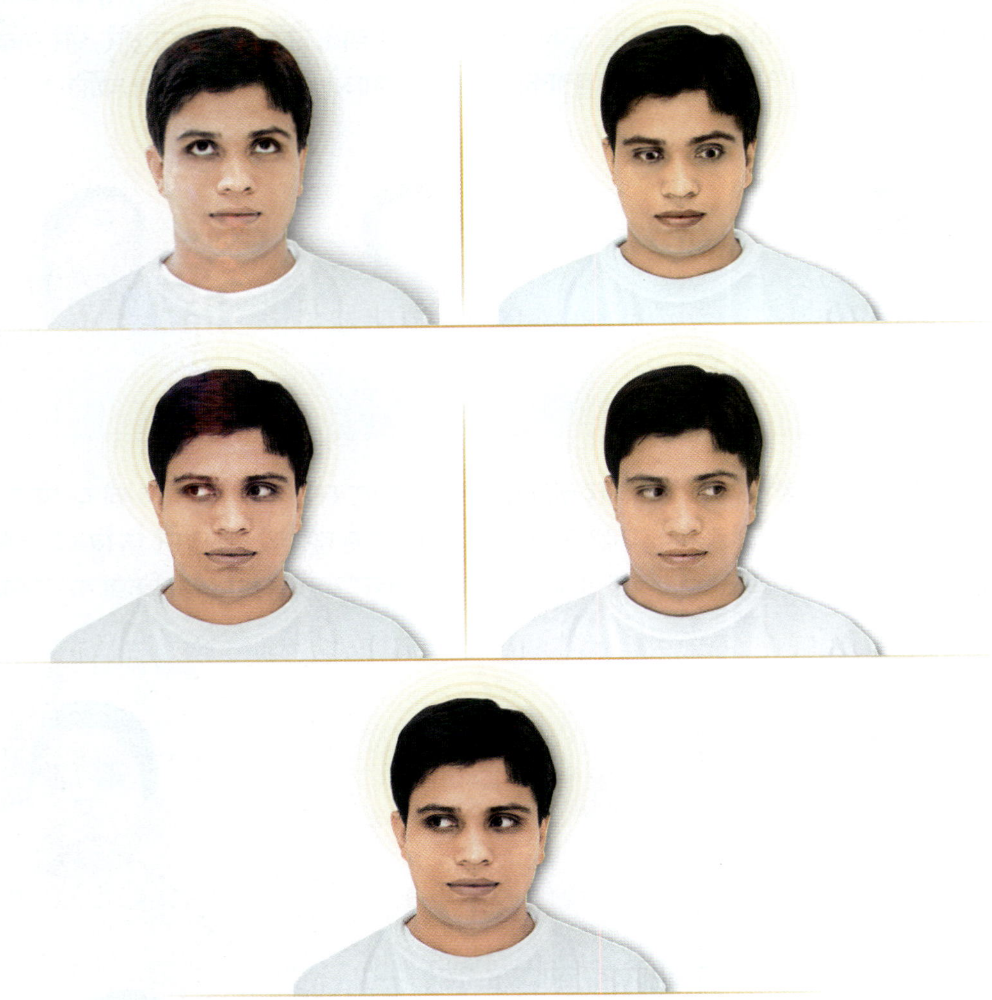

यौगिक व्यायाम (यौगिक जॉगिंग)

इसमें कुल बारह क्रियाओं का समावेश है। इनका मुख्य उद्देश्य शरीर में स्फूर्ति लाकर आसन-प्राणायाम के लिए शरीर को तैयार करना है। शरीर को स्वस्थ, सुन्दर, सुडौल व आकर्षक बनाने के लिए यह यौगिक व्यायाम अत्यन्त प्रभावशाली है। यह सर्वांगीण व्यायाम है तथा सभी आयु वर्ग के लोग इसका अभ्यास कर सकते हैं।

स्थिति-१, हस्त संचालन- प्रारम्भिक स्थिति में सहज रूप से एक ही स्थान पर खड़े होकर इस प्रकार दौड़ें, जिसमें लम्बा गहरा श्वास लेते व छोड़ते हुए बन्द मुट्ठी सहित हाथों की कोहनियाँ मुड़कर सामने से कन्धों तक आयें तथा नीचे सीधी होकर जंघाओं के बगल तक जायें। इस क्रिया में वेगात्मक रूप से एक हाथ मोड़ने के दौरान नीचे से उसी तरफ का घुटना मुड़ेगा। योग के प्रत्येक अभ्यास को प्रथम दाँयीं ओर से, उसके बाद बायीं ओर से करते हैं।

श्वासविधि- सभी प्रकार के व्यायाम के समय लम्बे श्वास लें व छोड़ें। दीर्घ श्वास-प्रश्वास के साथ किया हुआ व्यायाम अधिक लाभकारी होता है।

स्थिति-२, पूर्ण हस्तसंचालन- पहली स्थिति के अन्तर्गत हाथों की कोहनियाँ न मोड़ते हुए, उन्हें यथासम्भव ऊपर की ओर सीधा करें तथा सीधा रखते हुए नीचे जंघाओं के बगल तक लायें, बारी-बारी से पंजों पर खड़े होकर घुटनों को यथाशक्ति मोड़ते हुए एड़ियों को नितम्बों से लगाने का प्रयास करें।

स्थिति-३, जानु संचालन- कमर पर दोनों हाथ रखकर सामने से दाँयें पैर के घुटने को मोड़ते हुए उसे यथासम्भव छाती तक उठाने का प्रयास करें, फिर मुड़े हुए घुटने को नीचे वापस लाने के तुरन्त बाद बायें पैर से इसी अभ्यास को ५-१० बार दोहराएं।

स्थिति-४, जानु विकासक- पैर के दोनों पंजों में कन्धों के समानान्तर दूरी रखते हुए खड़े होकर दोनों हथेलियाँ कमर पर रखें, फिर श्वास भरते हुए मेरुदण्ड को सीधा रखते हुए पैरों को घुटनों से मोड़कर कुर्सी के स्वरूप में यथाशक्ति नीचे जायें, फिर श्वास छोड़ते हुए घुटनों को सीधा करके वापस ऊपर आने के तुरन्त बाद आवृत्ति दोहरायें।

स्थिति-५, जंघा विकासक, प्रथम अभ्यास- दोनों पैरों में अधिक से अधिक फासला करके खड़े होकर दोनों हाथ कंधों के समानान्तर परस्पर मिलाकर सामने फैलायें, फिर दाहिना घुटना मोड़कर उसी पैर के पंजे पर, कमर सीधी रखते हुए बैठ जाए। (नितम्ब एड़ी से लग जायेगा) और फिर उठकर बीच में आ जाएं तथा दूसरी ओर से भी यथाशक्ति इस क्रिया की आवृत्ति करें।

स्थिति-६, जानु विकासक, द्वितीय अभ्यास- पैरों में अधिक फासला रखते हुए दोनों हथेलियों को कमर पर रखकर सीधे खड़े हो जायें, तत्पश्चात् दाँयीं तरफ के पंजे और शरीर को दाँयें घुमाकर श्वास लेते हुए उस ओर का घुटना मोड़कर यथा शक्ति बैठने का प्रयास करें और छाती को ऊपर की और अधिकतम खींचे तथा पीछे वाले पैर का घुटना सीधा व पंजा खड़ा रहेगा। फिर श्वास छोड़ते हुए वापस आयें, इसी प्रकार दूसरी तरफ से करें।

स्थिति-७, छाती विकासक- इसमें दोनों पैर के पंजों में २ फुट का अन्तर रखते हुए खड़े हो जायें, दोनों हाथों को हथेलियों से मिलाकर छाती के सामने सीधा रखें। तत्पश्चात् श्वास भरते हुए वेगात्मक रूप से हाथों को कंधों के समानान्तर फैलाएं, हथेलियों का रुख सामने की ओर रखें, गर्दन व सिर पीछे की ओर झुकाएं और फिर श्वास छोड़ते हुए हाथों को पुनः सामने लाएं। पुनः श्वास भरते हुए यथाशक्ति व आवश्यकतानुसार इसकी आवृत्ति करें।

स्थिति-८, त्रिकोणासन- दोनों पैरों में लगभग दो फुट का अन्तर रखते हुए, दोनों हाथों को पैरों के समान्तर पार्श्वभाग में सीधा रखकर खड़े हो जाएं। अब श्वास अन्दर भरते हुए दाहिनें हाथ को ऊपर उठाते हुए कान से स्पर्श करते हुए बायीं ओर यथाशक्ति झुक जाएं, ऊपर वाले हाथ की हथेली नीचे भूमि की ओर रखें। बायीं ओर का हाथ पैर से सटा हुआ नीचे की ओर लाएं तथा घुटने को छूते हुए टखने को स्पर्श करने का प्रयास करें और अन्त में पुनः सामान्य स्थिति में लौट आएं। इसी अभ्यास को बाई ओर से भी दोहराएं।

स्थिति-९, कोणासन- दोनों पैरों में लगभग दो से ढाई फुट की दूरी रखते हुए दोनों हाथ पैरों के समान्तर रखते हुए सीधे खड़े हो जाएं। अब श्वास बाहर छोड़ते हुए दाँयें हाथ से बायीं ओर के पैर को स्पर्श करें तथा बायें हाथ को ऊपर की ओर कर उसकी हथेली को देखने का प्रयास करें। इसी प्रकार से दीर्घ श्वास लेकर और उसे बाहर छोड़कर बायीं ओर से इस अभ्यास की आवृत्ति करें।

स्थिति-१०, पादहस्तासन- दोनों पैरों को पास में रखकर दोनों हाथों को सामने जंघासन के ऊपर सीधा रखें और श्वास अन्दर भरते हुए दोनों हाथों को पास में रखते हुए सामने से ऊपर उठाते हुए सिर के पीछे लेकर जाएं, गर्दन व सिर को भी यथाशक्ति पीछे झुकाएं, इसके बाद श्वास बाहर छोड़ते हुए आगे झुक जाएं, माथा घुटनों से लगाएं। हाथों की हथेलियों को पैर के पंजों के ऊपर या पंजों के बगल में भूमि से स्पर्श कराएं। श्वास अन्दर भरते हुए इस अभ्यास की यथाशक्ति आवृत्ति करें और अन्त में सामान्य स्थिति में लौट आएं।

स्थिति-११, चलित पादहस्तासन- स्थिति-१ दोनों हाथ को पैरों के पार्श्वभाग में रखकर सीधे खड़े हो जाएं। अब दोनों हाथों व पैरों को उछालते हुए वेगपूर्वक दोनों ओर फैलाएं, पैरों में लगभग दो फुट का अन्तर होगा तथा दोनों हाथ कंधों के समानान्तर फैलते हुए होंगे। हाथों की हथेलियों का रुख नीचे की ओर होगा।

स्थिति-२- दूसरे चरण (स्थिति) में अब हाथों को ऊपर ले जाकर हथेलियों को परस्पर स्पर्श करें और इसी प्रकार पैर भी नीचे पास में आ जायेंगे।

स्थिति-३- तीसरी स्थिति में हाथ पुन: कंधों के समानान्तर तथा पैरों में फासला होगा।

स्थिति-४- चौथी स्थिति में सामान्य अवस्था में पुन: लौट आयेंगे। इस प्रकार अभ्यास दो स्थितियों में भी पूरा हो जाता है। दो स्थितियों में पूरा करने पर कंधे के समानान्तर हाथों को रोककर सीधा ऊपर ले जाते हैं तथा नीचे ले आते हैं।

स्थिति-१२, योग नृत्यासन-

स्थिति-१. दोनों पैरों को परस्पर मिलाकर तथा दोनों हाथों को कंधों के समानान्तर छाती के सामने सीधा रखते खड़े हुए हो जाएं। अब श्वास अन्दर भरकर ऊपर की ओर हल्की छलांग लगाते हुए दोनों हाथों को बायीं ओर लेकर जाएं।

स्थिति-२. दोंनों हाथों की हथेलियों का रुख भूमि की ओर होगा तथा बायाँ हाथ कंधे के सामानान्तर सीधा रहेगा, दाँयें हाथ की हथेली बायें कंधे के समानान्तर तथा दायाँ हाथ कोहनी से मुड़ा हुआ होगा।

स्थिति-३. बायीं ओर बाहर की ओर निकाले हुए होंगे तथा पैरों के घुटने थोड़े से दाहिनी ओर मुड़े हुए तथा झुके हुए होंगे।

स्थिति-४. इस प्रकार एक ओर से होने के बाद दूसरी ओर से यथाशक्ति थोड़ी देर तक निरन्तर इसे दोहराएं।

सूर्य नमस्कार

धरती पर ऊर्जा के स्रोतों- हवा, पानी, सूर्य आदि में से सूर्य प्रमुख है। इससे प्राणी जगत् विशेषत: ऊर्जित होता है। यह भी वैज्ञानिक रूप में सिद्ध तथ्य है कि प्रात:काल के उदीयमान सूर्य की किरणों का हमारे शरीर पर विशिष्ट चिकित्सकीय प्रभाव पड़ता है। हमारे पूर्वज मनीषियों ने विशेष शोध व अनुसन्धान के द्वारा पाया कि इस समय अर्थात् प्रात:कालीन बेला में अलग-अलग प्रकार के बारह आसनों का एक विशेष क्रमपूर्वक अभ्यास करने से हमें चौबीस घण्टे तक ऊर्जा का स्तर बनाये रखने में विशेष सहायता मिलती है। मनीषियों ने इन्हीं बारह आसनों के क्रम को 'सूर्य-नमस्कार' का नाम दिया है, जो अपने आप में एक स्वतन्त्र व पूर्ण व्यायाम है।

वस्तुत: सूर्य-नमस्कार की प्रक्रिया के द्वारा हमारे मनीषियों ने हमें प्राकृतिक नियमों के साथ साहचर्य बनाने की शिक्षा देते हुए आरोग्यमय जीवन जीने का यह अद्भुत सन्देश है।

सूर्य-नमस्कार हेतु सामान्य नियम-

- सूर्य-नमस्कार की १२ स्थितियों को एक बार पूरा करना एक आवृत्ति (चक्र) कहलाती है। इस प्रकार सूर्य-नमस्कार से अधिक से अधिक लाभ प्राप्त करने के लिए प्रत्येक दिन कम से कम १० से १५ आवृत्तियों का अभ्यास करना चाहिए।

- इन १२ स्थितियों को करते वक्त पूरक, कुम्भक व रेचक को ध्यान में रखकर करने से विशेष लाभ मिलता है।

- बीमार अवस्था में सूर्य-नमस्कार नहीं करना चाहिए अथवा योग-शिक्षक से परामर्श लेकर ही धीरे-धीरे करना चाहिए।

- प्रत्येक स्थिति का अभ्यास मानसिक मन्त्रोच्चारणपूर्वक परमात्मा/अल्लाह/गॉड/वाहे गुरु आदि के प्रति मन ही मन नमस्कार/स्मरण तथा कृतज्ञता/धन्यवाद का भाव जगाते हुए, निर्दिष्ट शरीरस्थ चक्र में ध्यान केन्द्रित करते हुए करना चाहिए।

सूर्य-नमस्कार में किये जाने वाले १२ आसनों का क्रम निम्नवत् है-

स्थिति-१.

स्थिति का नाम- प्रणामासन या नमस्कार मुद्रा

विधि- सूर्योदय के समय सूर्याभिमुख सावधान की स्थिति में खड़े होकर (एड़ी, पंजे तथा घुटने परस्पर मिले हुए हों) नमस्कार की स्थिति में हाथों को छाती के सामने रखें। श्वास की गति सामान्य रहेगी। इस प्रकार हाथों और पैरों को जोड़कर खड़े होने से ऊर्जा के परिपथ का निर्माण होता है। परिणामस्वरूप शरीर शीघ्र ही ऊर्जान्वित हो जाता है।

स्थिति-२.

स्थिति का नाम- ऊर्ध्वहस्तासन/हस्तोत्तानासन

विधि- स्थिति-१ के बाद श्वास अन्दर भरकर सामने से हाथों को खोलते हुए बिना कोहनियाँ मोड़े पीछे की ओर ले जायें, सिर हाथों के बीच में स्थित रहेगा। श्वास रोककर दृष्टि आकाश की ओर रहे, कमर को भी यथाशक्ति पीछे की ओर झुकायें।

स्थिति-३.

स्थिति का नाम- पादहस्तासन

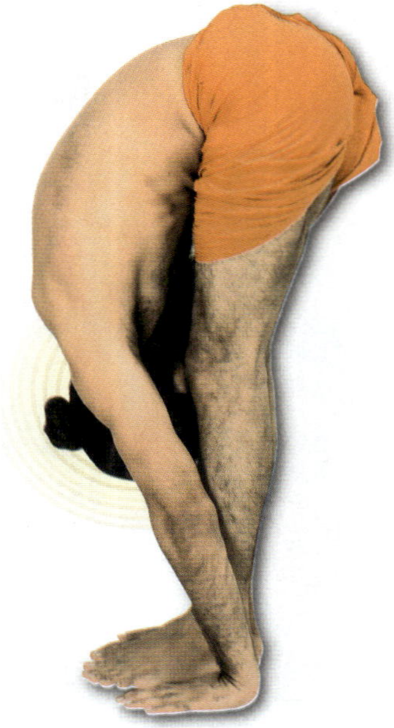

विधि- स्थिति-२ के बाद श्वास बाहर निकालकर हाथों को पीछे से सामने झुकाते हुए पैरों के पास जमीन पर टिका दें। यदि हो सके तो हथेलियों को भी पंजों के दाँयें-बायें भूमि से स्पर्श करें तथा सिर को घुटनों से लगाने का प्रयास करें, ध्यान रहे कि किसी भी स्थिति में घुटने न मुडें।

स्थिति-४.

स्थिति का नाम- दक्षिण-अश्वसञ्चालनासन

विधि- स्थिति-८ के उपरान्त अब नीचे झुकते हुए हथेलियों को छाती के दोनों ओर टिकाकर रखें। चित्रानुसार दायाँ पैर उठाकर पीछे से पूरा पंजा जमीन पर सटाते हुए तानें, बायाँ पैर दोनों हाथों के बीच में रखें (इस पैर को सुविधा की दृष्टि से थोड़ा पीछे भी रख सकते हैं; परन्तु एड़ी हर हाल में जमीन को स्पर्श करती हुई हो), घुटना छाती के सामने रहे, दृष्टि आकाश की ओर, श्वास को अन्दर भरकर रखना है।

स्थिति-५.

स्थिति का नाम- पर्वतासन

विधि- श्वास बाहर निकालकर दाँयें पैर को भी पीछे ले जायें। गर्दन और सिर दोनों हाथों के बीच में रहे, नितम्ब और कमर ऊपर उठाकर तथा सिर को झुकाकर नाभि को देखने का प्रयास करें।

स्थिति-६.

स्थिति का नाम- अष्टाङ्गनमनासन/साष्टाङ्गासन/अधोमुखशवासन

विधि- हाथों एवं पैर के पंजों को स्थिर रखते हुए, छाती एवं घुटनों को भूमि पर स्पर्श कराएं। इस प्रकार दो हाथ, दो पैर, दो घुटने, छाती एवं सिर अथवा ठोड़ी; इन आठों अङ्गों के भूमि पर टिकने से यह साष्टाङ्गासन बनता है। श्वास-प्रश्वास सामान्य रहेगा।

स्थिति-७.

स्थिति का नाम- भुजङ्गासन

विधि- श्वास अन्दर भरकर (भुजङ्गासन की आकृति) छाती को ऊपर उठाते हुए हाथों को धीरे-धीरे सीधा कर दें, पीछे से दोनों पैर मिले व तने हुए हों। नाभि तक का भाग भूमि पर टिका हुआ एवं दृष्टि आकाश की ओर हो।

स्थिति-८.

स्थिति का नाम- पर्वतासन

विधि- श्वास बाहर निकालकर कुल्हों को ऊपर उठायें, गर्दन और सिर दोनों हाथों के बीच में रहे, नितम्ब और कमर ऊपर उठाकर तथा सिर को झुकाकर नाभि को देखने का प्रयास करें। (स्थिति-५ की तरह)

स्थिति-९.

स्थिति का नाम- वाम-अश्वसञ्चालनासन

विधि- स्थिति-३ के उपरान्त अब नीचे झुकाते हुए हथेलियों को छाती के दोनों ओर टिकाकर रखें। बायाँ पैर उठाकर पीछे से पूरा पंजा जमीन पर सटाते हुए तानें, दायाँ पैर दोनों हाथों के बीच में रहेगा (इस पैर को सुविधा की दृष्टि से थोड़ा पीछे भी रख सकते हैं; परन्तु एड़ी हर हाल में जमीन को स्पर्श करती हुई हो)। घुटना छाती के सामने रहे, दृष्टि आकाश की ओर हो, श्वास को अन्दर भरकर रखना है। (स्थिति-४ की तरह)

स्थिति-१०.

स्थिति का नाम- पादहस्तासन

विधि- स्थिति-९ के बाद श्वास बाहर निकालकर हाथों को पीछे से सामने झुकाते हुए पैरों के पास जमीन पर टिका दें। यदि हो सके तो हथेलियों को भी पंजों के दाँयें-बायें भूमि से स्पर्श करके रखें तथा सिर को घुटनों से लगाने का प्रयास करें। ध्यान रहे कि किसी भी स्थिति में घुटने न मुड़ें (स्थिति-३ की तरह)।

स्थिति-११.

स्थिति का नाम- ऊर्ध्वहस्तासन/हस्तोत्तानासन

विधि- श्वास अन्दर भरकर सामने से हाथों को खोलते हुए बिना कोहनियाँ मोड़े पीछे की ओर ले जायें, सिर हाथों के बीच में स्थित रहेगा। श्वास रोककर दृष्टि आकाश की ओर रखें, कमर को भी यथाशक्ति पीछे की ओर झुकायें (स्थिति-२ की तरह)

स्थिति-१२.

स्थिति का नाम- प्रणामासन

विधि- सूर्याभिमुख सावधान की स्थिति में लौटते हुए (एड़ी पंजे मिले हुए हों) नमस्कार की स्थिति में हाथों को छाती के सामने रखें। श्वास की गति सामान्य रखेंगे (स्थिति-१ की तरह)।

सूर्य-नमस्कार के लाभ

- सूर्य-नमस्कार एक पूर्ण व्यायाम है। इससे शरीर के सभी अङ्ग-प्रत्यङ्ग बलिष्ठ एवं निरोगी हो जाते हैं।
- पेट, आन्त्र, आमाशय, अग्न्याशय, हृदय एवं फेफड़े स्वस्थ रहते हैं।
- मेरुदण्ड एवं कमर को लचीला बनाकर इनमें आयी हुई विकृतियों को दूर करता है।
- सम्पूर्ण शरीर में रक्तसञ्चरण अच्छी तरह से सम्पन्न कराता है। इससे रक्त में आयी हुई अशुद्धियाँ दूर होकर चर्मरोगों का नाश होता है।
- सम्पूर्ण शरीर को आरोग्य प्रदान करता है, अत: प्रात: शीघ्र उठकर सूर्य-नमस्कार का अभ्यास अवश्य करना चाहिए।
- सूर्य की किरणें त्वचा पर पड़ने से हमारे शरीर में विटामिन 'डी' का निर्माण होता है। यह विटामिन, कैल्शियम व फॉस्फोरस जैसे अति आवश्यक खनिज लवणों को शरीर के लिए अतीव उपयोगी बनाता है, जिसके कारण शरीर की हड्डियाँ मजबूत हो जाती हैं।
- आमाशय (Stomach), आन्त्र (Intestines), कलेजा (Liver), गुर्दा (Kidney), फेफड़ा (Lungs), पित्ताशय (Gall Bladder) तथा मेरुदण्ड (Spinal Cord) निरोगी बनते हैं।
- यह अन्त:स्रावी ग्रन्थियों में धीरे-धीरे अच्छा प्रभाव डालता है।
- प्रात:कालीन सूर्य की रोशनी का भरपूर उपयोग करने से तनाव, थकान व उदासीनता निर्मूल हो जाते हैं। मन, मस्तिष्क एवं शरीर तरोताजा रहते हैं। अत: प्रात:काल सूर्याभिमुख होकर सूर्य-नमस्कार अवश्य करना चाहिए।

दैनिक योगाभ्यास के आसन

बैठकर किये जाने वाले आसन

सिद्धासन

विधि-

दण्डासन में बैठकर बायें पैर को मोड़कर एड़ी को सीवनी पर (गुदा एवं उपस्थेन्द्रिय के मध्य भाग में) लगायें। दाँयें पैर की एड़ी को उपस्थेन्द्रिय के ऊपर वाले भाग पर स्थिर करें। बायें पैर के टखने पर दाँयें पैर का टखना होना चाहिए। पैरों के पंजे, जंघा और पिण्डली के मध्य रहें।

घुटने जमीन पर टिके हुए हों। दोनों हाथ ज्ञानमुद्रा (तर्जनी एवं अंगुष्ठ के अग्रभाग को स्पर्श करके रखें, शेष तीन अंगुलियाँ सीधी रहें) की स्थिति में घुटने पर टिके हुए हों। मेरुदण्ड सीधा रहे। आँखें बन्द करके भ्रूमध्य में मन को एकाग्र करें।

मण्डूकासन-१

विधि- वज्रासन में बैठकर दोनों हाथों की मुट्ठी बन्द करके (मुट्ठी बन्द करते समय अंगूठे को अंगुलियों से दबायें) दोनों मुट्ठियों को नाभि के दोनों ओर लगाकर श्वास बाहर छोड़ते हुए सामने की ओर झुकते हुए दृष्टि को सामने रखकर, थोड़ी देर इसी स्थिति में रहने के बाद वापस वज्रासन में आ जायें; इस प्रकार तीन से पाँच आवृत्ति करें। यह क्रिया मण्डूकासन (प्रथम) कहलाती है।

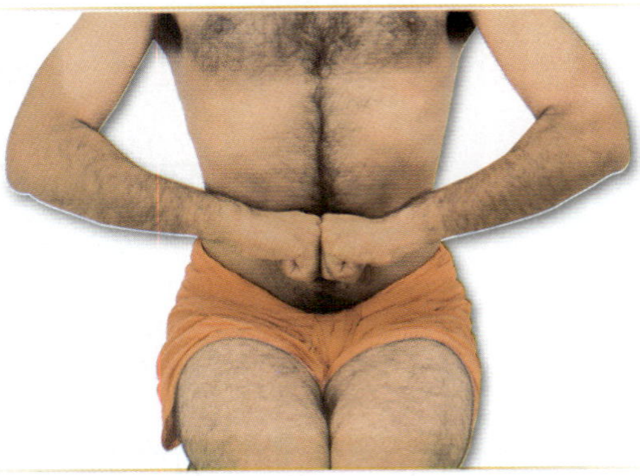

लाभ-

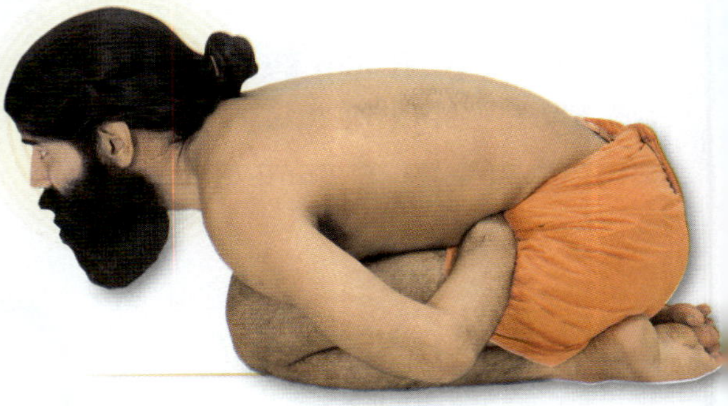

- ☞ अग्न्याशय (पेन्क्रियाज) को सक्रिय करके इन्सुलिन की मात्रा को सन्तुलित करते हुए मधुमेह (डायबिटीज) को दूर करने में सहायक है।
- ☞ मोटापे एवं उदर से सम्बद्ध रोगों- कब्ज, एसिडिटी (अम्लपित्त) में उपयोगी है। यह हृदय के लिए भी लाभप्रद है।

मण्डूकासन-२

विधि- वज्रासन में बैठकर नाभि पर बायें हाथ की हथेली पर दाँयें हाथ की हथेली को रखते हुए पेट को अन्दर दबायें तथा श्वास को बाहर निकालते हुए पूर्व की भाँति (मण्डूकासन-१) धीरे-धीरे नीचे झुककर दृष्टि सामने रखना मण्डूकासन-२ कहलाता है।

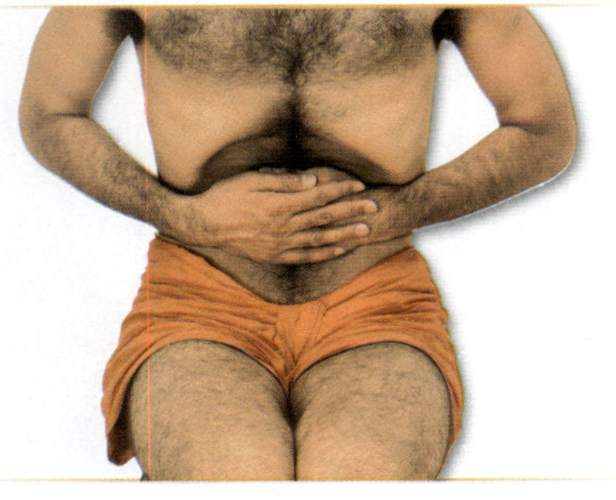

लाभ- पूर्ववत्।

शशकासन

विधि- वज्रासन में बैठकर दोनों हाथों को श्वास भरते हुए ऊपर उठायें, तब आगे झुकते हुए श्वास बाहर छोड़ते हुए एवं हाथों को आगे फैलाकर हथेलियाँ नीचे की ओर रखते हुए कोहनियों तक हाथों को भूमि पर टिका दे, माथा भी भूमि पर टिका हुआ हो। कुछ समय इस स्थिति में रहकर पुन: वज्रासन में आ जायें। इस क्रियाभ्यास को 'शशकासन' कहते हैं।

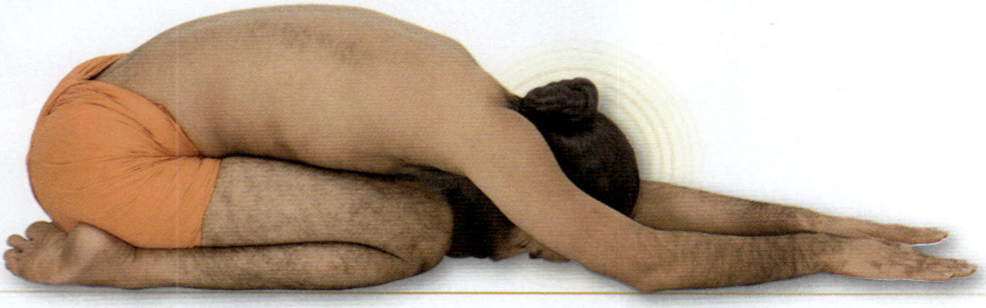

विशेष-

☞ नीचे झुकते हुए यह ध्यान दें कि नितम्ब एड़ियों से ही लगे रहें अर्थात् नितम्बों को न उठायें।

लाभ-

☞ शशकासन आँत, यकृत्, अग्न्याशय एवं गुर्दों को ऊर्जा प्रदान करता है, स्त्रियों के गर्भाशय को पुष्ट करके उदर, कमर एवं कूल्हों की चर्बी कम करता है।

☞ मानसिक तनाव, क्रोध, चिड़चिड़ापन, गुस्सा आदि को दूर करके मानसिक शान्ति प्रदान करता है। दमा व हृदयरोगियों के लिए विशेष लाभप्रद है।

वक्रासन

विधि- दण्डासन में बैठकर दायाँ और बायाँ पैर मोड़कर बायीं जंघा के पास घुटने से सटाकर रखें (अथवा घुटने के ऊपर से दूसरी ओर भी रख सकते हैं), बायाँ पैर सीधा रहेगा। बायें हाथ को दाँयें पैर एवं उदर के बीच से लाकर दाँयें पैर के पंजे के पास टिका दें, दाँयें हाथ को कमर के पीछे भूमि पर सीधा रखकर गर्दन को घुमाकर दाँयीं ओर कन्धे के ऊपर से मोड़कर पीछे देखें। इसी प्रकार दूसरी ओर से भी अभ्यास करना 'वक्रासन' कहलाता है, इसे ४ से ६ बार कर सकते हैं।

लाभ- कमर व कूल्हों की चर्बी को कम करता है। मधुमेह, यकृत्, तिल्ली के लिए विशेष लाभप्रद है। कमर-दर्द के लिए उपयोगी आसन है।

गोमुखासन

विधि- दण्डासन में बैठकर बायें पैर को मोड़कर एड़ी को दाँयें नितम्ब के पास रखें अथवा एड़ी पर बैठ भी सकते हैं। दाँयें पैर को मोड़कर बायें पैर के ऊपर इस प्रकार रखें कि दोनों घुटने एक दूसरे से स्पर्श करते हुए हों। अब जो पैर ऊपर है, उसी ओर के हाथ को ऊपर से एवं नीचे वाले पैर की ओर के हाथ को पीछे कमर की ओर से ले जाकर आपस में अंगुलियाँ फँसाकर खींचें, कोहनियाँ एवं गर्दन व सिर सीधे रहेंगे। एक ओर से करने के बाद पुनः दूसरी ओर से भी कर लें। इस सम्पूर्ण क्रिया को 'गोमुखासन' कहते हैं।

लाभ- हाइड्रोसिल (अण्डकोष वृद्धि) एवं यौन-रोगों में विशेष लाभप्रद है। स्त्री-रोगों, सन्धिवात एवं गठिया में उपयोगी है तथा लीवर, गुर्दे एवं छाती को पुष्ट करता है।

पश्चिमोत्तानासन

विधि-

☞ दण्डासन में बैठकर दोनों हाथों के अंगुष्ठों एवं तर्जनी की सहायता से पैरों के अंगूठों को पकड़े।

☞ श्वास बाहर निकालकर सामने झुकते हुए सिर को घुटनों के बीच लगाने का प्रयत्न करें। पेट को उड्डीयान बन्ध की स्थिति में रख सकते हैं। घुटने-पैर सीधे भूमि पर लगे हुए तथा कोहनियाँ भी भूमि पर टिकी हुई हों। इस स्थिति में शक्ति के अनुसार आधे से तीन मिनट तक रहें। फिर श्वास छोड़ते हुए वापस सामान्य स्थिति में आ जायें।

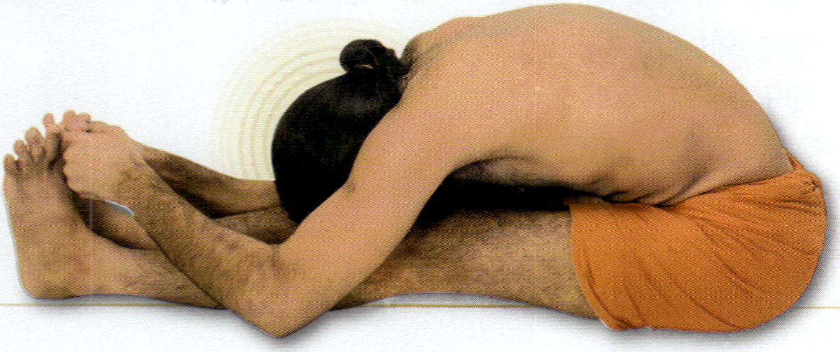

☞ इस आसन के बाद इसके प्रतियोगी आसन भुजङ्गासन एवं शलभासन करने चाहिए।

☞ पृष्ठभाग की सभी मांसपेशियाँ विस्तृत होती हैं। पेट की पेशियों में संकुचन होता है। इससे उनका स्वास्थ्य सुधरता है।

☞ 'हठयोगप्रदीपिका' के अनुसार यह आसन प्राणों को सुषुम्णा की ओर उन्मुख करता है, जिससे कुण्डलिनी-जागरण में सहायता मिलती है।

पीठ के बल लेटकर किये जाने वाले आसन

मर्कटासन-१

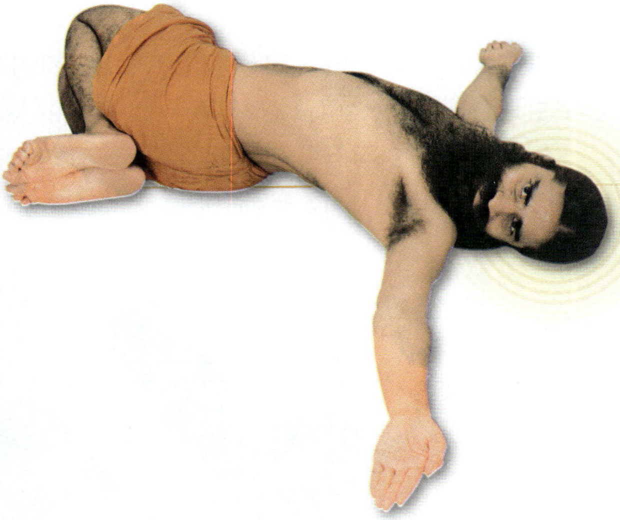

विधि- सीधे लेटकर दोनों हाथों को कन्धों के समानान्तर फैलायें, हथेलियाँ आकाश की ओर खुली रहें; फिर दोनों पैरों को घुटनों से मोड़कर नितम्ब के पास लायें। अब घुटनों को दाँयीं ओर झुकाते हुए दोनों घुटनों और एड़ियों को परस्पर मिलाकर भूमि पर टिकायें, गर्दन को बायीं ओर मोड़कर रखें; इस तरह से बायीं ओर मोड़कर रखें; इसी तरह से बायीं ओर से भी इस आसन को करें, यह 'मर्कटासन-१ ' कहलाता है।

मर्कटासन-२

विधि- पीठ के बल लेटकर दोनों पैरों को घुटनों से मोड़कर नितम्बों के पास रखें, पैरों में लगभग डेढ़ फुट का अन्तर रखें (दोनों हाथ कन्धों की सीध में फैले हुए हथेलियां ऊपर की ओर हों)। अब दाँयें घुटने

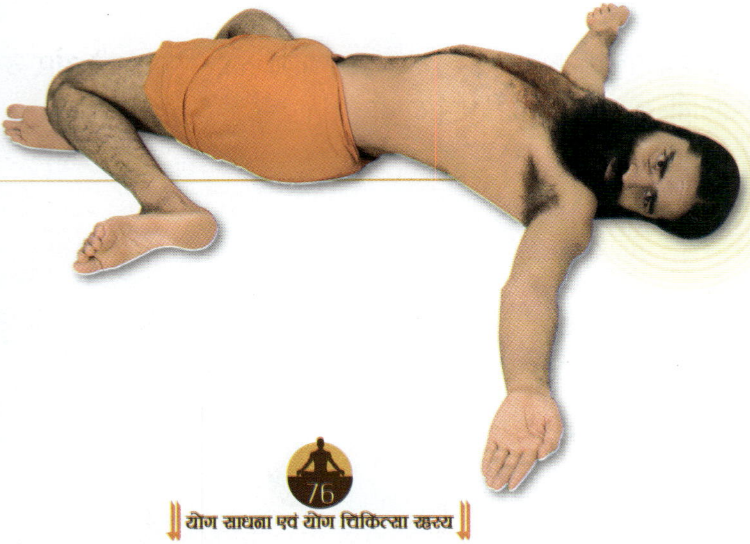

को दाँयीं ओर झुकाकर भूमि पर टिका दें, बायें घुटने को इतना झुकायें कि वह दाँयें पैर के पंजे से स्पर्श करे, गर्दन को बायीं ओर अर्थात् विपरीत दिशा में मोड़कर रखें। इसी प्रकार से दूसरे पैर से भी करें। इसे 'मर्कटासन-२' कहते हैं।

मर्कटासन-३

विधि- सीधे लेटकर दोनों हाथों को कन्धों के समानान्तर फैलायें, हथेलियाँ आकाश की ओर खुली हों, दाँयें पैर को ९० डिग्री (९००) उठाकर धीरे-धीरे बायें हाथ के पास ले जायें, गर्दन को दाँयीं ओर मोड़कर रखें, कुछ समय इसी स्थिति में रहने के बाद पैर को ९० डिग्री (९००) पर सीधे उठाकर धीरे-धीरे भूमि पर टिका दें। इसी तरह बायें पैर से इस क्रिया को करें।

अन्त में दोनों पैरों को एक साथ ९० डिग्री (९००) पर उठाकर बायीं ओर हाथ के पास रखें, गर्दन को विपरीत दिशा में मोड़ते हुए दाँयीं ओर देखें, कुछ समय पश्चात् पैरों को यथापूर्व सीधा करें। इसी तरह दोनों पैरों को उठाकर दाँयीं ओर हाथ के पास रखें। गर्दन को बायीं ओर मोड़ते हुए बायीं ओर देखें, यह एक आवृत्ति हुई। यह सम्पूर्ण क्रिया 'मर्कटासन-३' कहलाती है। इस प्रकार ३ से ४ आवृत्ति करें।

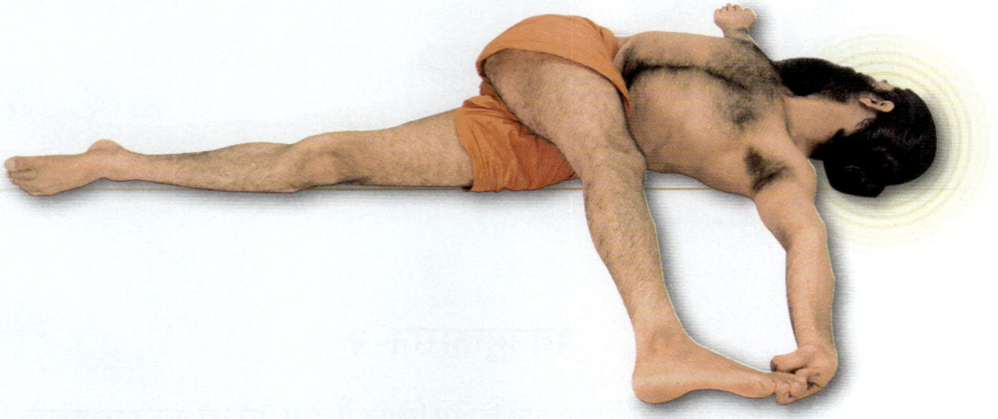

सावधानी-

१. जिनको कमर में अधिक दर्द हो, वे दोनों पैरों से एक साथ न करें। उनको एक-एक पैर से ही २-३ आवृत्ति करनी चाहिए।

लाभ-

- पेट-दर्द, दस्त, कब्ज एवं गैस को दूर करके पेट को हल्का बनाता है। नितम्ब तथा जोड़ों के दर्द में विशेष लाभदायक है।

- कमर-दर्द, सर्वाइकल स्पॉण्डलाइटिस, स्लिप डिस्क एवं साइटिका में विशेष लाभप्रद आसन है।

पवनमुक्तासन-१

विधि- सीधे लेटकर दाँयें पैर के घुटने को छाती के पास लायें, दोनों हाथों की अंगुलियां आपस में फंसाकर घुटनों पर रखें, श्वास बाहर निकालते हुए घुटने को दबाकर छाती से लगायें एवं सिर को उठाते हुए घुटने से नासिका का स्पर्श करें, कुछ देर करीब १० से ३० सैकेण्ड तक श्वास को स्वाभाविक स्थिति में रखकर अथवा बाहर रोककर, फिर पैर को सीधा कर दें। इसी प्रकार दूसरे पैर से भी इसी क्रिया को करना 'पवनमुक्तासन-१' कहलाता है।

पवनमुक्तासन-२

विधि- पूर्ववत् विधि को ही आगे बढ़ाते हुए अब द्वितीय स्थिति में दोनों पैरों को एक साथ परस्पर मिलाकर (पंजे तने हुए हों) समकोण अर्थात् ९० डिग्री (९००) तक उठायें; फिर घुटने मोड़कर घुटनों को छाती के पास रखें, तब दोनों हाथों से दोनों घुटनों को पकड़कर छाती को दबायें और सिर उठाकर नासिका को घुटनों से लगायें। श्वास को बाहर रोककर रखें अथवा स्वाभाविक रूप से श्वास लें। यह 'पवनमुक्तासन-२' कहलाता है। इस क्रियाविधि को एक अभ्यास के दौरान ३ से ५ बार कर सकते हैं।

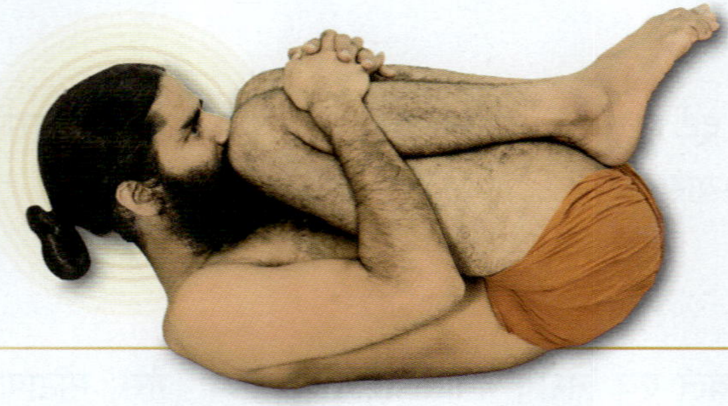

सावधानी-

☞ यदि कमर में अधिक दर्द हो तो सिर उठाकर घुटने से नासिका न लगायें, केवल पैरों को दबाकर छाती से स्पर्श करें; ऐसा करने से स्लिप डिस्क, सियाटिका एवं कमर-दर्द में पर्याप्त लाभ मिलता है।

लाभ-

☞ उदरगत वायुविकार के लिए यह बहुत ही उत्तम है। स्त्री-रोग अल्पार्त्तव, कष्टार्त्तव एवं गर्भाशय-सम्बन्धी रोगों के लिए बहुत लाभप्रद है।

☞ अम्लपित्त, हृदयरोग, गठिया एवं कटिपीड़ा में हितकारी है, उदर की बढ़ी हुई चर्बी को कम करता है।

अर्द्धहलासन

विधि- पीठ के बल लेटकर हथेलियाँ भूमि की ओर, पैर सीधे एवं पंजे मिले हुए व तने हुए हों। अब श्वास अन्दर भरकर पैरों को ९० डिग्री (समकोण) तक धीरे-धीरे ऊपर उठाकर कुछ समय तक इस स्थिति में स्थिर रहें, वापस आते समय धीरे-धीरे पैरों को नीचे भूमि पर टिकायें, झटके के साथ नहीं। कुछ विश्राम कर, फिर यही क्रिया करें, इसे 'अर्द्धहलासन' कहते हैं। इसे ३ से ६ बार करना चाहिए।

सावधानी-

- ☞ जिनको कमर में अधिक दर्द रहता हो, वे एक-एक पैर से क्रमशः इस आसन का अभ्यास करें; दोनों पैर से एक साथ अभ्यास न करें।

लाभ-

- ☞ यह आसन आँतों को सबल एवं निरोग बनाता है, तथा कब्ज, गैस, मोटापा आदि को दूर कर जठराग्नि को प्रदीप्त करता है।
- ☞ नाभि का डिगना, हृदयरोग, पेट दर्द एवं श्वासरोग में भी उपयोगी है। एक-एक पैर से क्रमशः रुकने पर कमर दर्द में विशेष लाभप्रद है।

पादवृत्तासन-१

विधि- सीधे लेटकर दाँयें पैर को उठाकर शून्याकृति बनाते हुए घड़ी की दिशा में ५ से १० आवृत्तियाँ करें। एक दिशा में घुमाने के बाद दूसरी दिशा में पैर को घड़ी की विपरीत दिशा (एंटी क्लॉकवाइज) में वृत्ताकार घुमायें, तब दूसरे पैर से भी ठीक इसी प्रकार अभ्यास करें। यह पूरी क्रिया 'पादवृत्तासन-१' कहलाती है।

पादवृत्तासन-२

विधि- एक-एक पैर से करने के पश्चात् दोनों पैरों से एक साथ इस अभ्यास को करें, पैरों को ऊपर-नीचे, दाँयें-बायें चारों ओर जितना ले जा सकते हैं, उतना ले जाते हुए घुमायें। दोनों पैरों से दोनों दिशाओं से अर्थात् वामावर्त्त (क्लॉकवाइज) तथा दक्षिणावर्त्त (एंटी क्लॉकवाइज) घुमाने की क्रिया 'पादवृत्तासन-२' कहलाती है।

लाभ- जंघा, नितम्ब एवं कमर के बढ़े हुए मेद को निश्चित रूप से दूर करता है, तथा उदर को हल्का व सुडौल बनाता है। शरीर के सन्तुलन के लिए यह बहुत उपयोगी है।

द्वि-चक्रिकासन-१

विधि- पीठ के बल लेटकर हाथों के पंजे नितम्बों के नीचे रख श्वास रोककर एक पैर को पूरा ऊपर उठाकर घुटने से मोड़कर एड़ी नितम्ब के पास होकर गोलाकार (साइकिल चलाने की तरह) घुमाते रहें। इसी प्रकार दूसरे पैर से इस क्रिया को करें। पैरों को बिना जमीन पर टिकाये घुमाते रहें, पैरों से वृत्ताकृति बनायें, इस सम्पूर्ण क्रियाभ्यास को 'द्वि-चक्रिकासन-१' कहते हैं। १० से लेकर यथाशक्ति २५-३० बार इसकी आवृत्ति करें। थक जाने पर शवासन में थोड़ी देर विश्राम करके इसी अभ्यास को विपरीत दिशा से दोहरायें।

द्वि-चक्रिकासन-२

विधि- इसी क्रिया के द्वितीय चरण में दोनों पैरों को घुटनों से मोड़ते हुए घुटनों को छाती पर सटा दें, अब श्वास लेने तथा छोड़ने की क्रिया के साथ दोनों पैरों को (साईकिल के पैडल घुमाने की भाँति) वामावर्त्त घुमाइये, यही क्रिया दक्षिणावर्त्त में भी दोहराना द्वि-चक्रिकासन-२ कहलाता है।

सावधानी- कमरदर्द, हृदयरोग, उच्चरक्तचाप और हर्निया से ग्रसित व्यक्ति इस दूसरी अवस्था का अभ्यास न करें।

लाभ-

☞ मोटापा घटाने के लिए यह सर्वोत्तम आसन है, नियमित रूप से ५ से १० मिनट तक इसका अभ्यास करने से निश्चित ही अनावश्यक भार कम हो जाता है।

☞ उदर को सुडौल बनाता है, आँतों को सक्रिय करता है। कब्ज, मन्दाग्नि, अम्लपित्त, धरन आदि की निवृत्ति करता है।

☞ सम्पूर्ण शरीर में रक्त-संचारण को तेज करके रक्तशुद्धि करता है।

उत्तानपादासन

विधि-

- पीठ के बल लेट जायें। हथेलियाँ भूमि की ओर पैर सीधे, पंजे मिले हुए हों।
- अब श्वास अन्दर भरकर पैरों को १ फुट तक (करीब ३० डिग्री तक) शनै:-शनै: ऊपर उठायें। कुछ समय तक इसी स्थिति में बने रहें।
- वापस आते समय धीरे-धीरे पैरों को नीचे भूमि पर टिकायें, झटके के साथ नहीं। कुछ विश्राम कर फिर यही क्रिया करें। इसे ३ से ६ बार करना चाहिए।
- जिनको कमर में अधिक दर्द रहता हो, वे एक-एक पैर से क्रमश: इसका अभ्यास करें।

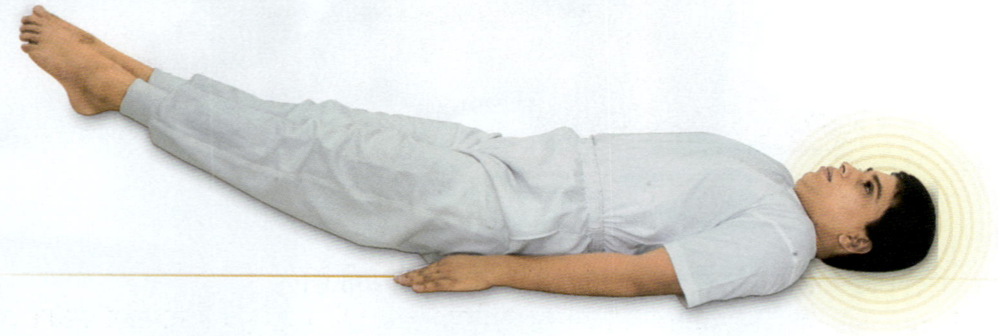

लाभ-

- यह आसन आँतों को सबल एवं नीरोग बनाता है तथा कब्ज, गैस, मोटापा आदि को दूर कर जठराग्नि को प्रदीप्त करता है।
- नाभि का डिगना, हृदयरोग, पेटदर्द एवं श्वासरोग में भी उपयोगी है।
- एक-एक पैर से क्रमश: करने पर कमर दर्द में विशेष लाभप्रद है।

कटि-उत्तानासन

विधि-

☞ शवासन में लेटकर दोनों पैरों को मोड़कर रखें। दोनों हाथ दोनों ओर पार्श्व में फैलाकर रखें।

☞ श्वास अन्दर भरते हुए पीठ को ऊपर की ओर खींचे। नितम्ब तथा कन्धे भूमि पर टिके हुए हों। फिर श्वास छोड़ते हुए पीठ को नीचे भूमिपर दबाकर पूरा सीधा कर दें। इस प्रकार यह अभ्यास ८ से १० बार तक करें।

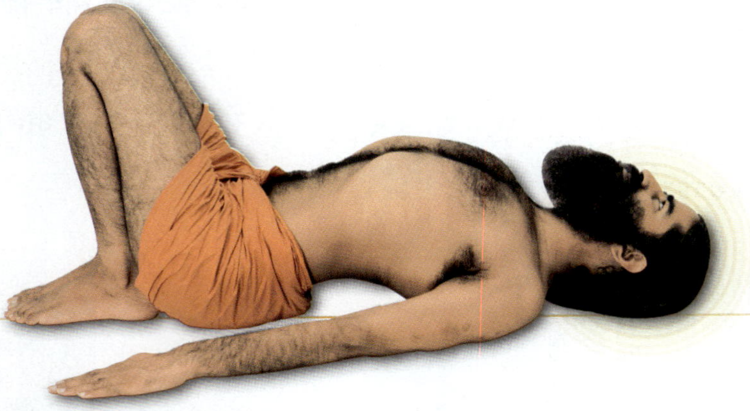

लाभ- स्लिप डिस्क, सियाटिका एवं कमर-दर्द में विशेष उपयोगी है।

कन्धरासन/सेतुबन्धासन

विधि-

☞ सीधे लेटकर दोनों घुटनों को मोड़कर पैरों को नितम्ब के समीप रखें।

☞ हाथों से पैर की एड़ी के ऊपरी हिस्से को पकड़े।

☞ श्वास अन्दर भरकर कमर एवं नितम्बों को उठायें। कन्धे, सिर एवं एड़ियाँ भूमि पर टिके रहें। इस स्थिति में १५ से २० सेकण्ड तक रुकें।

☞ वापस आते समय श्वास छोड़ते हुए धीरे-धीरे कमर को भूमि पर टिकायें। इस प्रकार ३ से ४ आवृत्ति करें।

लाभ-

- सूर्यकेन्द्र (नाभि) को केन्द्रित रखने के लिए सर्वोत्तम आसन है। पेट-दर्द, कमर-दर्द में उपयोगी है।
- गर्भाशय के लिए विशेष लाभप्रद आसन है। वन्ध्यात्व, मासिक विकृति, श्वेत प्रदर, रक्त प्रदर एवं पुरुषों के धातुरोगों को दूर करता है।

मत्स्यासन

विधि-

- पद्मासन की स्थिति में बैठकर हाथों से सहारा लेते हुए पीछे कोहनियाँ टिकाकर लेट जायें।
- हथेलियों को कन्धे से पीछे टेककर उनसे सहारा लेते हुए ग्रीवा को जितना पीछे मोड़ सकते हैं, मोड़े। पीठ और छाती ऊपर उठी हुई तथा घुटने भूमि पर टिके हुए हों।
- हाथों से पैर के अंगूठे पकड़कर कोहनियों को भूमि पर टिकायें। श्वास अन्दर भरकर रखें।

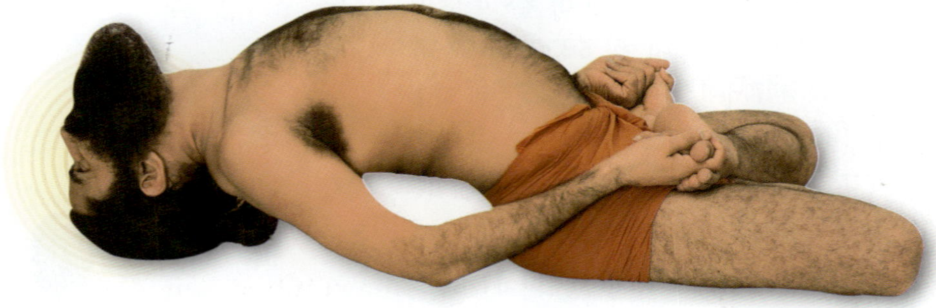

☞ आसन छोड़ते समय जिस स्थिति में शुरू किया था, उसी स्थिति में वापस आयें या कन्धे एवं सिर को भूमि पर टिकाते हुए पैरों को सीधा करके शवासन में लेट जायें।

☞ यह सर्वांगासन का प्रतियोगी आसन है। अत: इसे सर्वांगासन के बाद करना चाहिए।

लाभ-

☞ पेट के लिए उत्तम आसन है। आँतों को सक्रिय करके कब्ज की निवृत्ति करता है।

☞ थायरॉयड, पैराथायरॉयड एवं एड्रिनल ग्लैण्ड को स्वस्थ बनाता है।

☞ सर्वाइकल पेन या ग्रीवा की पीछे की हड्डी बढ़ी हुई होने पर लाभदायक है।

☞ नाभि टलना दूर होता है। फेफड़ों के रोगों- दमा-श्वास आदि की निवृत्ति करता है।

सर्वांगासन

विधि-

☞ पीठ के बल सीधा लेट जायें। पैर मिले हुए, हाथों को दोनों ओर बगल में सटाकर हथेलियाँ जमीन की ओर करके रखें।

☞ श्वास अन्दर भरकर पैरों को धीरे-धीरे ३० डिग्री, फिर ६० डिग्री और अन्त में ९० डिग्री तक उठायें। पैरों को उठाते समय हाथों से सहायता ले सकते हैं। ९० डिग्री पर यदि सीधा न हो तो १२० डिग्री पर पैरों ले जाकर एवं हाथों को उठाकर कमर के पीछे लगायें। कोहनियाँ भूमि पर टिकी हुई हों और पैरों को मिलाकर सीधा रखें। पंजे ऊपर की ओर तने हुए एवं आँखें बन्द हों अथवा पैर के अंगूठों पर दृष्टि रखें। दो मिनट से शुरू करके धीरे-धीरे यह आसन आधे घण्टे तक किया जा सकता है।

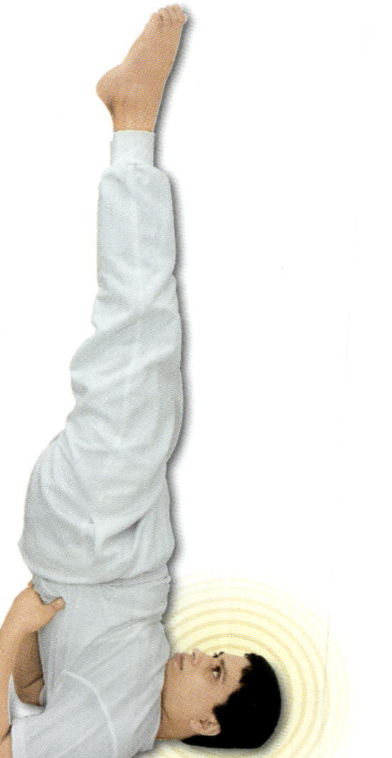

☞ वापस आते समय पैरों को सीधा रखते हुए पीछे की ओर थोड़ा झुकायें। दोनों हाथों को कमर से हटाकर भूमि पर सीधा कर दें। अब हथेलियों से भूमि को दबाते हुए जिस क्रम से उठे थे, उसी क्रम से धीरे-धीरे पहले पीठ और फिर पैरों को भूमि पर सीधा करें। जितने समय तक सर्वांगासन किया जाए, लगभग उतने ही समय तक शवासन में विश्राम करें। इस आसन का प्रतियोगी या पूरक आसन मत्स्यासन है। अत: शवासन में विश्राम से पूर्व मत्स्यासन करने से इस आसन से अधिक लाभ होता है।

लाभ-

☞ थायरॉयड को सक्रिय एवं स्वस्थ बनाता है। इसलिए मोटापा, दुर्बलता, कद-वृद्धि में कमी एवं थकान आदि विकार दूर होते हैं। एड्रिनल, शुक्रग्रन्थि एवं डिम्बग्रन्थियों को सबल बनाता है।

☞ अन्य सभी लाभ शीर्षासन के समान हैं, परन्तु इस आसन में यह विशेषता है कि जिनके लिए शीर्षासन निषिद्ध है, वे भी इसको कर सकते हैं। दमा की २-३ अवस्थाओं के लिए भी यह आसन उपयोगी पाया गया है; क्योंकि इस आसन में कन्धे स्थिर होते हैं। उदर के अंगों, आन्त्र इत्यादि का भार मध्यच्छदा पेशी पर पड़ने से तथा श्वास-प्रश्वास में भाग लेने से डायफ्राम की टोन में सुधार आता है।

☞ इस आसन से थायरॉयड एवं पिट्यूटरी ग्लैण्ड के मुख्य रूप से क्रियाशील होने से यह कद-वृद्धि में विशेष उपयोगी है।

हलासन

विधि-

☞ पीठ के बल लेट जायें, अब श्वास अन्दर भरते हुए धीरे-धीरे पैरों को उठायें। पहले ३० डिग्री, फिर ६० डिग्री, फिर ९० डिग्री तक उठाने के बाद पैरों को सिर के पीछे की ओर पीठ को भी ऊपर उठाते हुए श्वास बाहर निकालते हुए ले जाएं।

☞ पैरों को सिर के पीछे भूमि पर टिका दें। श्वास की गति सामान्य रहेगी। प्रारम्भ में हाथों को सुविधा की दृष्टि से कमर के पीछे लगा सकते हैं। पूर्ण स्थिति में हाथ भूमि पर ही रखें, इस स्थिति में ३० सेकण्ड रहें।

- ☞ वापस आते समय जिस क्रम से ऊपर आये थे, उसी क्रम से भूमि को हथेलियों से दबाते हुए पैरों को घुटनों से सीधा रखते हुए भूमि पर टिकाएं।

लाभ-

मेरुदण्ड को स्वस्थ एवं लचीला बनाकर पृष्ठभाग की मांसपेशियों को भी विस्तृत एवं नीरोग बनाता है।

- ☞ थायरॉयड ग्रन्थि को चुस्त करके मोटापा, बौनापन एवं दुर्बलता आदि को दूर करता है।
- ☞ अजीर्ण, मन्दाग्नि, गैस, कब्ज, तिल्ली एवं यकृत्-वृद्धि तथा हृदय रोग में लाभकारी है।
- ☞ अग्न्याशय को सक्रिय कर डायबिटीज को दूर करता है।
- ☞ कष्टार्तव आदि स्त्रीरोगों में भी यह आसन उपयोगी है।

सावधानियाँ-

- ☞ अधिक बढ़ी हुई तिल्ली एवं यकृत् में यह आसन वर्जित है।
- ☞ उच्च रक्तचाप एवं सर्वाइकल स्पॉण्डलाइटिस आदि मेरुदण्ड के रोग वाले भी इसे नहीं करें।
- ☞ स्लिप डिस्क तथा मेरुदण्ड में टी.बी. आदि विकार होने पर भी यह आसन न करें।

चक्रासन

विधि-

- ☞ पीठ के बल लेटकर घुटनों को मोड़े। एड़ियाँ नितम्बों के समीप लगी हुई हों।
- ☞ दोनों हाथों को उल्टा करके कन्धों के पीछे थोड़े अन्तर पर रखें, इससे सन्तुलन बना रहता है।
- ☞ श्वास अन्दर भरकर कटिप्रदेश एवं छाती को ऊपर उठायें।
- ☞ धीरे-धीरे हाथ एवं पैरों को समीप लाने का प्रयत्न करें, जिससे शरीर की चक्र जैसी आकृति बन जाये।
- ☞ आसन से वापस आते समय शरीर को ढीला करते हुए कमर भूमि पर टिका दें। इस प्रकार ३ से ४ आवृत्ति करें।

लाभ-

- ☞ रीढ़ की हड्डी को लचीला बनाकर वृद्धावस्था नहीं आने देता। जठर एवं आँतों को सक्रिय करता है।
- ☞ शरीर में स्फूर्ति, शक्ति एवं तेज की वृद्धि करता है।
- ☞ कटिपीड़ा, श्वासरोग,सिर-दर्द, नेत्रविकारों एवं सर्वाइकल स्पॉण्डलाइटिस में यह विशेष हितकारी है।
- ☞ हाथ-पैरों की मांसपेशियों को सबल बनाता है।
- ☞ महिलाओं के गर्भाशय के विकारों को दूर करता है।

पादांगुष्ठनासा-स्पर्शासन

विधि-

☞ सीधे लेटकर दाँयें पैर को मोड़ें तथा दोनों हाथों से पैर के पंजे को पकड़कर श्वास को बाहर निकालते हुए पैर को खींचे तथा सिर उठाकर पैर के अंगुष्ठ से नासिका का स्पर्श करें।

☞ इसी प्रकार बायें पैर से इस आसन का अभ्यास करें और अन्त में दोनों पैरों से एक साथ यह आसन करें।

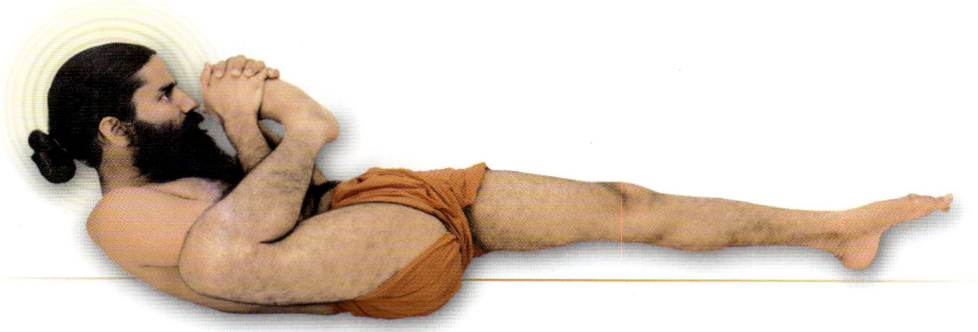

लाभ-

☞ नाभि को ठीक करने के लिए यह अभ्यास महत्त्वपूर्ण है। नाभि के ठीक होने से गैस, पेट-दर्द, कब्ज, अतिसार, दुर्बलता एवं आलस्य आदि विकार स्वतः ही दूर हो जाते हैं।

☞ आमाशय, अग्न्याशय एवं आँतों के लिए हितकारी है।

उदर के बल लेटकर किए जाने वाले आसन

मकरासन

विधि- उदर के बल लेटकर हाथों की कोहनियों को मिलाकर स्टैण्ड बनाते हुए हथेलियों को ठोड़ी के नीचे लगाकर, छाती को ऊपर उठायें। घुटनों से लेकर पंजों तक पैरों को सीधा तानकर रखें, अब श्वास भरते हुए पैरों को क्रमशः पहले एक-एक तथा बाद में दोनों पैरों को एक साथ मोड़ें, मोड़ते समय पैरों की एड़ियाँ नितम्बों का स्पर्श करें, श्वास बाहर छोड़ते हुए पैरों को सीधा करना 'मकरासन' कहलाता है। इस प्रकार १०-१२ आवृत्ति करें।

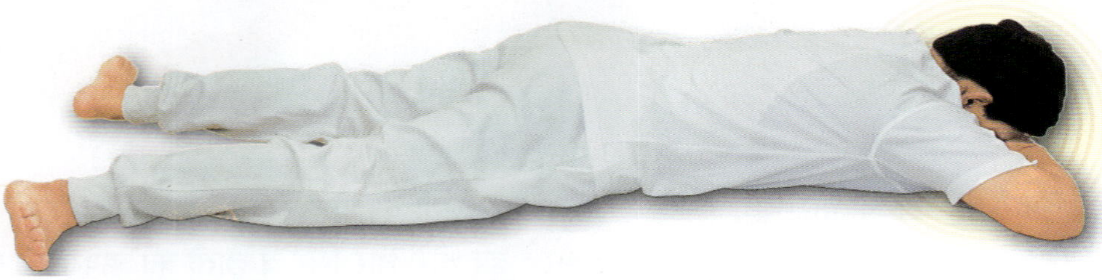

लाभ-

☞ स्लिप डिस्क (रीढ़ की गोटियों का इधर-उधर खिसक जाना), सर्वाइकल स्पॉण्डलाइटिस (गर्दन व उसके पीछे वाले हिस्से में दर्द का होना) एवं सियाटिका (कुल्हों का दर्द) के लिए बहुत लाभकारी अभ्यास है।

☞ अस्थमा (दमा और फेफड़े-सम्बन्धी किसी भी विकार) तथा घुटनों के दर्द के लिए विशेष कारगर है तथा पैरों को सुडौल बनाता है।

भुजङ्गासन १

विधि- उदर के बल लेटकर हाथों की हथेलियाँ भूमि पर रखते हुए हाथों को छाती के दोनों ओर रखकर कोहनियाँ ऊपर उठी हुई तथा भुजाएं छाती से सटी हुई होनी चाहिए। पैरों को सीधा रखकर पंजों को एक साथ मिलाकर पीछे की ओर खींचकर रखें। श्वास अन्दर भरकर छाती एवं सिर को धीरे-धीरे ऊपर उठायें। नाभि के नीचे वाला भाग भूमि पर टिका रहे, सिर व गर्दन को अधिकाधिक पीछे की ओर मोड़ें; इस स्थिति में लगभग ३० सैकेण्ड तक रुकें, तत्पश्चात् धीरे-धीरे प्रारम्भिक अवस्था में आ जायें। इस पूरी प्रक्रिया को 'भुजङ्गासन (प्रथम)' कहते हैं। इस क्रिया को ३ से ५ बार दोहरायें।

भुजङ्गासन २

विधि- उदर के बल लेटकर बायें हाथ की हथेली को छाती के नीचे रखकर उसके ऊपर दाँयें हाथ की हथेली रखें, माथा जमीन से लगा रहे, तब श्वास भरते हुए धीरे-धीरे सिर व छाती को ऊपर उठायें, पीछे से एड़ी-पंजे मिलाकर तानें। कोहनियों को सीधा रखते हुए हाथों को सीधा करें, इससे श्रोणि प्रदेश तक का भाग पृथ्वी से ऊपर उठ जाएगा। कुछ देर इस अवस्था में रुकें, तब धीरे-धीरे पूर्व स्थिति में आयें। यह पूरी प्रक्रिया 'भुजङ्गासन (द्वितीय)' कहलाती है। इस पूरी क्रिया को ३ से ५ बार दोहरायें।

सावधानी- कमर दर्द से पीड़ित व्यक्ति दूसरी विधि को न करें। प्रारम्भ में प्रथम विधि को ही करें, धीरे-धीरे रीढ़ में लचीलापन आने पर दूसरी विधि को भी कर सकते हैं।

लाभ- कमर-दर्द व मोटापे से ग्रसित व्यक्तियों के लिए यह रामबाण आसन है। मेरुदण्ड से सम्बद्ध समस्त प्रकार की विकृतियों और रोगों के लिए यह उत्तम आसन है। कलाई व कन्धे सबल बनते हैं।

भुजङ्गासन ३

विधि- उदर के बल लेटकर दोनों हाथों को बगल में रखकर (भुजङ्गासन-१ की भांति), अब आगे से सिर व छाती को ऊपर उठायें। फिर दोनों हाथों को भूमि से ऊपर उठा लें, पीछे से घुटने, एड़ी व पंजे मिले हुए तथा तने हुए रहें, इसी अवस्था में कुछ देर यथाशक्ति रुककर पुनः वापस आएँ; इस क्रियाविधि को 'भुजङ्गासन-३' कहते हैं। इस क्रिया को ३ से ५ बार दोहरायें।

तिर्यक् भुजङ्गासन

विधि-

☞ पेट के बल लेटकर दोनों हाथों को छाती के दोनों ओर कन्धों के समीप रखें। कोहनियाँ पार्श्वभागों से लगी हुई तथा ऊपर उठी हुई होंगी।

☞ पैरों में लगभग एक फुट का फासला रखते हुए पंजों को पीछे की ओर तानकर रखें।

☞ श्वास अन्दर भरते हुए छाती को उठायें। नाभि तक अगला हिस्सा उठने पर दाँयें ओर के कन्धे के ऊपर से बायें पैर की एड़ी को देखें। श्वास छोड़ते हुए नीचे आ जायें। इसी प्रकार बायीं ओर से करें।

शलभासन-१

विधि- उदर के बल लेटकर दोनों हाथों को जंघाओं के नीचे रखें, ठुड्डी जमीन पर लगी रहेगी। श्वास अन्दर भरकर दाँयें पैर को बिना घुटना मोड़े ऊपर उठाकर १० से ३० सैकेण्ड तक इस स्थिति में रहें। सामान्य स्थिति में आकर पुन: बायें पैर से अभ्यास करें। इस प्रकार ५ से ७ आवृत्ति करें।

अब दोनों पैरों को एक साथ मिलाकर बिना घुटने मोड़े हथेलियों का रुख अपनी सुविधानुसार ऊपर या नीचे की ओर रखें, (सभी अंगुलियाँ मिली रहेंगी) अब ऊपर की ओर उठें, इसमें नाभि से नीचे तक का भाग ऊपर उठ जाएगा। यह क्रियाभ्यास 'शलभासन-१' कहलाता है।

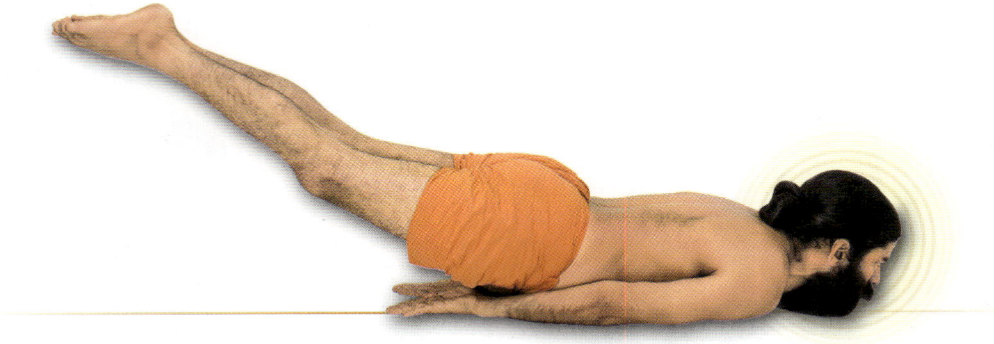

लाभ- मेरुदण्ड के नीचे वाले भाग में होने वाले सभी रोगों को दूर करता है। कमर-दर्द एवं सियाटिका दर्द में विशेष लाभप्रद है। फेफड़े मजबूत बनते हैं, कब्ज टूटती है। यौन-रोगों में लाभकारी है।

शलभासन-२

विधि- उदर के बल लेटकर दाँयें हाथ को कान तथा सिर से स्पर्श करते हुए सीधा रखें तथा बायें हाथ को पीछे कमर के ऊपर रखकर श्वास अन्दर भरते हुए आगे से सिर एवं दाँयें हाथ को तथा पीछे से बायें पैर को भूमि से ऊपर उठाकर, थोड़ी देर इस अवस्था में रुककर शनैः-शनैः वापस आयें, इसी प्रकार बायीं ओर से इस आसन को करें। यह आसन 'शलभासन-२' कहलाता है।

शलभासन-३

विधि- उदर के बल लेटकर दोनों हाथों को पीठ के पीछे ले जाकर सीधा रखते हुए, एक दूसरे हाथ की कलाइयों को पकड़ें, श्वास भरकर सिर व छाती को अधिकाधिक ऊपर उठायें (पीछे से हाथों को खींचकर रखें), दृष्टि आकाश की ओर जमी रहेगी। इस प्रक्रिया को 'शलभासन-३' कहते हैं।

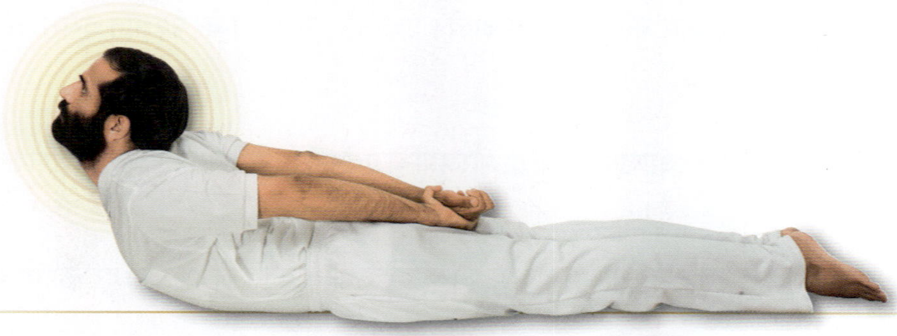

लाभ- पूर्ववत्।

खड़े होकर किये जाने वाले आसन

ताड़ासन

विधि- पूर्ववत् खड़े होकर दोनों हाथों को पार्श्वभाग से दीर्घ श्वास भरते हुए ऊपर उठायें। जैसे-जैसे हाथ ऊपर उठें, वैसे-वैसे ही पैर की एड़ियाँ भी उठी रहनी चाहिए। शरीर का भार पंजों पर रहेगा एवं शरीर ऊपर की ओर पूरी तरह से तना होगा।

लाभ-

☞ दीर्घ श्वसन से फुफ्फुस सुदृढ़ एवं विस्तृत होते हैं।

☞ यह आसन कद की वृद्धि के लिए सर्वोत्तम है। इससे समस्त शरीर के स्नायु सक्रिय एवं विकसित होते हैं।

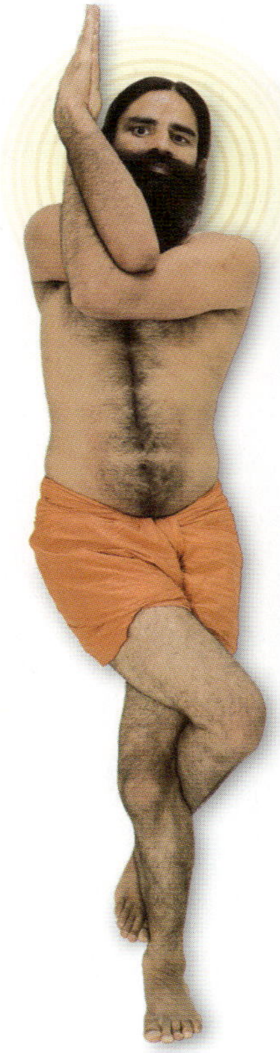

गरुड़ासन

विधि- सीधे खड़े होकर दाँयें पैर को सामने से लेते हुए बायें पैर से लपेटें। दोनों हाथों को भी इसी तरह लपेटते हुए नमस्कार की मुद्रा में ले आयें। एक ओर से करने के पश्चात् दूसरी ओर से करें।

लाभ-

☞ अण्डकोष-वृद्धि, पौरुषग्रन्थि एवं गुर्दे के रोगों में यह आसन विशेष लाभदायक है।

☞ हाथ-पैर में दर्द या अन्य कोई भी विकृति हो तो उसे दूर करता है।

☞ मूत्र-विकारों को दूर करता है।

हस्तपादांगुष्ठासन

विधि-

☞ सीधे खड़े होकर बायें पैर को उठाकर दाँयें पैर की जंघा पर रखें एवं दाँयें हाथ से पैर का अंगूठा पकड़ें।

☞ बायें हाथ को कटि पर रखें। हाथ का अंगूठा पीठ की ओर तथा अंगुलियाँ पेट की ओर हों।

☞ दाँयें पैर पर शरीर का भार सँभालते हुए बायें पैर के अंगूठे को दाँयें हाथ से पकड़े हुए सामने सीधा कर दें। पैर पकड़ने वाला हाथ भी सीधा हो जायेगा। एक पैर से करने के पश्चात् दूसरे पैर से करें।

लाभ- हाथ एवं पैर की बीमारियों को दूर करता है। जिनको कम्पवात रहता है, उनके लिए उत्तम अभ्यास है।

कोणासन

विधि-

☞ पैरों को लगभग डेढ़-दो फुट के अन्तर पर रखते हुए सीधे खड़े हो जायें।

☞ श्वास अन्दर भरते हुए दाँयें हाथ से बायें पैर के पंजे का स्पर्श करें तथा बायें हाथ को ऊपर उठाकर दाँयीं ओर यथाशक्ति झुकाएं। एड़ी-पंजे भूमि पर टिके हुए हों। शरीर को केवल पार्श्वभाग से मोड़ना है, आगे एवं पीछे की ओर होते हुए नहीं झुकना चाहिए। इस स्थिति में ४ से ६ सैकेण्ड तक रहें। इसे ४ से ६ बार करें।

☞ इसी प्रकार हाथ बदलकर बायें हाथ से दाँयें पैर के पंजे का स्पर्श करें।

लाभ- कमर, पसलियों के दर्द तथा फेफड़ों की कमजोरी आदि में विशेष लाभदायक है। महिलाओं के लिए भी उपयोगी अभ्यास है। कमर की चर्बी को कम करके कमर को सुडौल बनाता है।

त्रिकोणासन

विधि-

☞ दोनों पैरों के बीच में लगभग डेढ़ फुट का अन्तर रखते हुए सीधे खड़े हो जाएं। दोनों हाथ कन्धों के समानान्तर पार्श्वभाग में खुले हुए हों।

☞ श्वास अन्दर भरते हुए बायें हाथ को सामने से लेते हुए बायें पंजे के पास भूमि पर टिका दें अथवा हाथ को एड़ी के पास लगायें तथा दाँयें हाथ को ऊपर की तरफ उठाकर गर्दन को दाँयीं ओर घुमाते हुए दाँयें हाथ को देखें। फिर श्वास छोड़ते हुए पूर्व स्थिति में आकर इसी अभ्यास को दूसरी ओर से भी करें।

लाभ-

☞ कटिप्रदेश लचीला बनता है। पार्श्वभाग की चर्बी को कम करता है। पृष्ठांश की मांसपेशियों पर बल पड़ने से उनकी संरचना सुधरती है। छाती का विकास होता है।

पादहस्तासन

विधि- सीधे खड़े होकर श्वास अन्दर भरते हुए हाथों को ऊपर उठाते हुए सामने झुक जायें। सिर घुटनों में लगा दें। हाथ पीछे पिण्डलियों के पास रहेंगे।

लाभ- कमर एवं पेट को स्वस्थ बनाता है। कद-वृद्धि के लिए अति लाभप्रद है।

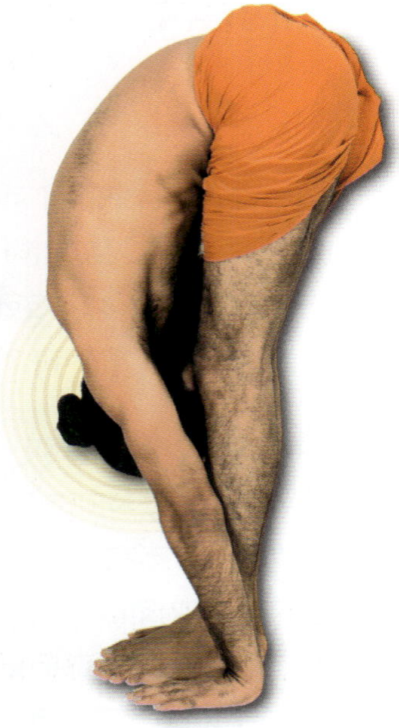

ध्रुवासन

विधि-

- सीधे खड़े होकर दाँयें पैर को उठाकर बायीं जंघा पर इस प्रकार रखें कि पैर का पंजा नीचे की ओर तथा एड़ी जंघा के मूल में लगी हुई हो।
- दोनों हाथों को नमस्कार की स्थिति में सामने रखें। इस स्थिति में यथाशक्ति बने रहने के पश्चात् इसी प्रकार दूसरे पैर से अभ्यास करें।

लाभ- मन की चंचलता को दूर करता है। स्नायु-मण्डल का विकास कर स्थिरता प्रदान करता है।

तिर्यक् ताड़ासन

विधि-

☞ पूर्ववत् हाथों को ऊपर ले जाकर अंगुलियों को परस्पर फँसाकर ऊपर सीधा करके स्थिर करें। हथेलियाँ ऊपर की ओर खुली हुई होंगी, पैरों के बीच लगभग एक फुट का अन्तर होगा।

☞ श्वास अन्दर भरते हुए दाँयीं ओर बिना आगे-पीछे झुके, जितना झुक सकते हों, बाँहों को झुकायें। कोहनियों से बाँहें नहीं मुड़नी चाहिए। श्वास बाहर छोड़ते हुए सिर के ऊपर हाथों को ले आयें। इसी प्रकार बायीं ओर से करें। इस प्रकार एक-एक ओर से ५-५ बार करें।

शीर्षासन

विधि-

☞ धोती या किसी लम्बे वस्त्र की गोलाकार गद्दी बनायें। दोनों हाथों की अंगुलियों को आपस में डालकर कोहनी तक हाथ को जमीन पर टिकायें। गद्दी को हाथों के बीच रखें।

☞ सिर का अग्रभाग गद्दी पर एवं घुटने जमीन पर टिके हुए हों। अब शरीर का भार ग्रीवा एवं कोहनियों पर सन्तुलित करते हुए पैरों को भूमि के समानान्तर सीधा करें।

☞ अब एक घुटने को मोड़ते हुए ऊपर उठायें, उसके पश्चात् दूसरे घुटने को भी ऊपर उठाकर मोड़कर रखें।

☞ अब मुड़े हुए घुटनों को क्रमशः एक-एक करके ऊपर उठाने की चेष्टा करें। प्रारम्भ में शीघ्रता नहीं करनी चाहिए। धीरे-धीरे पैर सीधे होने लगेंगे। जब पैर सीधे हो जायें, तब आपस में मिलाकर प्रारम्भ में थोड़ा आगे की ओर झुकाकर रखें, नहीं तो पीछे की ओर गिरने का भय रहता है।

- आँखे बन्द रहें, श्वास-प्रश्वास की गति सामान्य रहे।
- जिस क्रम से पैर ऊपर उठे थे, उसी क्रम से उन्हें वापस पूर्व स्थिति में लाना चाहिए। अपनी प्रकृति के अनुकूल शीर्षासन के बाद शवासन करें या खड़े हो जायें, जिससे रक्त का प्रवाह जो मस्तिष्क की ओर हो रहा था, वह सामान्य हो जाये।

समय- यह आसन १५ सेकण्ड से आरम्भ करके आधे घण्टे तक कर सकते हैं। अधिक अभ्यास किसी के सान्निध्य में करें। सामान्य अवस्था में ५ से १० मिनट तक करना पर्याप्त है।

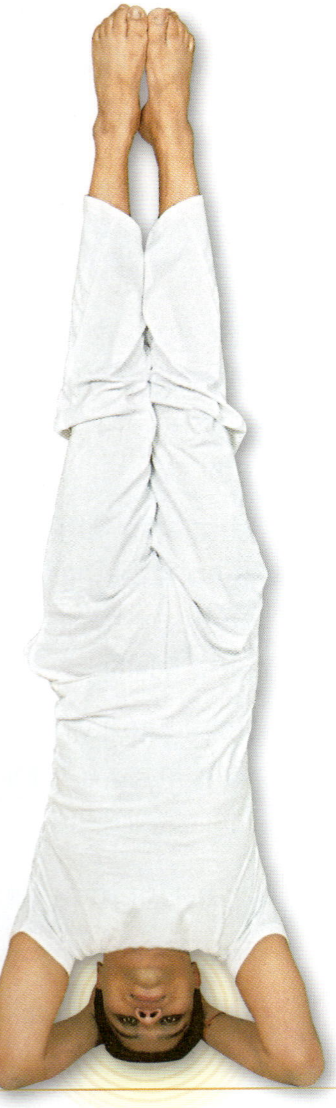

लाभ-

- यह आसन सब आसनों का राजा है। इससे शुद्ध रक्त मस्तिष्क को मिलता है, जिससे आँख, कान नाक आदि को आरोग्य मिलता है। पिट्यूटरी एवं पीनियल ग्लैण्ड को स्वस्थ करके मस्तिष्क को सक्रिय करता है। स्मृति, मेधा एवं धारणा-शक्ति का विकास करता है।
- पाचनतन्त्र, आमाशय, आन्त्र एवं यकृत् को सक्रिय कर जठराग्नि को प्रदीप्त करता है। आन्त्रवृद्धि आन्त्रशोथ, हिस्टीरिया एवं अण्डकोष-वृद्धि, हर्निया, कब्ज, वेरिकोज वेन्स आदि रोगों को दूर करता है।
- थायरॉयड ग्लैण्ड को सक्रिय कर दुर्बलता और मोटापा दोनों को दूर करता है; क्योंकि थायरॉयड की क्रिया के अनियमित होने से ये दोनों व्याधियाँ होती हैं।
- थायरॉयड ग्लैण्ड को सक्रिय करके ब्रह्मचर्य को स्थिर करता है। स्वप्नदोष, प्रमेह, नपुंसकता, बन्ध्यापन तथा धातुरोगों को नष्ट करता है। मुखमण्डल पर ओज एवं तेज की वृद्धि करता है।
- असमय बालों का झड़ना एवं सफेद होना- इन दोनों ही व्याधियों को दूर करता है।

सावधानियाँ-

- जिनके कान बह रहे हों या कानों में पीड़ा हो, उन्हें यह आसन नहीं करना चाहिए।
- निकट दृष्टि का चश्मा हो या आँखों पर अधिक लालिमा हो, तब नहीं करें।
- हृदय एवं उच्च रक्तचाप तथा कमर-दर्द के रोगी इस आसन को नहीं करें।
- भारी व्यायाम करने के तुरन्त बाद शीर्षासन न करें। इस आसन को करते समय शरीर का तापमान सम होता चाहिए।
- जुकाम, नजला आदि होने पर भी इस आसन को नहीं करें।

सिंहासन

विधि-

- यदि सम्भव हो तो सूर्याभिमुख हो वज्रासन में बैठकर घुटनों को थोड़ा खोलकर रखें। हाथों की अंगुलियाँ पीछे की ओर करके पैरों के बीच सीधा रखें।
- श्वास अन्दर भरकर जिह्वा को बाहर निकालें। भ्रूमध्य में देखते हुए श्वास को बाहर निकालते हुए सिंहवत् गर्जना करें। इस प्रकार ३-४ बार करना चाहिए।
- सिंहासन करने के पश्चात् गले से लार छोड़ते हुए हल्के हाथ से गले की मालिश करें, इससे गले में खराश नहीं होती।

लाभ-

- टॉन्सिल, थायरॉयड एवं अन्य गला सम्बन्धी रोगों में उपयोगी है।
- कानों के रोग एवं अस्पष्ट उच्चारण में लाभकारी है।
- जो बच्चे तुतलाकर बोलते हैं, उनके लिए विशेष रूप से हितकर है।

विश्राम हेतु आसन

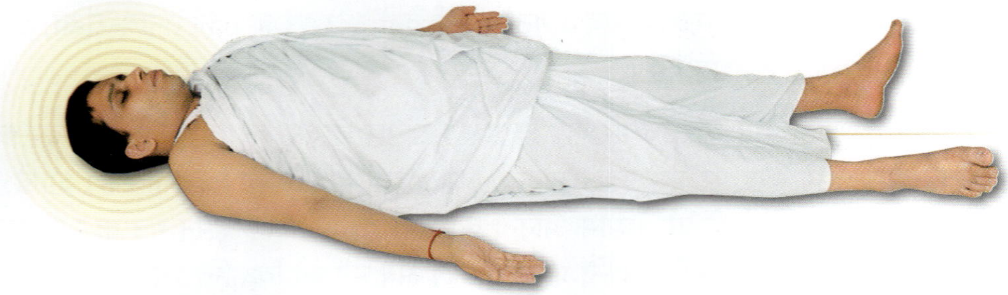

शवासन (योगनिद्रा)

पीठ के बल सीधे भूमि पर लेट जायें। दोनों पैरों में लगभग एक फुट का अन्तर हो तथा दोनों हाथों को भी जंघाओं से थोड़ी दूरी पर रखते हुए हाथों को ऊपर की ओर खोलकर रखें। आँखें बन्द, गर्दन सीधी पूरा शरीर तनाव-रहित अवस्था में हो। धीरे-धीरे चार-पाँच श्वास लम्बे भरें और छोड़ें। अब मन द्वारा शरीर के प्रत्येक भाग को देखते हुए संकल्प द्वारा एक-एक अवयव को शिथिल तथा तनाव-रहित अवस्था में अनुभव करना है। जीवन के समस्त कार्यों और महान् उद्देश्यों की सफलता के पीछे संकल्प की ही शक्ति मुख्य हुआ करती है। अब हमें इस समय शरीर को पूर्ण विश्राम देना है। इसके लिए भी हमें शरीर के विश्राम अथवा शिथिलीकरण का संकल्प करना होगा।

सर्वप्रथम बन्द आँखों से ही मन की संकल्प-शक्ति द्वारा पैरों के अंगूठों एवं अंगुलियों को देखते हुए उनको भी नितान्त ढीला और तनाव-रहित अनुभव करें। पंजों के बाद पैर की एड़ियों को देखते हुए उनको भी शिथिल अवस्था में अनुभव करें। अब पिण्डलियों को देखें और यह विचार करें कि मेरी पिण्डलियाँ पूर्ण स्वस्थ, तनाव-रहित एवं पूर्ण विश्राम की अवस्था में हैं और फिर अनुभव करें कि शिथिलीकरण के विचार मात्र से शरीर को पूर्ण विश्रान्ति मिल रही है। जैसे अति दु:ख के चिन्तन से रुदन, अति सुख के चिन्तन से हर्ष एवं वीरता के विचार मात्र से उत्साह का संचार होने लगता है, वैसे ही शरीर के शिथिलीकरण के विचार-मात्र से एक पूर्ण विश्रान्ति का अनुभव होता है। पिण्डलियों के बाद अब घुटनों को देखते हुए उनको स्वस्थ, तनाव-रहित एवं पूर्ण विश्राम की अवस्था में अनुभव करें। मन ही मन जंघाओं को देखें और उनको भी पूर्ण विश्राम की दशा में अनुभव करें। जंघाओं के बाद शनैः-शनैः शरीर के ऊपरी भाग कमर, पेडू, पेट एवं पीठ को सहजतापूर्वक देखते हुए पूर्ण स्वस्थ और तनाव-रहित अवस्था में अनुभव करें। अब शान्त

भाव से मन को हृदय पर केन्द्रित करते हुए हृदय की धड़कन को सुनने का प्रयत्न करें। हृदय के दिव्यनाद का श्रवण करते हुए विचार करें कि मेरा हृदय पूर्ण स्वस्थ, तनाव-रहित एवं पूर्ण विश्राम की अवस्था में है, कोई रोग या विकार मेरे हृदय में नहीं है। अब हृदय एवं फेफड़ों को शिथिल करते हुए अपने कन्धों को देखें और उनको तनाव-रहित, नितान्त शिथिल अवस्था में अनुभव करें। फिर क्रमश: भुजाओं कोहनियों, कलाइयों-सहित दोनों हाथों की अंगुलियों एवं अंगूठों को भी देखें और पूरे हाथ को तनाव-रहित, ढीला एवं पूर्ण विश्राम की अवस्था में अनुभव करें।

अब अपने चेहरे को देखें और विचार करें कि मेरे मुख पर चिन्ता, तनाव एवं निराशा का कोई भी अशुभ भाव नहीं है। मेरे मुख पर प्रसन्नता, आनन्द, आशा एवं शान्ति का दिव्यभाव है। आँखें, नाक, कान, मुख आदि सहित पूरे चेहरे पर असीम आनन्द का भाव है। अब तक हमने मन के शुभभाव और दिव्य संकल्प के द्वारा शरीर को पूर्ण विश्रान्ति प्रदान की है। अब मन को विश्रान्ति प्रदान करनी है, मन को भी शिथिल करना है। हमें मन में उठते हुए संकल्पों के भी पार जाना है। इसके लिए हमें आत्मा का आश्रय लेना होगा। विचार करें- मैं नित्य शुद्ध-बुद्ध, निर्मल, पावन, शान्तिमय, आनन्दमय, ज्योतिर्मय अमृतपुत्र आत्मा हूँ। मैं सदा ही पूर्ण एवं शाश्वत हूँ। मुझमें किसी चीज का अभाव नहीं है, अपितु मैं सदा ही भाव एवं श्रद्धा से परिपूर्ण हूँ। मैं सच्चिदानन्द भगवान् का अंश हूँ। मैं भगवान् का अमृतपुत्र हूँ। मैं प्रकृति, शरीर, इन्द्रियों एवं मन के बन्धन से रहित हूँ। मेरा वास्तविक आश्रय तो मेरा प्रभु है। बाहर की समृद्धि के घटने एवं बढ़ने से मैं दरिद्र, दीन, अनाथ, सनाथ अथवा राजा नहीं हो जाता। मैं तो सदा एकरस हूँ। जो परिवर्तन हो रहे हैं, वे जगत् के धर्म हैं, मुझ आत्मा के धर्म नहीं। इस प्रकार आत्मा की दिव्यता का चिन्तन करते हुए अपने नकारात्मक विचारों को हटायें; क्योंकि नकारात्मक विचार से ही व्यक्ति दु:खी, अशान्त एवं परेशान होता है। नकारात्मक चिन्तन से व्यक्ति को मानसिक अवसाद (डिप्रेशन) होता है और व्यक्ति सदा ही मानो दु:ख के सागर में डूबा-सा रहता है। सकारात्मक चिन्तन से व्यक्ति प्रतिकूल अवस्थाओं में भी सम, प्रसन्न और आनन्दित रह सकता है। इसलिए व्यक्ति को केवल शवासन या योगनिद्रा के समय ही नहीं, दिन में भी सदा ही सकारात्मक चिन्तन करना चाहिए। इस प्रकार हमने आत्मा की दिव्यता का सकारात्मक विचार करते हुए मन को विश्रान्ति दी और अब परमात्मा के दिव्य स्वरूप का ध्यान करते हुए आत्मा को भी पूर्ण विश्राम प्रदान करेंगे।

विचार करें कि आपका आत्मा शरीर से बाहर निकल आया है और शरीर के ऊपर आकाश में स्थिर होकर आप आत्मभाव से शरीर को ऐसा ही अनुभव कर रहे हैं, जैसा कि कोई शव भूमि पर लेटा हुआ हो। इसलिए इस स्थिति को शवासन कहते हैं। अब आप अपनी चेतना-शक्ति आत्मा को अनन्त आकाश में व्याप्त सच्चिदानन्द स्वरूप भगवान् के प्रति समर्पित कर दें। विचार करें कि आपके आत्मा को चारों ओर से भगवान् का दिव्य आनन्द प्राप्त हो रहा है। भगवान् की सृष्टि का जो दिव्य सुख है, उसका अनुभव

करें। भगवान् के प्रति समर्पित होकर जो भी शुभ संकल्प किया जाता है, वह पूर्ण होता है। आप विचार करें, भगवान् की सृष्टि की दिव्यताओं का और फिर इस अद्भुत प्रकृति की रूप-रचना का ध्यान करते हुए भगवान् की दिव्यता का संकल्प करें। विचार करें कि आप किसी सुन्दर मनोहारी फूलों की घाटी में हैं, जहाँ तरह-तरह के पुष्पों की सुन्दर कलियों के मनभावन सुगन्ध से पूरा वातावरण सुरभित हो रहा है। चारों ओर एक दिव्यता है। भगवान् की एक-एक लीला देखते ही बनती है। कोई अन्त नहीं, भगवान् की महिमा का। इन्हीं पुष्पवाटिकाओं के साथ विविध वृक्षों पर सुन्दर फल लगे हैं, हर फल को विधाता परमेश्वर ने अलग-अलग रसों से भरा है। चारों ओर से मन्द-मन्द मनभावन समीर बहता हुआ आनन्द प्रदान कर रहा है। हर कली, हर फूल और फल से भगवान् के साक्षात् दर्शन हो रहे हैं। आकाश की ओर आँखें उठाकर देखें तो ऐसा लगे कि चाँद और तारे तथा सूरज मानो भगवान् के विशाल ब्रह्माण्ड-रूपी मन्दिर में दीपक की भाँति जलकर सबको प्रकाशित कर रहे हैं। नदियाँ बहती हुई मानो भगवान् के पाद-प्रक्षालन कर रही हैं। कितना महान्, असीम, अपरिमित, अनन्त है वह ब्रह्म। हे प्रभो! हे जगत्-जननी माँ! मुझ पुत्र को भी अपनी शरण में ले लो । अपना दिव्य आनन्द माँ मुझे प्रदान करो। प्रभो! मुझे सदा तुम्हारी दिव्यता, शान्ति एवं ज्योति प्राप्त होती रहे। मैं सदा तेरी ही अनन्त महिमा का चिन्तन करता हुआ तुझमें ही रमण करूँ, तेरे ही अनन्त आनन्द में निमग्न रहूँ। हे प्रभो! मुझे जगत् के विकारी भावों से सदा के लिए हटाकर अपनी आनन्दमय गोद में ले लो।

इस प्रकार, भगवान् की दिव्यता का अनुपम आनन्द लेकर पुनः अपने आपको इस शरीर में अनुभव करें। विचार करें कि आप योगमयी निद्रा से पुनः इस शरीर में आ गये हैं। श्वास-प्रश्वास चल रहा है। श्वास के साथ जीवनीय प्राण की महान् शक्ति आपके भीतर प्रवेश कर रही है। अपने आपको स्वस्थ, प्रसन्न एवं आनन्दित अनुभव करें और जिस तरह से शरीर को संकल्प के द्वारा शिथिल किया था, उसी तरह से दिव्य संकल्प के साथ पूरे शरीर में नई शक्ति, आरोग्य तथा दिव्य चेतना और आनन्द का अनुभव करें। पैर के अंगूठे के सिर पर्यन्त प्रत्येक अंग को देखें और जिस-जिस अंग को देखते जायें, उस-उस अंग को पूर्ण स्वस्थ अनुभव करें। जैसे किसी को घुटनों अथवा कमर में दर्द है तो वह विचार करें कि मेरा दर्द बिल्कुल दूर हो गया है। योग के अभ्यास तथा भगवान् की कृपा से मेरे घुटने एवं कमर में कोई पीड़ा नहीं है; क्योंकि योग के अभ्यास से इन रोगों के मूल कारण का ही अन्त हो गया है। दर्द बाहर निकल रहा है। इसी प्रकार पेट और हृदय का भी कोई रोग हो तो उसके ठीक होने का विचार करें। यदि कोई हृदय की नलिकाओं में अवरोध है, कोलेस्ट्रॉल आदि बढ़ा हुआ है तो अपने-अपने रोगों के ठीक होने का विचार करें। यह संकल्प करें कि मेरे शरीर से सभी विजातीय तत्त्व, रोग एवं विकार निकल रहे हैं, मैं पूर्ण स्वस्थ हो रहा हूँ। इस तरह विचार करते हुए अपने आपको शारीरिक तथा मानसिक रूप से पूर्ण स्वस्थ अनुभव करें।

अन्त में दोनों हाथों को भी पूर्ण स्वस्थ तथा शक्तिशाली अनुभव करते हुए उन्हें आपस में रगड़ें

और गर्म-गर्म हथेलियों को आँखों पर रखकर धीरे-धीरे आँखें खोल लें। यह शवासन और योगनिद्रा की संक्षिप्त विधि है। यदि किसी को नींद न आती हो तो सोने से पहले शवासन करें और शवासन में पूरे शरीर को पूर्व-निर्दिष्ट विधि से ढीला एवं तनाव-रहित छोड़कर भगवान् की दिव्यता तथा अपने मन को श्वास-प्रश्वास पर केन्द्रित करके प्रत्येक श्वास-प्रश्वास के साथ 'ओम्' का अर्थपूर्वक ध्यान करना चाहिए। 'ओम्' का अर्थ है- सच्चिदानन्द स्वरूप परमात्मा, ओंकार प्रभु सदा ही सत्य स्वरूप, चैतन्य तथा आनन्दमय है। मैं भी ओंकार प्रभु की उपासना से आनन्दित हो रहा हूँ। ऐसा विचार करते हुए 'ओम्' का अर्थपूर्वक जप करना चाहिए। श्वास-प्रश्वास की गति सहज होनी चाहिए। इसी प्रक्रिया में १०० से १ तक उल्टी गिनती गिनते हुए प्रत्येक संख्या के साथ 'ओम्' का जप करते हुए भी यह प्रक्रिया कर सकते हैं। जैसे ओम् १००, ओम् ९९, ओम् ९८ आदि। इस प्रकार जप करने से थोड़ी ही देर में गाढ़ निद्रा आ जायेगी तथा बुरे स्वप्न से भी छुटकारा मिलेगा। दैनिक योगाभ्यास के दौरान कठिन आसन के बाद विश्राम हेतु इस आसन को करते रहना चाहिए। योगासनों के अभ्यास के अन्त में इसे ५ से १० मिनट करना चाहिए।

लाभ-

- मानसिक तनाव (डिप्रेशन), उच्च रक्तचाप, हृदयरोग तथा अनिद्रा के लिए यह आसन सर्वोत्तम है। इन रोगियों को यह आसन नियमित करना चाहिए।
- इस आसन के करने से स्नायु-दुर्बलता, थकान तथा नकारात्मक चिन्तन दूर होता है।
- शरीर, मन, मस्तिष्क एवं आत्मा को पूर्ण विश्राम, शक्ति, उत्साह एवं आनन्द मिलता है।
- ध्यान की स्थिति का विकास होता है।
- आसन करते हुए बीच-बीच में शवासन करने से थोड़े ही समय में शरीर की थकान दूर हो जाती है।

परम्परागत व्यायाम

भारत वर्ष के मनीषियों द्वारा आविष्कृत 'दण्ड और बैठक' शरीर को स्वस्थ, सुन्दर व आकर्षक बनाने की सुनियोजित पारम्परिक व्यायाम पद्धति है। दण्डों से सम्पूर्ण शरीर एवं मन प्रभावित होकर पुष्ट और सन्तुलित बनता है, एवं बैठकों से विशेषकर पैर सम्बन्धी सभी विकार और रोग ठीक होते हैं। इसीलिए रोजमर्रा की दिनचर्या में सम्मिलित ये व्यायाम व्यक्ति को स्फूर्ति, ताजगी और निरोगता प्रदान करते हैं।

१२ दण्ड

दण्ड-१, साधारण दण्ड

विधि- पैरों के पंजों और हथेलियों के सहारे नितम्बों को ऊपर उठाकर दृष्टि सामने रखना दण्ड स्थिति है। फिर कोहनियाँ मोड़कर श्वास लेते हुए हथेलियों व पैर के पंजों पर नीचे दण्ड के समान सीधा हो जाएँ, तत्पश्चात् सर्प की भाँति सिर व छाती को उठायें, फिर श्वास छोड़कर नितम्बों को ऊपर उठाते हुए प्रारम्भिक अवस्था में वापस आयें।

दण्ड-२, राममूर्ति दण्ड

विधि- दण्डस्थिति (पर्वतासन) से श्वास भरते हुए कोहनियाँ इस प्रकार मोडें कि वे पसलियों से लगी रहें, छाती को धीरे-धीरे नीचे की तरफ लायें, फिर सर्प की भाँति सिर व छाती को ऊपर उठायें। तत्पश्चात् पंजों और हथेलियों के सहारे श्वास छोड़ते हुए ठीक पूर्व की भाँति ही दण्डस्थिति में वापस आ जायें, यह एक आवृत्ति हुई।

दण्ड-३, वक्षविकास दण्ड

विधि- दण्ड स्थिति में हथेलियों को अन्दर की ओर मोड़कर अर्थात् कन्धों के नीचे अंगुलियाँ एक दूसरे के सामने रखते हुए कमर झुकाकर शरीर को सीधा करें, दृष्टि सामने रखकर श्वास छोड़ते हुए कोहनियों को बाहर की ओर मोड़ते हुये नीचे तथा श्वास लेते हुए कोहनियों को सीधा करते हुए ऊपर उठें।

दण्ड-४, हनुमान दण्ड

विधि- दण्डस्थिति में श्वास छोड़ते हुए एक पैर के पंजे को उसी हाथ के बगल में बाहर रखकर हथेलियों पर शरीर का भार देते हुए नीचे जायें, आगे से अपने सिर व छाती को भुजङ्गासन की तरह उठायें (नितम्ब अधिक से अधिक नीचे ही रहें, परन्तु जमीन को न छुयें)। फिर श्वास लेते हुए पंजे को प्रारम्भिक दण्ड स्थिति में वापस ले जायें। ठीक यही क्रिया दूसरी तरफ से करें, बारी-बारी से बिना रुके इस क्रिया को वेगात्मक रूप से करते रहें।

दण्ड-५, वृश्चिक दण्ड (क)

विधि- दण्ड स्थिति में आकर श्वास लेते हुए एक पैर को बिना घुटना मोड़े आकाश की ओर उठाकर, कोहनियाँ मोड़कर छाती को नीचे लायें (शरीर का पूरा भार दोनों हथेलियों और दूसरे पैर के पंजे पर स्थित रहेगा) फिर उठे हुए पैर को वापस जमीन पर लाने के बाद दृष्टि सामने की ओर रखते हुए सिर व छाती को भुजङ्गासन की तरह उठायें, फिर श्वास छोड़कर नितम्ब ऊपर उठाते हुए प्रारम्भिक दण्डस्थिति में वापस आयें। दूसरे पैर से भी ठीक इसी प्रकार वेगात्मक रूप से क्रिया दोहरायें।

दण्ड-६, वृश्चिक दण्ड (ख)

विधि- दण्ड स्थिति में होकर श्वास भरते हुए, एक पैर को बिना घुटना मोड़े आकाश की ओर सीधा करके आगे से कोहनियों को मोड़कर, वक्षस्थल को अधिक से अधिक नीचे ले जायें, फिर ऊपर उठे हुये पैर को वापस ले जाकर हथेलियों पर भुजङ्गासन लगायें, फिर श्वास छोड़ते हुए प्रारम्भिक दण्डस्थिति की ओर वापस लौटें।

दण्ड-७, पार्श्वदण्ड

विधि- दण्ड स्थिति में श्वास भरते हुए एक पैर को उदर के नीचे कलाइयों के पास से विपरीत ओर सीधा करके फैलायें, आगे से दोनों कोहनियों को मोड़कर वक्ष के नीचे लायें, फिर इसी स्थिति में हथेलियों पर सिर व छाती को भुजङ्गासन की तरह ऊपर उठायें, फिर श्वास छोड़कर मुड़े हुए पैर को वापस लायें, प्रारम्भिक दण्ड स्थिति में आकर पुनः दूसरे पैर से अभ्यास करें।

दण्ड-८, चक्रदण्ड

विधि- दोनों हथेलियों को जमीन पर रखकर दोनों हाथों के बीच में एक पैर के घुटने को मोड़कर उसके पंजे पर बैठें तथा दूसरे पैर को बराबर में सीधा करके फैलाकर रखें, फिर श्वास लेकर फैले हुए पैर को सामने से लाकर (दोनों हाथों को बारी-बारी से उठाते हुए) चक्र की भाँति घुमाकर, उछलते हुए दोनों पैरों

को पीछे एक साथ रखकर हथेलियों व पंजों पर दण्ड के समान शरीर सीधा, फिर हथेलियों पर भुजङ्गासन, तत्पश्चात् श्वास छोड़ते हुए उछलकर दूसरे पैर पर प्रारम्भिक दण्ड स्थिति के समान बैठकर क्रिया दोहरायें।

दण्ड-९, पलटदण्ड

विधि- दण्डासन में स्थित होकर पहले एक बार श्वासों के साथ साधारण दण्ड लगायें, फिर श्वास लेते हुए दोनों पैरों को एक साथ वेगात्मक रूप से उछालकर हाथों के बीच से उठाकर निकालते हुए अधिक से अधिक आगे की ओर लायें, (पेट व वक्ष का हिस्सा ऊपर की ओर खिंचा हुआ रहेगा)। तत्पश्चात् श्वास छोड़ते हुए बिना रुके दोनों पैरों को हाथों के मध्य से उठाकर निकालते हुए पूर्व की स्थिति में लाकर, हथेलियों व पंजों पर दण्ड के समान सीधा होकर सामने से ऊपर उठते हुए भुजङ्गासन लगायें, फिर वापस दण्ड स्थिति में आये।

दण्ड-१०, शेरदण्ड

विधि- दोनों हथेलियों को जमीन पर रखकर पंजों के बल बैठें, घुटने कोहनियों के बाहर की ओर हों, दृष्टि सामने रखकर दोनों पैरों को श्वास भरकर एक साथ उठाते हुए आसमान की ओर ले जाकर सीधा करें, दोनों हथेलियों पर पूरे शरीर के भार का सन्तुलन बनाते हुए पुनः धीरे-धीरे कोहनियाँ मोड़ते हुए पैरों को नीचे लाकर हथेलियों पर भुजङ्गासन बनायें, फिर श्वास छोड़ते हुए दोनों पैर को उछालकर प्रारम्भिक स्थिति में वापस आये।

दण्ड-११, सर्पदण्ड

विधि- दण्ड स्थिति से कोहनियाँ मोड़कर हथेलियों व पंजों पर शरीर को दण्डवत् सीधा करने के पश्चात् सर्प की भाँति तीन बार श्वास लेते-छोड़ते हुए कोहनियों को इस प्रकार सीधा करें व मोड़ें कि सिर्फ वक्षःस्थल ही ऊपर-नीचे हो सके (नितम्ब नीचे रहेंगे), फिर दण्डस्थिति में वापस आयें।

दण्ड-१२, मिश्रदण्ड

विधि- पंजों व हथेलियों के सहारे बैठकर (ध्यान रहे कोहनियाँ घुटने के अन्दर रहे) फिर श्वास लेते हुए पैरों को उछलकर पीछे ले जाकर गत्यात्मक रूप में कोहनियों के सहारे छाती को नीचे करने के बाद भुजङ्गासन की भाँति थोड़ा ऊपर लायें, तत्पश्चात् श्वास छोड़कर दोनों पैरों को उछालते हुए प्रारम्भिक स्थिति में आगे लाकर बैठें। इसी को बिना रुके वेगात्मक रूप से लगातार करना मिश्रदण्ड है।

८ बैठक

बैठक-१, साधारण अर्द्ध बैठक

विधि- दोनों हथेलियों को कमर पर रखकर पैरों में कंधों जितना फासला करके खड़े होकर श्वास छोड़ते हुए पैरों को घुटनों से मोड़कर आधी बैठक (जैसे कि कुर्सी पर बैठते हैं) लगाना, फिर श्वास लेते हुए वापस आना 'साधारण अर्द्ध बैठक' कहलाता है।

बैठक-२, साधारण पूर्ण बैठक

विधि- सीधा खड़ा होकर श्वास छोड़ते हुए मुट्ठियाँ कसकर बन्द कर हाथों को जमीन के समानान्तर करते हुए नीचे बैठना (कमर व गर्दन सीधी रखने का प्रयास करें), फिर श्वास छोड़ते हुए हाथों को प्रारम्भिक स्थिति में वापस लाकर खड़े होना 'साधारण पूर्ण बैठक' कहलाता है। इस क्रिया को श्वास का क्रम ध्यान में रखते हुए वेगात्मक रूप से करना चाहिए।

बैठक-३, राममूर्ति बैठक

विधि- सीधा खड़े होकर श्वास छोड़ते हुए (अंगूठा अन्दर, मुट्ठियाँ बन्द) हाथों को जमीन के समान्तर फैलाना (श्वास रुका हुआ), धीरे-धीरे पंजों के बल नीचे जाना तत्पश्चात् श्वास भरते हुए धीरे-धीरे हाथों को वापस लाते हुए सीधे खड़े हो जाना 'राममूर्ति बैठक' कहलाता है। इस क्रिया को भी वेगात्मक रूप से करना चाहिए।

बैठक-४, पहलवान बैठक (१)

विधि- सीधे खड़े होकर श्वास छोड़ते हुए सामने की ओर २-३ फुट दूर तक उछलकर, मुट्ठी बन्द हाथों को जमीन के समानान्तर करते हुए बैठना, फिर श्वास भरते हुए प्रारम्भिक स्थिति में उछलकर वापस आकर खड़ा होना 'पहलवान बैठक (१)' कहलाता है। इस क्रिया का बारम्बार वेगात्मक रूप से अभ्यास करना चाहिए।

बैठक-५, पहलवान बैठक (२)

विधि- श्वास भरकर हाथों को हिलाते हुए पैरों को घुटनों से मोड़कर पंजों पर एक ही स्थान पर वेगात्मक रूप से तीन बार उछलने का अभ्यास करना चाहिए। फिर श्वास लेते हुए प्रारम्भिक स्थिति में वापस खड़े हो जाना चाहिए। इस प्रकार की जाने वाली क्रिया 'पहलवान बैठक (२)' कहलाती है।

बैठक-६, हनुमान बैठक (१)

विधि- दोनों पैरों में अधिक से अधिक अन्तर कर खड़े हो जाएं, दोनों हाथ सामने जमीन के समानान्तर फैलायें, फिर श्वास छोड़ते हुए एक ओर घुटना मोड़कर उसी पैर के पंजे पर कमर सीधी रखते हुए बैठें (नितम्ब एड़ी से लग जायेंगे), फिर श्वास लेते हुए मध्य में आयें। दूसरी ओर से भी इस क्रिया को वेगात्मक रूप से करें। इस प्रकार की क्रिया 'हनुमान बैठक (१) कहलाती है।

बैठक-७, हनुमान बैठक (२)

विधि- पैरों में अधिक से अधिक फासला रखते हुए दोनों हथेलियों को कमर पर रखकर सीधे खड़े हो जायें, तत्पश्चात् एक तरफ के पंजे की ओर शरीर को घुमाकर श्वास छोड़ते हुए उस ओर का घुटना मोड़कर पंजे पर बैठे (कमर को अधिक से अधिक सीधा रखने का प्रयास करें तथा पीछे वाले पैर का घुटना सीधा व पंजा खड़ा रहेगा), फिर श्वास लेते हुए वापस आयें, इसी प्रकार दूसरी तरफ से करें। उपर्युक्त विधि से की जाने वाली क्रिया 'हनुमान बैठक (२)' कहलाती है।

बैठक-८, हनुमान बैठक (३)

विधि- दोनों पैरों में यथासम्भव अधिक से अधिक फासला रखकर खड़े हो जायें, फिर दोनों हाथों के अंगूठे बाहर कर, मुट्ठी बन्द करें और बगल से हाथों को लाकर अंगूठों को कन्धों पर रखें, तत्पश्चात् श्वास छोड़ते हुए एक ओर का घुटना मोड़कर पंजे पर कमर को सीधा रखते हुए बैठें (जैसे कि कुल्हे से एड़ी लग जाये), श्वास भरते हुए मध्य में आयें, इस क्रिया को वेगात्मक रूप से बार-बार दोनों तरफ से करें। उपर्युक्त विधि से की जाने वाली क्रिया 'हनुमान बैठक (३)' कहलाती है।

रोगानुसार योग

मोटापा के लिए योग

खड़े होकर किये जाने वाले आसन-

१. तिर्यक् ताड़ासन, २. त्रिकोणासन, ३. कोणासन, ४. पादहस्तासन, (पृष्ठ संख्या- ९७-१००)

बैठकर किये जाने वाले आसन-

१. चक्की आसन, २. स्थिर कोणासन, ३. पश्चिमोत्तानासन, (पृष्ठ संख्या- ५४, ७५)

पेट के बल लेटकर किये जाने वाले आसन-

१. भुजङ्गासन, २. शलभासन (पृष्ठ संख्या- ९१-९५)

पीठ के बल लेटकर किये जाने वाले आसन-

१. अर्द्ध हलासन, २. पादवृत्तासन, ३. द्विचक्रिकासन, ४. मर्कटासन, ५. शवासन, (पृष्ठ संख्या-७६-८२, १०३)

प्राणायाम- कपालभाति १ घंटा तथा सभी प्राणायाम कम से कम ५ से १० मिनट

थायरॉयड के लिए योग

पीठ के बल लेटकर किये जाने वाले आसन-

१. सर्वांगासन २. हलासन ३. मत्स्यासन। (पृष्ठ संख्या- ८५-८७)

बैठकर किये जाने वाले आसन-

१. उष्ट्रासन, २. सिंहासन तथा आठों प्राणायाम। (पृष्ठ संख्या- ३८, १०२,११५,)

कमरदर्द, सर्वाइकल स्पॉण्डलाइटिस, स्लिपडिस्क, सियाटिका आदि में मेरुदण्ड से सम्बन्धित रोगों हेतु योग-

हाथ व गर्दन के लिए आठ प्रकार का सूक्ष्म व्यायाम। (पृष्ठ संख्या- ५२-६०)

पीठ के बल लेटकर किये जाने वाले आसन-

१. मर्कटासन-३ प्रकार, २. कटि उत्तानासन, ३. कंधरासन/सेतुबन्धासन, ४. अर्द्ध पवनमुक्तासन, ५. एक पादउत्तानासन। (पृष्ठ संख्या- ७६-९०)

बैठकर किये जाने वाले आसन-

१. उष्ट्रासन २. अर्द्धचन्द्रासन। (पृष्ठ संख्या- ११५)

पेट के बल लेटकर किये जाने वाले आसन-

१. मकरासन-२ प्रकार, २. भुजङ्गासन-४ प्रकार, ३. तिर्यक् भुजङ्गासन, ४. शलभासन-४ प्रकार (पृष्ठ संख्या- ९१-९५)

प्राणायाम- आठों प्राणायाम धीमी गति से १ घंटा करें।

सम्पूर्ण उदर रोगों, मधुमेह (डायबिटीज), गैस कब्ज, अम्लपित्तादि के लिए योग

बैठकर किये जाने वाले आसन-

१. मण्डूकासन, २. शशकासन, ३. योगमुद्रासन, ४. वक्रासन, ५. अर्द्धमत्स्येन्द्रासन, ६. गोमुखासन, (पृष्ठ संख्या- ७२-७४, ११६-११७)

पीठ के बल लेटकर किये जाने वाले आसन-

१. पवनमुक्तासन, २. उत्तानपादासन, ३. नौकासन ४. कन्धरासन/सेतुबन्धासन, ५. पादांगुष्ठानासास्पर्शासन। (पृष्ठ संख्या- ७६-९०, ११८)

इन्फर्टीलिटी के योग

बैठकर किये जाने वाले आसन-

१. पश्चिमोत्तानासन, २. ब्रह्मचर्य आसन, (पृष्ठ संख्या- ७५, ११७)

पीठ के बल लेटकर किये जाने वाले आसन-

१. सर्वांगासन, २. हलासन (पृष्ठ संख्या- ८६-८७)

खड़े होकर किये जाने वाले आसन- शीर्षासन- (पृष्ठ संख्या- १००)

बच्चों के सर्वांगीण विकास के लिए योग

खड़े होकर किये जाने वाले आसन-

१. शीर्षासन, २. ध्रुवासन, ३. गरुड़ासन, ४. तिर्यक् ताड़ासन। (पृष्ठ संख्या- ९६-१०२)

बैठकर किये जाने वाले आसन-

१. सर्वांगासन, २. हलासन, ३. चक्रासन. ४.पश्चिमोत्तानासन, (पृष्ठ संख्या- ८६-८९, ७५)

विद्यार्थियों के लिए योग

शीर्षासन, सर्वांगासन, हलासन, चक्रासन, पश्चिमोत्तानासन, ताड़ासन, वृक्षासन, गरुड़ासन, पादहस्तासन, पद्मासन।

युवाओं के लिए योगाभ्यास- योगाभ्यास १२ दण्ड, ८ बैठक, सूर्य नमस्कार, यौगिक-जॉगिंग।

गर्भवती महिलाओं के लिए योग

प्राणायाम- भस्त्रिका, उज्जायी, अनुलोम-विलोम, भ्रामरी, उद्गीथ व ओंकार ध्यान, सूक्ष्म व्यायाम-यथासम्भव सभी, कमरदर्द होने पर मर्कटासन-१ व २, एकपाद उत्तानासन।

सभी रोगों में मुख्य योगाभ्यास-

१. **आठ प्राणायाम।**

२. **बारह आसन।**

विद्यार्थियों के प्रतियोगितात्मक योगासन

उष्ट्रासन

विधि-

- वज्रासन की स्थिति में बैठे।
- अब एड़ियों को खड़ा करके उन पर दोनों हाथों को रखें। हाथों को इस प्रकार रखें कि अंगुलियाँ अन्दर की ओर तथा अंगुष्ठ बाहर की ओर हों।
- श्वास अन्दर भरकर सिर एवं ग्रीवा को पीछे मोड़ते हुए कमर को ऊपर उठायें। श्वास छोड़ते हुए एड़ियों पर बैठ जायें। इस प्रकार तीन-चार आवृत्ति करें।

लाभ-

- यह आसन श्वसन-तन्त्र के लिए बहुत लाभकारी है। फेफड़ों के प्रकोष्ठ को सक्रिय करता है, जिससे दमा के रोगियों को लाभ होता है।
- सर्वाइकल स्पॉण्डलाइटिस एवं सियाटिका आदि समस्त मेरुदण्ड के रोगों को दूर करता है।
- थायरॉइड के लिए लाभकारी है।

अर्धचन्द्रासन

विधि-

- उष्ट्रासन की स्थिति में घुटनों के बल हो जायें। दोनों हाथों को छाती पर रखें।
- श्वास अन्दर भरकर ग्रीवा एवं सिर को पीछे की ओर झुकाते हुए कमर को ऊपर की ओर तानें।
- जब सिर को पीछे झुकाते हुए एड़ियों पर टिका देते हैं, तब यह पूर्ण चन्द्रासन होता है।

लाभ-

☞ इसके सभी लाभ उष्ट्रासन के समान हैं। जो उष्ट्रासन नहीं कर सकते, वे इस आसन से लाभान्वित हो सकते हैं।

योगमुद्रासन (१)

विधि-

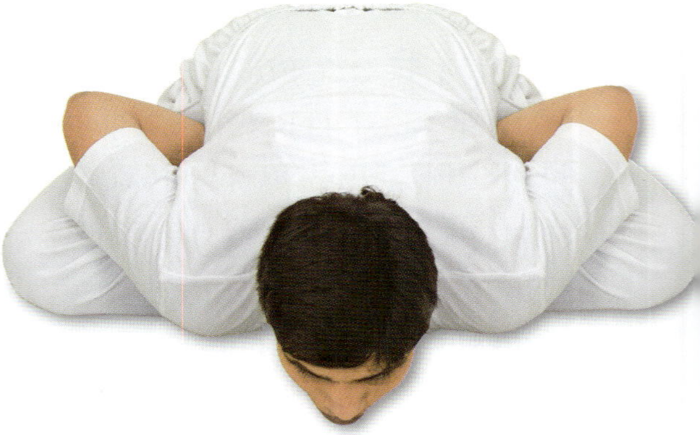

☞ पद्मासन में बैठकर दाँयें हाथ की हथेली को पहले नाभि पर रखें और बायें हाथ की हथेली दाँयें हाथ पर रखें। फिर श्वास बाहर निकालते हुए आगे झुककर ठोड़ी भूमि पर टिकायें। दृष्टि सामने रहे।

☞ श्वास अन्दर भरते हुए वापस आयें। इस तरह ४-५ आवृत्ति करें।

लाभ-

☞ पेट के लिए उत्तम अभ्यास है। जठराग्नि को प्रदीप्त करता है तथा गैस, अपचन, कब्ज आदि की निवृत्ति करता है।

☞ पेन्क्रियाज को क्रियाशील करके मधुमेह को नियन्त्रित करने में अत्यधिक लाभकारी है।

योगमुद्रासन (२)

विधि-

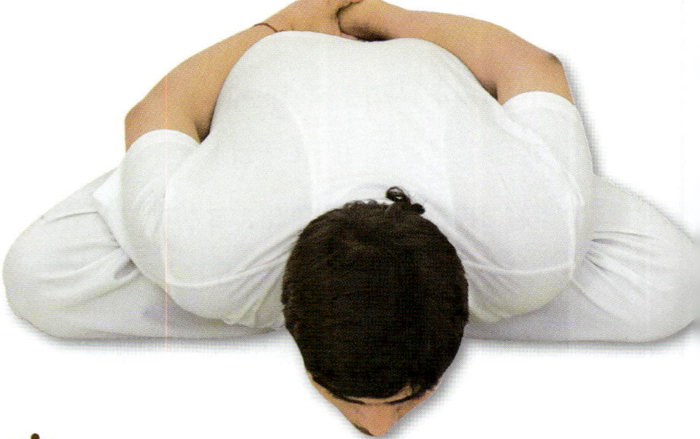

☞ पद्मासन में बैठकर दोनों हाथों को पीठ के पीछे ले जाकर दाँयें हाथ से बायें हाथ की कलाई को पकड़ें। श्वास बाहर छोड़ते हुए भूमि पर ठोड़ी स्पर्श करें, दृष्टि सामने रहे, ठोड़ी यदि भूमि पर नहीं लगती है, तो यथाशक्ति सामने झुकें।

लाभ- पूर्ववत्।

अर्द्धमत्स्येन्द्रासन

विधि-

- दण्डासन में बैठकर बायें पैर को मोड़कर एड़ी को नितम्ब के पास लगायें।
- दाँयें पैर को बायें पैर के घुटने के पास बाहर की ओर भूमि पर रखें।
- बायें हाथ को दाँयें घुटने के समीप बाहर की ओर सीधा रखते हुए दाँयें पैर के पंजे को पकड़ें।
- दाँयें हाथ को पीठ के पीछे से घुमाकर पीछे की ओर देखें।
- इसी प्रकार दूसरी ओर से इस आसन को करें।

लाभ-

- मधुमेह एवं कमर-दर्द में लाभकारी है।
- पृष्ठदेश की सभी नस-नाड़ियों में (जो मेरुदण्ड के इर्द-गिर्द फैली हुई हैं) रक्त-संचार को सुचारु रूप से सम्पन्न करता है।
- उदर-विकारों को दूर कर आँतों को बल प्रदान करता है।

ब्रह्मचर्यासन

विधि-

- वज्रासन में बैठकर पंजों को हाथों की सहायता से बाहर की ओर मोड़ें। एड़ियाँ अन्दर की ओर दोनों नितम्बों के पास लगी हुई एवं पंजे बाहर की ओर हों।
- दोनों घुटने मिले हुए हों, हाथों को घुटनों पर सीधा रखें। कमर सीधी तथा श्वास-प्रश्वास की गति सामान्य रहे। यथाशक्ति ५ मिनट से आधे घण्टे तक करें।

लाभ-

- यह आसन ब्रह्मचर्य के लिए यथानाम तथा गुण है। समस्त प्रकार के धातुरोग, स्वप्नदोष, प्रमेह, मधुमेह आदि में पूर्ण लाभप्रद है।

नौकासन

विधि-

- दोनों हाथों को जंघाओं के ऊपर रखकर सीधे लेटें। अब श्वास अन्दर भरते हुए पहले सिर एवं कन्धों को ऊपर, फिर पैरों को भी ऊपर उठायें। हाथ, पैर एवं सिर समानान्तर नाव की तरह उठे हुए हों।
- इस स्थिति में कुछ समय रुककर धीरे-धीरे हाथ पैर एवं सिर को भूमि पर श्वास बाहर निकालते हुए ले आयें। इस प्रकार ३ से ६ बार तक आवृत्ति कर सकते हैं। इस आसन का प्रतियोगी आसन धनुरासन है, यानि नौकासन के बाद धनुरासन करना चाहिए।

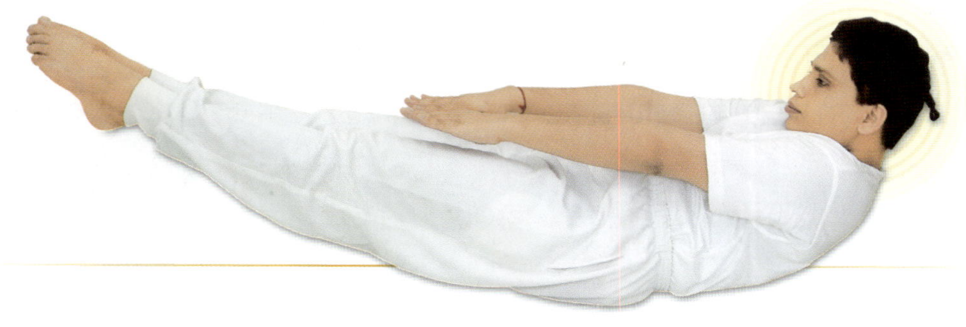

लाभ-

- इसके भी लाभ उत्तानपादासन के समान हैं।
- हृदय एवं फेफड़े भी प्राणवायु के प्रवेश से सबल बनते हैं।
- आन्त्र (आँत), आमाशय, अग्न्याशय एवं यकृत् आदि की स्वस्थता के लिए उत्तम है।

कोणासन

विधि-

☞ पैरों को लगभग डेढ़-दो फुट के अन्तर पर रखते हुए सीधे खड़े हो जायें।

☞ श्वास अन्दर भरते हुए दाँयें हाथ से बायें पैर के पंजे का स्पर्श करें तथा बायें हाथ को ऊपर उठाकर दाँयीं ओर यथाशक्ति झुकायें। एड़ी-पंजे भूमि पर टिके हुए हों। शरीर को केवल पार्श्वभाग से मोड़ना है, आगे एवं पीछे की ओर होते हुए नहीं झुकना चाहिए। इस स्थिति में ४ से ६ सेकण्ड तक रहें। इसे ४ से ६ बार करें।

☞ इसी प्रकार हाथ बदलकर बायें हाथ से दाँयें पैर के पंजे का स्पर्श करें।

लाभ-

☞ कमर, पसलियों के दर्द तथा फेफड़ों की कमजोरी आदि में विशेष लाभदायक है। महिलाओं के लिए भी उपयोगी अभ्यास है। कमर की चर्बी को कम करके कमर को सुडौल बनाता है।

मयूर-आसन

विधि-

☞ दोनों हाथों को सामने मिलाकर अंगुलियों को पीछे की ओर करके पहले घुटनों के बल बैठिए।

☞ श्वास अन्दर भरकर कोहनियों को नाभि के दोनों ओर लगाते हुए पैरों को धीरे-धीरे पीछे की ओर सीधा कर दें। पूरे शरीर का भार कोहनियों पर रहेगा। पूर्ण स्थिति में सिर एवं पैर समानान्तर उठे हुए होंगे।

लाभ-

- तिल्ली, यकृत्, गुर्दे, अग्न्याशय एवं आमाशय सभी लाभान्वित होते हैं। मुख पर कान्ति आती है।
- मधुमेह के रोगियों के लिए लाभकारी है। कब्ज को दूर करता है।
- जठराग्नि को प्रदीप्त करता है।

तोलांगुलासन

विधि-

- दण्डासन में बैठकर शरीर के भार को हाथों पर सन्तुलित करते हुए श्वास अन्दर भरकर नितम्ब-सहित पूरे पैरों को भूमि पर से ऊपर उठायें।

लाभ-

- हाथ एवं पैरों के सम्पूर्ण स्नायुओं को अत्यधिक बल प्रदान करता है।

पर्वतासन

विधि-

- पद्मासन में बैठकर घुटनों के सहारे सीधे खड़े हो जायें।
- दोनों हाथों को सिर के ऊपर उठाकर नमस्कार की मुद्रा में रखें।

लाभ-

- मन की एकाग्रता को बढ़ाता है।

उत्कटासन

विधि-

☞ पैरों के पंजे भूमि पर टिके हुए हों तथा एड़ियों के ऊपर नितम्ब टिकाकर बैठ जायें। दोनों हाथ घुटनों पर तथा घुटनों को फैलाकर एड़ियों के समानान्तर स्थिर करें।

लाभ-

☞ ब्रह्मचर्य के लिए उपयोगी है। बवासीर की निवृत्ति करता है।

मार्जारासन

विधि-

☞ दोनों हाथों की हथेलियों एवं घुटनों को भूमि पर टिकायें।

☞ अब श्वास अन्दर भरकर छाती एवं सिर को ऊपर उठायें, कमर नीचे की ओर झुकी हुई हो। थोड़ी देर इस स्थिति में रहकर श्वास बाहर छोड़ते हुए पीठ को ऊपर उठायें तथा सिर को नीचे झुकायें। इस प्रकार ५-६ चक्र अभ्यास करें।

लाभ-

- कटि-पीड़ा एवं गुदभ्रंश में लाभकारी है। फेफड़ों को बलवान् बनाता है।
- गर्भाशय के बाहर निकलने के रोग को दूर करता है।

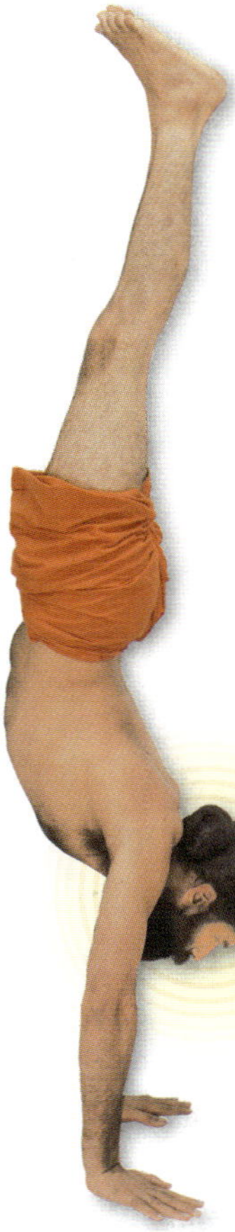

अधोमुख वृक्षासन

विधि-

- खड़े होकर दोनों हाथों को सामने भूमि पर लगभग ६ इंच का अन्तर रखते हुए टिकायें।
- शरीर का भार हाथों पर लेते हुए धीरे-धीरे पैरों को भूमि से उठाकर आकाश में वृक्षवत् स्थिर कर दें।

लाभ-

- यह आसन शरीर में बल, कान्ति एवं वीर्य की वृद्धि करता है।
- नेत्र-विकारों, धातु-विकारों एवं कफ-विकारों को दूर करता है। भुजाओं को सुडौल एवं सुन्दर बनाता है।
- हृदय एवं फेफड़ों में पर्याप्त मात्रा में रक्त पहुँचाकर उनको स्वस्थ बनाता है।

वृश्चिकासन

विधि-

☞ बैठकर दोनों हाथों को थोड़े अन्तर पर रखते हुए कोहनियों तक जमीन पर टिका दें।

☞ अब शीर्षासन की तरह सिर को हाथों के बीच टिकाकर पैरों को ऊपर ले जायें। पैर ऊपर जाने पर सिर को उठाने का प्रयत्न करें। प्रारम्भ में कुछ कठिनाई होती है। प्रयास करने पर सिर और पैरों से वृश्चिक की तरह आकृति बनने लगेगी। पूर्ण स्थिति में पैरों को सिर पर रखने का अभ्यास करें।

लाभ-

☞ यह आसन जठराग्नि को तीव्र एवं समस्त उदर रोगों को दूर करता है।

☞ मूत्र-विकारों को दूर करता है एवं मुख की कान्ति को बढ़ाता है।

प्रसृतहस्त वृश्चिकासन

विधि-

- ☞ जमीन पर पेट के बल लेटकर दोनों पैर शक्तिपूर्वक ऊपर लाकर और मोड़कर सिर पर रखें। यह आसन बहुत कठिन है। शुरुआत में कठिनाई होती है।

लाभ-पूर्ववत्

पादांगुष्ठासन

विधि-

- ☞ दाँयें पैर की एड़ी को सीवनी (मूत्रेन्द्रिय एवं गुदा के बीच वाले भाग में) से लगायें।
- ☞ बायें पैर को दाँयीं जंघा के ऊपर रखें। अब दोनों हाथों को दोनों ओर टिकाकर शरीर का सन्तुलन एड़ी एवं पंजे पर बनाते हुए हाथों को उठाकर नमस्कार की स्थिति में लायें। इस स्थिति में यथेष्ट रुकें। श्वास-प्रश्वास की गति सामान्य हो।
- ☞ एक पैर से करने के पश्चात् दूसरे पैर से इसी प्रकार करें।

लाभ-

- ☞ यह आसन ब्रह्मचर्य के लिए लाभकारी है। दीर्घकाल तक अभ्यास करने पर कुण्डलिनी जागरित होती है और वीर्य ऊर्ध्वगामी होता है। शरीर में बल, बुद्धि, ओज एवं तेज की वृद्धि होती है।

पक्ष्यासन

विधि-

- ☞ सीधे खड़े होकर बायें पैर को ग्रीवा एवं कन्धों पर रखें।
- ☞ हाथों को दोनों ओर समानान्तर फैलायें। दायाँ पाँव बिल्कुल सीधा हो। हाथों को नमस्कार की मुद्रा में सामने रखें।
- ☞ बायें पैर से करने के बाद इसी प्रकार दाँयें पैर से आसन करें।

लाभ-

- ☞ यह आसन शरीर में हल्कापन एवं स्फूर्ति देनेवाला है। जंघा के स्नायुओं का विकास करता है। मस्तिष्क-विकारों को दूर करता है।

गोरक्षासन

विधि-

- ☞ दोनों पैरों की एड़ियों तथा पंजों को आपस में मिलाकर सामने रखें।
- ☞ अब सीवनी को एड़ियों पर रखते हुए उस पर बैठ जायें। दोनों घुटने भूमि पर टिके हुए हों। हाथों को ज्ञानमुद्रा की स्थिति में घुटनों पर रखें।

लाभ-

- ☞ यह आसन ब्रह्मचर्यासन का पूरक है। पूर्व आसन के अभ्यास के पश्चात् इस आसन को करने से पैरों की स्थिति विपरीत हो जाती है, जिससे मांसपेशियों में रक्त-संचार ठीक रूप से होता है और वे स्वस्थ होती हैं।
- ☞ मूलबन्ध के स्वाभाविक रूप से लगने से यह आसन ब्रह्मचर्य में पूर्ण सहायक है। इन्द्रियों की चंचलता समाप्त कर मन में शान्ति प्रदान करता है। इसलिए इसका नाम गोरक्षासन है।

आकर्णधनुष्टंकारासन

विधि-

- ☞ दण्डासन की स्थिति में बैठें। दाँयें पैर को मोड़कर बायें पैर पर रखें।
- ☞ बायें हाथ से दाँयें पैर का अंगूठा तथा दाँयें हाथ से बायें पैर का अंगूठा पकड़ें।
- ☞ श्वास अन्दर भरकर दाँयें पैर को बायें कान के पास लायें। कुछ समय इस स्थिति में रुककर पुन: दण्डासन की स्थिति में वापस आ जायें। इसी तरह दूसरे पैर से करें।

लाभ-

- ☞ हाथ-पैर के जोड़ों के दर्द को दूर करता है तथा उनकी ग्रन्थियों को पुष्ट करता है।
- ☞ कम्पवात में भी यह आसन लाभदायक है।

भूनमनासन

विधि-

- ☞ दण्डासन में बैठकर पैरों को दोनों ओर पार्श्वभागों में जितना फैला सकते हैं, फैलायें।
- ☞ दोनों हाथों से पैरों के अंगूठों को पकड़कर श्वास बाहर निकालते हुए छाती एवं पेट को भूमि पर स्पर्श करायें। ठोड़ी भी भूमि पर लगी हुई रहे। इस स्थिति में कुछ देर यथाशक्ति रहकर विधि- क्रमांक एक की स्थिति में आ जायें।

लाभ-

- ☞ जंघा, टाँगें, कमर, पीठ और उदर निर्दोष हो जाते हैं और वीर्य स्थिर होता है।

स्कन्धपादासन

विधि-

- ☞ दण्डासन में बैठकर बायें पैर को उठाकर हाथों की सहायता से गर्दन पर रखें।
- ☞ हाथों को नमस्कार की स्थिति में छाती के सामने रखें। कमर और सिर सीधा रखें।
- ☞ इसी प्रकार पैर बदलकर यह आसन करें।

लाभ-

- ☞ हाथ, पैर एवं ग्रीवा के स्नायुओं को शक्ति प्रदान करता है।

द्विपादग्रीवासन

विधि-

- दण्डासन की स्थिति में बैठकर पैरों को एक-एक करके ग्रीवा पर रखें।
- नितम्बों पर शरीर के भार को सन्तुलित रखते हुए हाथों को नमस्कार की स्थिति में लायें। इस स्थिति में यथाशक्ति रुकने का प्रयास करें।

लाभ-

- स्कन्धपादासन के समान।

बकासन

विधि-

- दोनों हाथों की हथेलियों को भूमि पर स्थिर करके घुटनों को कोहनियों से ऊपर भुजाओं पर स्थिर करें।
- श्वास अन्दर भरकर शरीर के भार को हथेलियों पर सँभालते हुए धीरे-धीरे पैरों को भूमि से ऊपर उठाने का यत्न करें। अभ्यास होने पर बगुले जैसी स्थिति हो जायेगी।

लाभ-

- हाथों के स्नायुओं को विशेष बल एवं आरोग्य मिलता है। मुख की कान्ति बढ़ती है।

नटराजासन

विधि-

- पूर्ववत् खड़े होकर दाँयें पैर को पीछे की ओर मोड़ें। दायाँ हाथ कन्धे के ऊपर से लेकर दाँयें पैर का अंगूठा पकड़ें।
- बायाँ हाथ सामने सीधा ऊपर की ओर उठा हुआ होगा। इस पैर से करने के पश्चात् दूसरे पैर से इसी प्रकार करें।

लाभ-

- हाथ एवं पैर के स्नायुओं का विकास करता है। स्नायु-मण्डल को सुदृढ़ बनाता है।

वातायनासन

विधि-

- पूर्ववत् खड़े होकर बायें पैर को मोड़कर दाँयीं जंघा के मूल को इस प्रकार रखें कि पंजा जंघा पर तथा एड़ी मूत्रेन्द्रिय के मूल में लगी हुई हो।
- दायाँ पैर मोड़ते हुए बायें पैर का घुटना भूमि पर टिकाकर स्थिर करें। हाथों की स्थिति नमस्कार की मुद्रा में हो। इसी प्रकार दूसरे पैर से करें।

लाभ-

- घुटने के विकारों में लाभप्रद है। शरीर में हल्कापन आता है। जंघाओं में बल की वृद्धि करता है। हर्निया वालों के लिए यह उपयोगी माना जाता है।

हठयोग एवं षट्कर्म

हठयोग के आदि प्रणेता भगवान् शिव माने जाते हैं। उन्हीं की परम्परा में योगी गोरक्षनाथ, मत्स्येन्द्रनाथ, मीनानाथ, चौरंगीनाथ, स्वात्माराम आदि से लेकर भर्तृहरि एवं गोपीचन्द पर्यन्त नाथों ने इस परम्परा को जीवित रखा है। हठयोग से हम शरीर को शुद्ध, स्वस्थ एवं निर्मल बनाकर, राजयोग का पात्र बनाते हैं, जैसा कि स्वयं हठयोगप्रदीपिकाकार ने कहा है-**'केवलं राजयोगाय हठविद्योपदिश्यते'।** केवल राजयोग में प्रवेश के लिए ही हठयोग का उपदेश किया जाता है, क्योंकि राजयोग में यम-नियमों के द्वारा अन्त:करण को पवित्र कर ध्यान एवं समाधि में प्रवेश का क्रम है, परन्तु यदि हम अस्वस्थ हैं, हमारी चेतना ही सुप्त है तो ध्यान एवं समाधि की स्थिति प्राप्त होना दुर्लभ है। इसीलिए 'हठयोगप्रदीपिका' में आगे कहा है-

हठं विना राजयोगो राजयोगं विना हठः। न सिध्यति ततो युग्मनिष्पत्त्यर्थं समभ्यसेत्।।

(हठयोग-२.७६)

हठयोग के बिना राजयोग सिद्ध नहीं होता तथा राजयोग के बिना हठयोग अपूर्ण है। इसलिए साधक को हठयोग एवं राजयोग दोनों का समन्वयपूर्वक सतत अभ्यास करना चाहिए।

सामान्यत: लोग मानते हैं कि हठयोग का अर्थ हठ, अर्थात् शक्ति का अतिक्रमण करके जिस योग को किया जाये, वह हठयोग है, किन्तु यह अर्थ बिल्कुल विपरीत है। शास्त्रों में हठयोग की परिभाषा की गई है-

हकारः कीर्तितः सूर्यष्ठकारश्चन्द्र उच्यते। सूर्याचन्द्रमसोर्योगाद् हठयोगो निगद्यते।।

हकार सूर्यनाडी का द्योतक है तथा ठकार चन्द्रनाडी का प्रतीक है। सूर्य एवं चन्द्र नाडी के योग से हठयोग शब्द निष्पन्न होता है। सूर्य और चन्द्र नाडी हमारे शरीर में ही विराजमान है। इन्हीं के द्वारा हम जीवनी-शक्ति प्राप्त करते हैं। यहाँ इतना ही लिखना पर्याप्त है कि व्यक्ति में दो प्रकार की ही शक्तियाँ हैं। एक अग्नि-शक्ति-बल, पराक्रम, शौर्य, वीर्य; तथा दूसरी सोम-शक्ति-श्रद्धा, शान्ति, धैर्य, सौहार्द, प्रेम, सहानुभूति। इन दोनों से व्यक्ति के सभी व्यवहार सिद्ध होते हैं। सोम-शक्ति एवं अग्नि-शक्ति के संयोग से एक दैवी शक्ति को निष्पन्न करना यौगिक कार्य है। इन्हीं सूर्य चन्द्र नाड़ियों से सम्बन्धित एक विज्ञान है, जिसे 'नाडीविज्ञान' या 'स्वरविज्ञान' कहते हैं, जिसका यहाँ संक्षिप्त वर्णन किया जाता है।

नाडीविज्ञान या स्वरविज्ञान

'यथा ब्रह्माण्डे तथा पिण्डे' के अनुसार बाह्य जगत् की सम्पूर्ण शक्तियाँ हमारे अन्दर ही हैं। हमें बाहर से शक्ति प्राप्त करने की आवश्यकता नहीं। हमें आवश्यकता है अपने अन्दर विद्यमान शक्तियों को पहचानने और उनका सम्यक् उपयोग करने की। बाह्य जगत् के जीवन के आधार सूर्य और चन्द्र है। ये दोनों ही संसार-चक्र का संचालन करते हैं। ये दोनों क्रमशः अग्नि-शक्ति और सोम-शक्ति के प्रतिरूप हैं। ठीक उसी प्रकार हमारे शरीर में सूर्य और चन्द्र स्वर हैं। सूर्यस्वर शौर्य, वीर्य, पराक्रम एवं इच्छाओं की पूर्ति की क्षमता से परिपूर्ण है। चन्द्रस्वर सोम का प्रतिनिधित्व करता है। इससे व्यक्ति में सात्त्विकता, सौम्यता, शक्ति, आनन्द एवं इच्छाशक्ति जागृत होती है। इन दोनों शक्तियों के सम और सन्तुलित होने से तीसरी शक्ति का जागरण या उद्भव होता है, जो इन दोनों शक्तियों के मध्य में प्रतिष्ठित है, इसे सुषुम्णा कहते हैं। इन्हीं स्वरों को हठयोग में गंगा, यमुना और सरस्वती नाम से भी जाना जाता है।

इडा भगवती गंगा, पिंगला यमुना नदी। इडापिंगलयोर्मध्ये बालरंडा च कुंडली।।

इडा, अर्थात् वाम नाडी भगवती गंगा है। पिंगला, अर्थात् दक्षिण नाडी यमुना नदी है। इन इडा और पिंगला के मध्य सुषुम्णा नाडी है, जिसे बालरंडा, सरस्वती एवं कुंडली नाम से भी जाना जाता है। सन्त कबीरदासजी के शब्दों में-

चांद-सूरज दो बने मसालची, सुरत-सुहागिनी नाच रही।
इड़ा पिंगला ताना भरनी, सुखमन तार से बीनी चदरिया।
घट में गंगा, घट में यमुना, घट में ठाकुरद्वारा।

अब हम हठयोग के अन्तर्गत षट्कर्म के विषय में कुछ प्रकाश डालेंगे।

षट्कर्म

शरीर की शुद्धि एवं राजयोग में प्रवेशार्थ अपने शिष्यों को ऋषियों ने षट्कर्म की शिक्षा का उपदेश किया। ये क्रियाएँ मानव-शरीर का कायाकल्प करके उसे रोगमुक्त, दीर्घायु, स्वस्थ, पुष्ट एवं कान्तिमय बनाती हैं।

षट्कर्मनिर्गतस्थौल्यः कफदोषमलाधिकः। प्राणायामं ततः कुर्यादनायासेन सिध्यति।।

षट्कर्म की ये क्रियाएँ स्थूल शरीर को शुद्ध करती हुई सूक्ष्म शरीर के शुद्धीकरण में भी अत्यन्त सहायक हैं। इन क्रियाओं के अभ्यास से बीस प्रकार के कफरोग, सभी वातरोग, पित्तरोग, कुष्ठ रोग, उदर रोग, फुफ्फुस-विकार, हृदय एवं वृक्क की विकृतियाँ दूर होती हैं। इसलिए सर्वजनहिताय इस ऋषिप्रोक्त षट्कर्म का संक्षेप से वर्णन करते हैं।

धौतिर्बस्तिस्तथा नेतिस्त्राटकं नौलिकं तथा। कपालभातिश्चैतानि षट् कर्माणि प्रचक्षते।।

(हठयोग-२.२२)

धौतिर्वस्तिस्तथा नेति: नौलिकस्त्राटकस्तथा। कपालभातिश्चैतानि षट् कर्माणि समभ्यसेत्।।

धौति, बस्ति, नेति, त्राटक, नौली तथा कपालभाति- इन छह कर्मों का योगमार्गानुगामियों के लिए उपदेश किया गया है। योगाकांक्षी को इनका सतत अभ्यास करना चाहिए। इनका विवेचन यहाँ किया जा रहा है।

१. नेति- नासिका द्वारा भिन्न-भिन्न द्रव्यों को ग्रहण करना नेति कहलाता है।

नेति के प्रकार-

नेति के मुख्यत: पाँच प्रकार हैं- (क) जलनेति (ख) सूत्रनेति (ग) घृतनेति (घ) तेलनेति और (ङ) दुग्धनेति।

(क) जलनेति-

विधि- एक किलो पानी में लगभग १० ग्राम सेंधा नमक डालकर गुनगुना गर्म करके नेति करने वाले लोटे में भर लें। प्रात: काल का समय नेति के लिए उपयुक्त है। रोगविशेष में दोनों समय भी कर सकते हैं। लोटे की नली को दाँयीं नासिका में लगाकर बायीं ओर की नासिका को थोड़ा नीचे रखें। मुख को थोड़ा खोलकर श्वास-प्रश्वास की प्रक्रिया मुख से ही करें। बायीं नासिका से जल अपने-आप बाहर निकलने लगेगा। इसी प्रकार दूसरी नासिका से करें। कफरोग न हो तो, धीरे-धीरे नमक-रहित ठण्डे पानी से अभ्यास करना चाहिए। जिनको नजला जुकाम हो, उनको नमकयुक्त गर्म जल से यह क्रिया करनी चाहिए। जिनको कफरोग नहीं हैं, उनको गुनगुने जल से नेति आरम्भ करके धीरे-धीरे सामान्य जल से करनी चाहिए। नेति-क्रिया से सर्दी-जुकाम ठीक हो जाते हैं, पर कुछ लोगों को नेति करने से ही सर्दी-जुकाम हो जाते हैं। नेति करने के बाद कपालभाति क्रिया भी करनी चाहिए, ताकि अन्दर कोटरों में रुका और भर जाने वाला पानी निकल सके। फिर सर्दी-जुकाम नहीं होंगे।

(ख) सूत्रनेति-

विधि- सूत्र से बनी हुई एक रस्सी, जिसे सूत्रनेति कहा जाता है, से यह क्रिया की जाती है। सूत्रनेति को नासिका में डालने से पहले जल में भिगो देना चाहिए। भिगोकर थोड़ा वृत्ताकार में जहाँ सूत्रनेति पर मोम लगा रहता है, वहाँ से मोड़ना चाहिए, जिससे नेति आसानी से नासाद्वार में प्रविष्ट हो जाये। अब दाँयीं नासिका में शनैः-शनैः नेति को डालें। मुख में आने पर हाथ की सहायता से धीरे-धीरे बाहर निकाल लें।

टिप्पणी- सूत्रनेति के अभाव में ४ से ५ नम्बर के कैथेटर से भी सूत्रनेति कर सकते हैं। सूत्रनेति करने से नासिका एवं गले में एक विशेष प्रकार की हल्की-हल्की पीड़ा का अनुभव होने लगता है। इसलिए इसके पश्चात् घृतनेति या तेलनेति करनी चाहिए।

(ग) घृतनेति आदि-

विधि- कुर्सी पर बैठकर अथवा तख्त या चारपाई पर लेटकर सिर को थोड़ा पीछे की ओर लटकाएँ। अब ड्रॉपर या छोटे चम्मच की सहायता से नासिकाओं में गुनगुने घी की ८ से १० बूँद डालिए। इसी प्रकार तेलनेति होती है। नासिका से दुग्धपान करना ही दुग्धनेति है। जलनेति के अभ्यास में परिपूर्ण होने पर दुग्धनेति की जाती है। दुग्धनेति करते समय जलनेति की तरह मुख को खोलकर दूध को बाहर नहीं निकालते, बल्कि दूध को धीरे-धीरे पी जाते हैं।

लाभ- 'हठयोगप्रदीपिका' में नेति को कपाल का शोधन करने वाली, नेत्रज्योतिवर्धक, गले के ऊपर के समस्त रोगों को शीघ्र दूर करने वाली कहा है-

कपालशोधनी चैव दिव्यदृष्टिप्रदायिनी। जत्रूर्ध्वजातरोगौघं नेतिराशु निहन्ति च।।

नजला-जुकाम एवं अन्य कफरोगों को नेति अवश्य दूर करती है। नेत्र-विकार, बालों का सफेद होना, सिर-दर्द आदि बीमारियों में नेति अत्यधिक लाभप्रद है। नेति का उद्देश्य नासिका की शुद्धि ही नहीं अपितु बाह्य वातावरण के प्रदूषण, धूलकण, धुआँ, उष्णता, शीतलता, रोगाणु एवं कीटाणुओं से श्लेष्मा-झिल्ली की रक्षा कर उसको सक्षम बनाना है। कुछ व्यक्तियों की श्लेष्मा-झिल्ली अत्यन्त संवेदनशील होती है, जो तुरन्त बाह्य वातावरण से प्रभावित हो जाती है, जिसे 'एलर्जी' कहते हैं। नेति झिल्ली की संवेदनशीलता को कम करके इन समस्त रोगों की निवृत्ति करती है। कुछ व्यक्तियों की नासिका में नासांकुर बढ़ जाता है। उस स्थिति में नेति से इस साइनस रोग को भी, इसकी प्रारम्भिक अवस्था में, दूर किया जा सकता है।

२ धौति- आमाशय के शुद्धीकरण के लिए धौति क्रिया होती है। धौति का अर्थ है- धोना। इसके सामान्यतया चार भेद हैं- वमनधौति, गजकरणी, वस्त्रधौति, दण्डधौति।

(क) वमनधौति-

विधि- प्रात:काल शौचादि से निवृत्त होकर यह क्रिया करनी चाहिए। क्रिया के लिए १-२ किलो गुनगुने जल में थोड़ा नमक डालकर जितना सम्भव हो, उतना प्रयत्नपूर्वक पानी पियें। फिर ९० डिग्री पर झुककर बायें हाथ की बीचे की दो अंगुलियों को मुख में डालकर गले से स्पर्श करें, इससे वमन होकर पानी बाहर निकल जाता है। इस प्रकार गले में अंगुलियों के स्पर्श से पूरा पानी बाहर निकाल दें। जिनके नेत्र में अधिक लाली रहती है, उनको यह क्रिया बलपूर्वक नहीं करनी चाहिए। अधिक नीचे की ओर भी नहीं झुकना चाहिए तथा पैरों के पास में रखना चाहिए। इस क्रिया को 'बाघी क्रिया' भी कहते हैं।

लाभ- वमनधौति से आमाशय में स्थित कफ, पित्त एवं बिना पचा हुआ अन्न आदि बाहर निकल जाता है। जिनको कफ रोग, श्वास, दमा एवं अम्लपित्त हों, उन्हें यह क्रिया करनी चाहिए। बाद में जैसे-जैसे रोग का वेग कम होता जाय, इसको भी कम करते जायें। ज्वर में भी वमनधौति से प्रकुपित पित्त बाहर निकल जाता है और प्रस्वेद आकर ज्वर की निवृत्ति होती है। सिर में चक्कर आना आदि विकार शान्त होते हैं। इस क्रिया को सामान्यतया सप्ताह में एक बार किया जाना चाहिए।

(ख) गजकरणी या कुंजरक्रिया-

वमनधौति और गजकरणी में इतना ही अन्तर है कि पहली क्रिया में रुक-रुककर पानी बाहर आता है, जबकि गजकरणी में जल एक साथ बाहर निकलता है। गज या कुंजर हाथी को कहते हैं। जैसे हाथी सूँड में पानी भरकर उसे फव्वारे की तरह बाहर फेंक देता है, वैसे ही यह क्रिया होती है, अत: इसे 'गजकरणी' कहते हैं।

विधि- जितना पी सकते हैं, जल पियें। जल पीकर ९० डिग्री पर कमर को झुकायें। गले, मुख एवं कण्ठ को थोड़ा संकुचित करके उज्जायी जैसे श्वास लें या जैसे पानी पीते हैं, वैसे ही घूँट-घूँट करते वायु को आमाशय में धकेलें। उदर को संकुचित करें। इससे आमाशय के संकुचित होने से पानी झरने की भाँति बाहर गिरने लगेगा। इसमें आमाशय पर बायें हाथ से दबाव भी डाल सकते हैं।

लाभ- पूर्ववत्।

(ग) वस्त्रधौति-

विधि- मलमल का एक २२ फुट लम्बा और चार अंगुल चौड़ा वस्त्र लें। उसको गोलाकार लपेटकर एक पात्र में ४ से ५ मिनट तक उबले हुए साफ पानी में छोड़ दें। उकड़ू बैठकर वस्त्रधौति के एक सिरे को जिह्वामूल पर रखें। अब धीरे-धीरे जैसे भोजन करते हैं, वैसे लार के साथ वस्त्र को निगलते जायें और बीच-बीच में थोड़ा-थोड़ा पानी भी पीते जायें। इस प्रकार आसानी से कपड़ा अन्दर चला जाता है। प्रारम्भ

में वमन जैसा अनुभव होगा। जब वमन होने लगे, तो मुख बन्द कर लें। प्रारम्भ में ३-४ फुट कपड़ा अन्दर जायेगा। अभ्यास होने पर शनैः-शनैः पूरी धौति निगल सकेंगे। धौति निगलने के बाद खड़े होकर २-३ बार उड्डीयान बन्ध और दक्षिण नौलि का संचालन करें। नौलिक्रिया के पश्चात् बैठकर धीरे-धीरे वस्त्र को बाहर निकाल दें। यदि बाहर निकालते समय वस्त्र बीच में ही अटक जाये तो थोड़ा निगलकर फिर बाहर निकालें। बाहर निकालकर ठीक प्रकार से साबुन आदि से धोकर सुखा लें।

सावधानियाँ-

- ☞ वस्त्रधौति निगलते समय उसे दाँतों से नहीं दबाना चाहिए।
- ☞ धौति निगलते हुए कम से कम एक फुट वस्त्र बाहर रखना चाहिए।
- ☞ वस्त्रधौति निगलना आरम्भ करने के पश्चात् लगभग २० मिनट बाद उसे निकालना आवश्यक होता है अन्यथा धौति का अगला हिस्सा आमाशय के अन्तिम द्वार तक पहुँचकर वहाँ पच सकता है, जिससे हानि होने की अत्यन्त सम्भावना होती है। इसलिए १५-२० मिनट में चाहे जितनी धौति निगली गई हो, उसे बाहर कर देना चाहिए।
- ☞ जिन्हें अत्यधिक खट्टी डकारें आती हों या आमाशय में किसी प्रकार का व्रण (अल्सर आदि) हो, उन्हें यह क्रिया नहीं करनी चाहिए।

लाभ-

१. वस्त्रधौति आमाशय की भित्तियों के ऊपर आये हुए श्लेष्मा के आवरण को हटा देती है, जिससे पाचक रस का निर्माण होकर भूख लगने लगती है।

२. कफरोगियों के लिए विशेष हितकर है। जीर्ण जठरशोथ में भी इसका अभ्यास उत्तम है।

(घ) दण्डधौति-

विधि- तीन फुट लम्बी और छह मिलीमीटर मोटी रबर की एक कोमल नली लेकर उसे पानी में उबालिए, जिससे वह कीटाणु-रहित हो जाये। नली के जिस भाग को अन्दर लेना है, उसे पत्थर पर थोड़ा घिसना चाहिए। मन्दोष्ण लवणयुक्त जल यथाशक्ति १-२ ग्लास पीयें। अब सामने झुककर खड़े हो जायें। नली का एक सिरा मुख में डालकर उसे धीरे-धीरे निगलने का प्रयत्न करें। नली को इतना निगलें कि उसका अगला सिरा आमाशय में पहुँच जाये। दूसरा सिरा बाहर नीचे लटकता हुआ होगा। आमाशय में नली पहुँचते ही साइफन क्रिया द्वारा पानी स्वतः बाहर आने लगेगा। इस प्रकार, सम्पूर्ण जल को बाहर निकाल दें।

सावधानी- नली का प्रयोग करने से पूर्व खींचकर देख लेना चाहिए। अन्यथा नली के पेट में टूट जाने का भय रहता है।

लाभ- जब आमाशय की पाचक-रस-स्रावक-ग्रन्थियों पर मल जमा हो जाता है, तब अल्प मात्रा में पाचक रस का स्राव होता है। इस क्रिया में श्वसन-नली की दीवारें प्रतिवर्त क्रिया द्वारा उत्तेजित होकर शिथिल हो जाती हैं, जिससे कफ निकल जाता है। अत: भूख खुलकर लगती है और दमा के रोगियों को भी विशेष लाभ होता है। दमा में श्वसन-नली में जो ऐंठन पैदा हो जाती है, वह भी इस क्रिया के द्वारा दूर होती है, जिससे दमे के दौरे पड़ने भी रुक जाते हैं।

कायाकल्प की क्रिया- शंखधौति या शंखप्रक्षालन

हमारी आँत की आकृति शंखाकार है। उस शंखाकार आँत का प्रक्षालन होना (शुद्ध करना) ही 'शंख-प्रक्षालन' या 'वारिसार' क्रिया कहलाता है। इस क्रिया का हमने अनेक रोगियों पर परीक्षण किया और पाया है कि इस क्रिया से व्यक्ति का वास्तव में कायाकल्प हो जाता है। भयंकर जीर्ण रोगों को दूर करने में यह क्रिया सक्षम है। समस्त उदर रोग, मोटापा, बवासीर, उच्च रक्तचाप, मधुमेह, धातुरोग आदि कोई ऐसा रोग नहीं, जिसमें इस क्रिया से लाभ न होता हो। हमने तो योग-शिविरों में यहाँ तक पाया है कि आधा लाभ तो अन्य योगासन एवं क्रियाओं से होता है और आधा लाभ केवल इस कायाकल्प की क्रिया से होता है। हम प्रतिदिन अपने वस्त्रों को साफ करते हैं। यदि एक दिन भी वस्त्र नहीं धोये जायें तो वे मैले हो जाते हैं। हमारे उदर में भी लगभग ३ २ फुट लम्बी आँत है। उसकी सफाई हम जिन्दगी में कभी नहीं करते। इससे उसकी दीवारों पर सूक्ष्म मल की परत बन जाती है। उस परत के जम जाने से रसों के अवशोषण एवं निष्कासन (परित्याग) की जो ठीक-ठीक क्रिया होनी चाहिए, वह नहीं हो पाती, जिससे मन्दाग्नि, अपच, खट्टी डकारें आना आदि रोग उत्पन्न हो जाते हैं। मल के सड़ने से पेट में दुर्गन्ध हो जाती है। गैस बनने की बीमारी हो जाती है। रस का निर्माण ठीक नहीं हो पाता। जब मुख्य यन्त्र ही विकृत हो जाता है, तब सहायक यन्त्र आमाशय, अग्न्याशय (पेन्क्रियाज) आदि भी प्रभावित हो जाते हैं और विविध प्रकार के रोग उत्पन्न हो जाते हैं।

हमारा शरीर एक यन्त्र है। दुनिया के आश्चर्यों में एक बहुत बड़ा आश्चर्य है कि इतना अद्भुत यन्त्र किसने बनाया? जैसे हम वाद्ययन्त्रों, गाड़ी, घड़ी एवं अन्य मशीनों की पूरी सफाई तथा मरम्मत (overhauling) करवाते हैं, जिससे ये यन्त्र-मशीनें ठीक प्रकार से कार्य करते हैं, वैसे ही हमें अपने शरीर-रूप यन्त्र की भी सफाई (servicing) और ओवरहॉलिंग करना चाहिए, जिससे यह यन्त्र स्वस्थ, दीर्घायु एवं बलिष्ठ बने।

क्रिया हेतु आवश्यक सामग्री- एक ग्लास (पानी पीने के लिए), गुनगुना पानी, जिसमें उचित परिमाण में नींबू का रस एवं सेंधा नमक डाला हुआ हो, चावल एवं मूँगदाल की पतली खिचड़ी, प्रति व्यक्ति के हिसाब से लगभग १०० ग्राम गाय का घी; गाय का घी यदि न मिले तो भैंस का ले सकते हैं। आसन करने हेतु दरी या कम्बल, ओढ़ने हेतु हल्की चादर तथा पास में ही शौचालय हो।

पूर्व तैयारी- शंख-प्रक्षालन क्रिया को करने से पहले कम से कम एक सप्ताह पूर्व ही आसनों का अभ्यास प्रारम्भ कर देना चाहिए। जिस दिन शंख-प्रक्षालन करना हो, उससे पूर्व रात्रि को सुपाच्य भोजन लगभग ८बजे तक कर लेना चाहिए। सायंकाल दूध में लगभग ५० से १०० ग्राम तक मुनक्का डालकर पी लें तो शुद्धि की क्रिया अति उत्तम होती है। रात्रि को १० बजे से पूर्व सो जायें। दूसरे दिन प्रात:काल नित्यकर्म-स्नान, मंजन और मलत्याग आदि से, यदि सम्भव हो तो निवृत्त हो जायें। यदि मलत्याग न भी हो, तो कोई बात नहीं।

तीन प्रकार का जल-

(क) नींबू तथा सेंधा नमक वाला- पानी में उचित परिमाण में नींबू तथा सेंधा नमक मिलाकर गर्म पानी तैयार करें। यह पानी वात, कफ एवं उच्च रक्तचाप के रोगियों को छोड़कर शेष सभी स्वस्थ व्यक्तियों को पीना होता है।

(ख) वात तथा कफरोगियों के लिए- जोड़ों में दर्द, आमवात (गठिया), सूजन, सर्वाइकल स्पॉण्डलाइटिस, स्लिप डिस्क आदि किसी भी प्रकार की शारीरिक पीड़ा तथा कफरोग हो, तो उनको केवल सेंधा नमक मिला हुआ गर्म पानी पीना चाहिए।

(ग) उच्च रक्तचाप तथा चर्मरोगियों के लिए- जिन लोगों को उच्च रक्तचाप या चर्मरोग हो, उनको नींबू रस मिला हुआ गर्म जल पीकर ही यह क्रिया करनी चाहिए।

विधि- तैयार किये हुए यथानिर्दिष्ट पानी के एक या दो ग्लास उत्कटासन में (उकडू) बैठकर बिना स्वाद लिये जल्दी से पी जायें। फिर शंख-प्रक्षालन के निर्धारित पाँचों आसनों की दो आवृत्ति करके, इच्छानुसार पानी पियें। पानी पीकर पुन: क्रमश: आसन करें। इस प्रकार दो-तीन बार पानी पीते रहने और आसन करते रहने से शौच आना आरम्भ हो जायेगा। शौचालय में अधिक देर तक जोर लगाकर शौच करने

की चेष्टा न करें। शौच जितना हो जाता है, उतना करें। शौचालय में बैठकर अश्विनी मुद्रा (गुदाभाग को खींचना और छोड़ना) करें, इससे पेट ठीक प्रकार से साफ होगा तथा बवासीर आदि रोग भी नष्ट होंगे। शौच से आने के बाद फिर पानी पियें और आसन करें। इस प्रकार, पानी पीकर आसन करते जायें तथा शौच जाते रहें। जब ८-१० बार शौचालय जायेंगे, तब आप देखेंगे कि अब पीला पानी आना बन्द हो गया है। जैसा पानी आप पी रहे हैं, वैसा ही पानी गुदाभाग से निकल रहा है। तब स्वेच्छापूर्वक ४-५ गिलास जल पीकर वमनधौति कर लें। वमनधौति करने के पश्चात् ३०-४० मिनट शवासन में लेटकर विश्राम करें। शरीर को हल्के कपड़े से ढककर रखें; क्योंकि इस समय अधिक वायु भी शरीर को नहीं लगनी चाहिए। ३०-४० मिनट विश्राम करके छिलका वाली मूँगदाल एवं चावल समान मात्रा में मिलाकर बनी हुई पतली खिचड़ी में गर्म किया हुआ यथेष्ट घी डालकर खायें। कम से कम ५० ग्राम घी तो खा ही लेना चाहिए, स्वस्थ व्यक्ति यथाशक्ति जितनी इच्छा हो खायें। इस क्रिया से सम्पूर्ण शरीर की शुद्धि हो जाती है। शुद्धि करने के पश्चात् जैसे गाड़ियों में ग्रीजिंग कराते हैं, वैसे ही शरीर में ग्रीजिंग करना चाहिए। इस क्रिया के पश्चात् जो घी खाया जाता है, उससे आँत आदि सभी ग्रन्थियाँ (Glands) कोमल हो जाती हैं। जब उन पर घी लग जाता है, तब मल आदि उनसे दुबारा नहीं चिपकते । इस समय खाये गये घी से किसी भी रोगी को कोई हानि नहीं होती। खिचड़ी खाकर सम्भव हो तो योगनिद्रा करें। योगनिद्रा शवासन के तुल्य होती है। उसमें ध्यान की प्रक्रिया का विशेष महत्त्व है। अब शंख-प्रक्षालन हेतु जो पाँच-आसन हैं, उनकी विधि लिखते हैं।

(क) ऊर्ध्वताड़ासन

विधि-

☞ सीधे खड़े होकर दोनों हाथों की अंगुलियों को आपस में डालते हुए सिर पर रखें। पैरों को मिलाकर रखें।

☞ श्वास अन्दर भरते हुए हाथों को ऊपर की ओर तानें तथा एड़ियों को भी साथ-साथ ऊपर उठायें। श्वास छोड़ते हुए नीचे आ जायें। हाथ सिर पर ही रहेंगे। इस प्रकार ५ चक्र करें।

(ख) तिर्यक् ताड़ासन

विधि-

☞ पूर्ववत् हाथों को ऊपर ले जाकर अंगुलियों को एक दूसरी में डालकर ऊपर सीधा करके स्थिर करें। हथेलियाँ ऊपर की ओर खुली हुई होंगी, पैरों के बीच लगभग एक फुट का अन्तर होगा।

☞ श्वास अन्दर भरते हुए दाँयीं ओर, बिना आगे-पीछे झुके, जितना झुक सकते हों, बाँहों को झुकायें। कोहनियों से बाँहें नहीं मुड़नी चाहिए। श्वास बाहर छोड़ते हुए सिर के ऊपर हाथों को ले आयें। इसी प्रकार बायीं ओर से करें। इस प्रकार एक-एक ओर से ५-५ बार करें।

(ग) कटिचक्रासन

विधि-

☞ समानान्तर, हथेलियाँ भूमि की ओर करते हुए सीधा रखें।

☞ दायाँ हाथ को सामने से घुमाते हुए बायें कन्धे पर रखें। बायें हाथ को पीछे से घुमाकर कमर पर रखें। कमर वाले हाथ की हथेली ऊपर की ओर होगी।

☞ अब गर्दन को बायीं ओर घुमाते हुए पीछे से दाँयें पैर की एड़ी को देखें। यदि नहीं देख सकते हों तो केवल देखने का प्रयास मात्र करें। एक ओर से करने के पश्चात् दूसरी ओर से करें। इस प्रकार इसके भी १-१ से ५-५ चक्र तक करें।

दूसरी विधि-

खड़े होकर दोनों हाथों को छाती के सामने सीधा करके रखें। श्वास अन्दर भरते हुए हाथों को दाँयीं ओर जितना घुमा सकते हों घुमायें। हाथों के बीच छाती जितना अन्तर हो तथा दृष्टि हाथों के बीच रहे। श्वास छोड़ते हुए बीच में आ जायें। इसी प्रकार दूसरी ओर से भी करें।

(घ) तिर्यक् भुजंगासन

विधि-

☞ पेट के बल लेटकर दोनों हाथों को छाती के दोनों ओर कन्धों के समीप रखें। कोहनियाँ पार्श्वभागों से लगी हुई तथा ऊपर उठी हुई होंगी।

☞ पैरों में लगभग एक फुट का फासला रखते हुए पंजों को पीछे की ओर तानकर रखें।

☞ श्वास अन्दर भरते हुए छाती को उठायें। नाभि तक अगला हिस्सा उठने पर दाँयें ओर के कन्धे के ऊपर से बायें पैर की एड़ी को देखें। श्वास छोड़ते हुए नीचे आ जायें। इसी प्रकार बायीं ओर से करें।

(ङ) उदराकर्षासन या शंखासन

विधि-

- उकड़ू बैठकर दोनों हाथों को घुटनों पर रखें। पैरों के बीच लगभग एक-सवा फुट का अन्तर होना चाहिए।
- श्वास अन्दर भरते हुए दाँयें घुटने को बायें पैर के पंजे के पास टिकायें तथा बायें घुटने को दाँयीं ओर नीचे की तरफ झुकायें।
- गर्दन को बायीं ओर से पीछे की ओर घुमायें और पीछे देखें। थोड़े समय तक रुकने के पश्चात् श्वास छोड़ते हुए बीच में आ जायें। इसी प्रकार दूसरी ओर से करें।

शंख-प्रक्षालन के लाभ-

- जैसा कि हम पहले लिख चुके हैं- यह क्रिया समस्त प्रकार के रोगों को दूर करती है।
- शरीर शुद्ध निर्मल होकर पुष्प की भाँति हल्का एवं कान्तिमय हो जाता है।
- सभी प्रकार के उदररोग, यथा कब्ज, मन्दाग्नि, गैस, अम्लपित्त, खट्टी-खट्टी डकारों का आना एवं बवासीर आदि निश्चित रूप से दूर होते हैं।
- मोटापा, मधुमेह, श्वासरोग, हृदयरोग, अपेण्डिसाइटिस, सिरदर्द, मुख, गला, जिह्वा और आँख के सभी रोगों में अत्यन्त लाभकारी है।
- स्त्रियों के मासिक-धर्म की विकृतियों को दूर करता है। सन्धिवात, आमवात आदि वातरोग, बालों का असमय में सफेद होना, चेहरे पर झुर्रियाँ पड़ जाना या काले-काले दाग होना आदि सभी विकृतियों को दूर करता है।
- आँत, गुर्दे, अग्न्याशय तथा तिल्ली-सम्बन्धी सभी रोगों में अत्यन्त लाभप्रद है। इसके तो जितने लाभ बताये जायें, उतने ही कम हैं।

सावधानियाँ-

- प्रारम्भ में इसका अभ्यास गुरु के सान्निध्य में ही करना चाहिए। आसन करते समय अधिक थकान आयेगी, जिससे आपको कष्ट होगा।
- शंख-प्रक्षालन करने में नमक और गर्म पानी का उपयोग किया जाता है। आसन करने से उष्णता और प्यास बढ़ती है। ऐसे में यदि ठण्डा पानी पी लिया तो हानि होती है और शरीर में थकावट एवं कमजोरी आ जाती है। साधक अस्वस्थता का अनुभव करता है। इसके लिए यह जरूरी है कि शुरू में पानी का तापक्रम साधारण गर्म और नमक की मात्रा अधिक रखी जाये। अगली बार नमक की मात्रा धीरे-धीरे कम करते जाने से यह समस्या समाप्त हो जाती है। यदि पानी पीने से उल्टी आने लगे तो पानी कम पियें तथा तिर्यक् भुजंगासन न करें।
- शौच में पहले मलभाग निकलेगा। उसके पश्चात् पीला पानी, पीले पानी के बाद पानी जैसा मल निकलेगा। उसके बाद फिर पीलापन लिये हुए पानी निकलेगा। तब यह क्रिया बन्द कर देनी चाहिए।
- खिचड़ी खाने के बाद ३ घण्टे तक पानी नहीं पीना चाहिए। तीन घण्टे बाद भी पानी पीना हो तो थोड़ा गर्म पानी पियें। ठण्डा जल उस दिन नहीं पीना चाहिए; क्योंकि ठण्डा पानी पीने से गले में विकृति, सर्दी-जुकाम आदि हो सकते हैं।
- दिन भर विश्राम करें, हवा में नहीं घूमें। क्रिया के पश्चात् विश्राम तो करना है, पर सोना नहीं है।
- क्रिया के पश्चात् स्नान न करें। यदि गर्मी के दिन हों तो सायंकाल गर्म जल से स्नान कर सकते हैं।
- क्रिया के बाद पंखे की हवा में बैठना तथा शीतकाल में धूप में बैठना वर्जित है।
- दिन भर ठण्डे पानी से हाथ या पैर न धोयें। इससे सूजन आ सकती है। जिस दिन आकाश में बादल हों या वर्षा हो रही हो, उस दिन यह क्रिया नहीं करनी चाहिए।
- बालक, प्रसूता स्त्री, अत्यधिक कमजोर व्यक्ति को यह क्रिया नहीं करनी चाहिए।
- क्रिया के पश्चात् तीन दिन तक दूध और दूध से बनी वस्तु मिठाई, छाछ, दही आदि (घी को छोड़कर) नहीं खाना चाहिए।
- दाल एवं चावल समान मात्रा में डालकर पतली खिचड़ी बनानी चाहिए। पकाते समय सेंधा नमक और हल्दी ही डालनी है। अन्य किसी चीज का प्रयोग न करें। जिस दिन क्रिया करते हैं, उस दिन केवल खिचड़ी एवं घी ही खाना होता है, इसके अतिरिक्त दूसरी कोई चीज न खायें। इसके बाद

भी जिनका वजन अधिक है तथा जिनको पेट के जीर्ण रोग हैं, उनको एवं मधुमेह के रोगियों को तीन दिन तक केवल खिचड़ी खानी चाहिए। खिचड़ी में पहले जितना घी नहीं डालना चाहिए। सामान्यतया दूसरे दिन लौकी, तुरई आदि की थोड़ी सब्जी भी ले सकते हैं। कहने का अभिप्राय है कि खाने में हल्के सुपाच्य पदार्थ ही लेने हैं, वह भी कम मात्रा में। धीरे-धीरे तीन दिन बाद सामान्य भोजन करें।

अभ्यास का समय-

मधुमेह के रोगियों को ४० दिन में एक बार यह क्रिया अवश्य करनी चाहिए। बवासीर, पुरानी कब्ज के रोगी तथा सोराइसिस वाले रोगी भी ४० दिन में एक बार कर सकते हैं। स्वस्थ व्यक्ति को भी छ: महीने या वर्ष में एक बार यह क्रिया अवश्य करनी चाहिए, जिससे किसी प्रकार का रोग देह में न आने पाये।

लघु शंखप्रक्षालन-

जीर्ण कब्ज, मोटापा तथा मधुमेह के रोगियों के लिए यह क्रिया विशेष लाभप्रद है। इस क्रिया में भी पूर्व की तरह ही यथायोग्य गर्म पानी पीकर आसन किये जाते हैं। इस क्रिया में पानी ७-८ गिलास ही पीना है, अधिक नहीं। इससे तीन-चार बार शौच होकर पेट साफ हो जायेगा। इसके पश्चात् इच्छा हो तो वमनधौति भी कर सकते हैं।

टिप्पणी- इसके लाभ पूर्व क्रिया के समान हैं। इसमें विशेष परहेज आदि भी नहीं करने होते हैं। क्रिया के बाद थोड़ा घी डालकर खिचड़ी खा लें। सायंकाल सब्जी-रोटी खा सकते हैं। जिस दिन यह लघुशंख-प्रक्षालन करें, केवल इसी दिन दूध-छाछ न पियें तो अच्छा है।

गणेश-क्रिया (मूलशोधन)-

अरण्डी के तेल में बायें हाथ की तर्जनी अंगुली को डुबा लें। गुदा में एक इंच के लगभग अंगुली अन्दर प्रविष्ट करके उसे चारों ओर घुमाकर मल को बाहर करें। हाथ धोकर पुन: इसी प्रकार करें। इस प्रकार गुदा भाग में शौच के पश्चात् बचे हुए सम्पूर्ण मल को बाहर निकाल दें। यह क्रिया शौच के उपरान्त ही की जाती है। अंगुली पर नाखून बिल्कुल नहीं होना चाहिए। नेलकटर से नाखून काटकर उसे अच्छी तरह घिस लेना चाहिए।

लाभ- इस क्रिया से गुदा की बाह्य एवं आभ्यन्तर संवरणी पेशियों का बल बना रहता है, जिससे कब्ज आदि रोग नहीं होते। शौच करने के पश्चात् गुदाभाग में अवशिष्ट मल इस क्रिया से आसानी से बाहर हो जाता है, जिससे बवासीर आदि रोग से ग्रस्त नहीं होना पड़ता। बवासीर के रोगियों के लिए यह क्रिया अत्यन्त लाभकारी है। उन्हें प्रतिदिन यह क्रिया करनी चाहिए।

३. बस्ति

गुदाद्वार द्वारा पानी या वायु का आकर्षण करके बड़ी आँत की शुद्धि करना बस्तिकर्म कहलाता है। यह द्विविध होती है- जलबस्ति तथा पवनबस्ति। इस क्रिया में दक्षता प्राप्त करने के लिए नौलि मध्यमा, उड्डीयान बन्ध और वाम दक्षनौलि-संचालन का अभ्यास होना आवश्यक है।

(क) जलबस्ति-

विधि-

- ☞ नाभि तक पानी आ जाये, ऐसे स्वच्छ पानी में खड़े होकर यह क्रिया करनी चाहिए। यह क्रिया किसी बड़े टब में पानी भरकर उत्कटासन में बैठकर भी की जा सकती है।
- ☞ उत्कटासन में बैठकर छह-सात इंच लम्बी और आधा इंच मोटी लकड़ी की छिद्रयुक्त नली, जिसके दोनों भाग घिसकर तथा चिकना द्रव्य लगाकर गोल किये हुए हों, गुदा में प्रविष्ट करें। नली का दूसरा सिरा पानी में डूबा हुआ रहे।
- ☞ श्वास बाहर निकालकर उड्डीयान बन्ध एवं मूलबन्ध लगाते हुए नौलि मध्यमा करें। इससे पानी तब तक ऊपर खिंचता रहेगा जब तक कि आप श्वास न लेंगे।
- ☞ श्वास अन्दर लेने से पूर्व नली के दूसरे हिस्से पर अंगुली लगाकर बन्द कर लें। पुन: श्वास को बाहर निकालकर पूर्ववत् पानी ऊपर खींचे। इस प्रकार ५-६ बार में पर्याप्त पानी बड़ी आँत में चला जायेगा।
- ☞ अब नली को बाहर निकाल दें और खड़े होकर नौलि क्रिया करें। इससे पानी आँत में फैलकर उसकी सफाई कर देगा।
- ☞ दाँयीं ओर से नौलि घुमाने पर शौच जाने की इच्छा होगी, तब शौच चले जायें।
- ☞ यह क्रिया बिना नली के भी नाभि तक जल पीकर पूर्ववत् उड्डीयान बन्ध एवं मूलबन्ध लगाकर पानी ऊपर चढ़ाकर की जा सकती है। जब मूलबन्ध आदि सम्यक् प्रकार से लग जाते हैं, तब गुदाद्वार अपने आप खुल जाता है और पानी अन्दर चला जाता है। पानी में थोड़ा नींबू का रस मिला सकते हैं। इस क्रिया का अभ्यास प्रात: शौचादि से निवृत्त होकर करना चाहिए।

लाभ- बस्ति द्वारा बड़ी आँत की शुद्धि होती है, जिससे कब्ज आदि रोग दूर होते हैं। पेट की गर्मी दूर हो जाती है, जिससे स्वप्नदोष आदि धातुदोष शान्त हो जाते हैं। यह क्रिया एनिमा से अधिक लाभकारी है।

एनिमा में दबाव डालकर पानी प्रविष्ट कराया जाता है, इस प्रक्रिया में बड़ी आँत निष्क्रिय रहती है। इससे बड़ी आँत का प्रसार होकर उसका स्वाभाविक बल कम हो जाता है। जबकि बस्ति में अपनी शक्ति से आँत पानी को आकर्षित करती है, जिससे आँतों की शक्ति कम होने की अपेक्षा बढ़ती है।

(ख) पवनबस्ति

उकड़ू बैठकर पूर्ववत् श्वास बाहर निकालकर मूलबन्ध एवं उड्डीयान बन्ध लगाकर नौलि मध्यमा करें। वायु अन्दर भर जायेगी। इस प्रकार वायु अन्दर भरकर बाहर निकालना वायुबस्ति कहलाता है।

लाभ- पूर्व के समान हैं, परन्तु पूर्वक्रिया जलबस्ति में मल बाहर निकलता है और इसमें केवल दूषित वायु बाहर निकलेगी। इसलिए यह क्रिया वायु-विकारों के लिए विशेष उपयोगी एवं बवासीर में भी लाभप्रद है और जठराग्नि को प्रदीप्त करती है।

४. त्राटक

विधि-

☞ किसी भी एक ध्यानोपयोगी आसन यथा पद्मासन, सिद्धासन आदि में बैठ जायें।

☞ घी का दीपक जलाकर उसे ३-४ फुट की दूरी पर आँखों के सामने रखें। घी के अभाव में सरसों के तेल का उपयोग कर सकते हैं।

☞ अब बिना पलक झपकाये दीपक की लौ को देखें। दीपक को निर्वात स्थान पर रखना चाहिए।

☞ जब अश्रुपात होने लगे या आँखों में जलन होने लगे, तब त्राटक बन्द कर देना चाहिए। यदि आँखों में आँसू आने लगें तो कुछ समय पश्चात् ठण्डे जल के पात्र में मुख एवं सिर को डुबोकर आँखों को खोलना चाहिए। मुख में पानी भरकर आँखों को पात्र में खोलें एवं बन्द करें। इससे नेत्रों की जलन दूर हो जायेगी। धीरे-धीरे अभ्यास को बढ़ाना चाहिए। तीन घण्टे का त्राटक का अभ्यास यदि हो जाये तो चमत्कारी प्रभाव होता है। इससे विविध प्रकार की यौगिक सिद्धियाँ भी उत्पन्न होने लगती हैं। जितनी देर बाहर हम दीपक का त्राटक करते हैं (यह बाह्य त्राटक है) उतनी ही देर भ्रूमध्य में उस दीपक की ज्योति का ध्यान करते हुए ज्योतिर्मय परमपिता परमेश्वर का स्मरण करना चाहिए। इससे धारणा सिद्ध हो जाती है और धारणा के सिद्ध हो जाने से ध्यान की भूमि में प्रवेश सहज हो जाता है। इस क्रिया को कागज पर काला बिन्दु लगाकर भी कर सकते हैं। चन्द्रमा एवं उगते हुए सूर्य का भी त्राटक किया जाता है। इस क्रिया में पूर्ण सिद्धि हेतु किसी अनुभवसिद्ध गुरु से मार्गदर्शन प्राप्त करना चाहिए।

लाभ-

- ☞ त्राटक से मन की चंचलता समाप्त हो जाती है, जिससे यौगिक भूमियों में प्रवेश सरलता से किया जा सकता है।
- ☞ नेत्रों की ज्योति बढ़ती है।
- ☞ सायंकाल दीपक पर त्राटक करने से स्वप्न नहीं आते और यदि आते हैं तो बहुत अल्प मात्रा में। अत: त्राटक से गाढ़ी निद्रा का आनन्द मिलता है तथा गन्दे स्वप्नों से मुक्ति।

५. नौलि-

नौलि मध्यमा-

विधि-

- ☞ पैरों के बीच एक-डेढ़ फुट का अन्तर रखते हुए, घुटनों पर हाथ रखकर खड़े हो जायें। हाथों से घुटनों को दबायें। दृष्टि भूमि पर होगी।
- ☞ नौलिक्रिया को प्रारम्भ में करना कठिन होता है। इसलिए इसमें दक्षता प्राप्त करने के लिए पहले अग्निसार क्रिया करें। श्वास को बाहर निकालकर पेट को अन्दर की ओर इतना खींचे कि पेट पीठ से लग जाये, फिर पेट को बाहर करें। इस प्रकार इस क्रिया की यथाशक्ति आवृत्ति करें। ऐसा करने से पेट मुलायम हो जायेगा और नौलिक्रिया करने में सुविधा होगी।
- ☞ अब नौलिक्रिया के लिए पूर्ववत् झुके रहें। घुटनों को दबाते हुए पार्श्वभाग से उदर को संकुचित करके मध्यभाग को बाहर निकालकर सामने वाली दोनों मांसपेशियों को बाहर निकालने का प्रयत्न करें।
- ☞ जब श्वास लेने की इच्छा हो तो श्वास लेकर पुन: पूर्ववत् करें

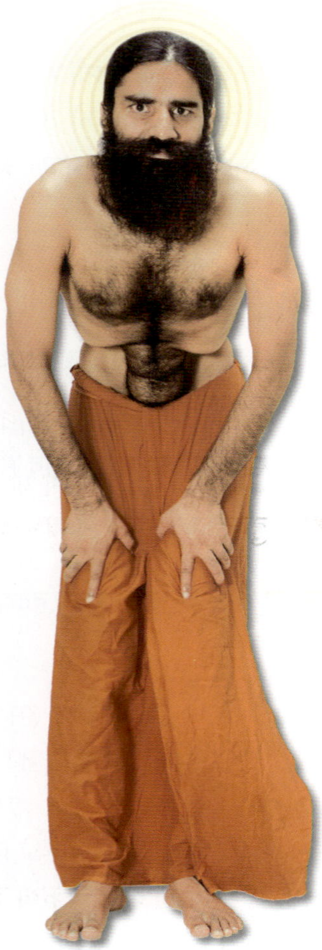

वामनौलि-

विधि- पूर्व की भाँति खड़े होकर नौलि मध्यमा करें। नौलि मध्यमा होने पर बायीं ओर थोड़ा झुकते हुए बायें हाथ पर दबाव डालें, इससे उदर की बड़ी पेशियों में बायीं पेशी आगे को निकल आयेगी। दायाँ हिस्सा इस क्रिया में ढीला रहना चाहिए।

दक्षिणनौलि-

विधि- वामनौलि की भाँति दक्षिणनौलि है। इसकी प्रक्रिया वामनौलि के समान है।

नौलि-संचालन-

विधि- जब दोनों दिशायों से नौलि होने लगे तो नौलि को बाहर निकालकर हाथों से जंघाओं की मालिश करें, अर्थात् हथेलियों को ऊपर-नीचे करें। ऐसा करने से अपने-आप नौलि दाँयीं से बायीं ओर घूमने लगेगी। अभ्यास में कुछ काल अवश्य लग जाता है। दाँयीं ओर से करने के पश्चात् बायीं ओर से करें।

लाभ-

- 'हठयोगप्रदीपिका' में नौलि को सभी क्रियाओं में मूर्धन्य कहा है- **'हठक्रियामौलिरियं च नौलिः'।**
- मन्दाग्नि, कब्ज, गैस, अतिसार, संग्रहणी, उदर का मोटापा इत्यादि समस्त उदररोग निश्चित रूप से दूर होते हैं।
- स्त्रीरोग, कष्टार्तव आदि में लाभकारी है।
- कुण्डलिनी-योग में प्राण-अपान का योग कराने वाली यह महत्त्वपूर्ण क्रिया है।

सावधानी- स्लिप डिस्क, हृदयरोग तथा अल्सर में इस क्रिया को नहीं करना चाहिए।

६. कपालभाति-

देखें- प्राणायाम प्रकरण।

मुद्रा-प्रकरण

योग-साधना में अष्टांगों के अलावा मुद्राओं का भी विशेष महत्त्व है। मुद्रायें आसनों के विकसित रूप हैं। आसनों में इन्द्रियों की प्रधानता और प्राणों की गौणता होती है। जबकि मुद्राओं में इन्द्रियों की गौणता और प्राणों की प्रधानता होती है। शास्त्रों में मुद्राओं का महत्त्व बताते हुए कहा गया है- **'नास्ति मुद्रासमं किञ्चित् सिद्धिदं क्षितिमण्डले'।** अर्थात् इस पृथ्वी पर मुद्रा के समान सफलता देने वाला अन्य कोई कर्म नहीं है। सुविधा की दृष्टि से विभिन्न प्रमुख मुद्राओं का वर्णन दो शीर्षकों में किया जा रहा है-

- **तत्त्वों का नियमन करने वाली हस्तमुद्राएँ।**
- **प्राणोत्थान एवं कुण्डलिनी-जागरण में सहायक मुद्राएँ।**

तत्त्वों का नियमन करने वाली हस्तमुद्राएँ

यह समस्त ब्रह्माण्ड पञ्चतत्त्व से निर्मित है। हमारा देह भी पञ्चतत्त्व का संघात (समूह) है। शरीर की पाँच अंगुलियाँ इन पाँच तत्त्वों का प्रतिनिधित्व करती हैं। अंगुष्ठ अग्नि का, तर्जनी वायु का, मध्यमा आकाश का, अनामिका पृथ्वी का तथा कनिष्ठा जलतत्त्व का प्रतिनिधित्व करती है। पञ्चतत्त्व की समस्थिति से देह नीरोग रहता है तथा विषम स्थिति से रोग पैदा हो जाते हैं। मुद्राविज्ञान के अनुसार इन्हीं पाँच तत्त्वों के समन्वय से शरीर की आन्तरिक ग्रन्थियों, अवयवों तथा उनकी क्रियाओं को नियमित किया जाता है तथा शरीर की सुषुप्त शक्तियों को जागरित किया जाता है।

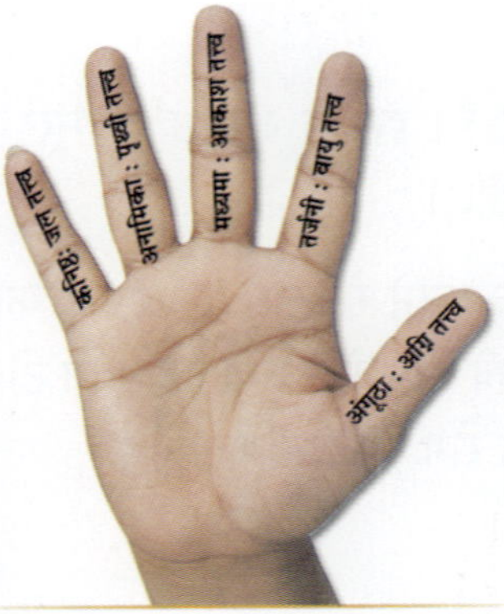

हस्तमुद्राएँ तत्काल ही असर करना शुरू कर देती हैं, जिस हाथ में ये मुद्राएँ बनाते हैं, शरीर के विपरीत भाग में उनका तुरन्त असर होना शुरू हो जाता है। ये मुद्राएँ किसी भी तरह से चलते-फिरते, उठते-बैठते या खड़े-खड़े कर सकते हैं। वज्रासन, पद्मासन अथवा सुखासन में बैठकर करना अधिक लाभप्रद है। इन मुद्राओं को प्रतिदिन १० मिनट से प्रारम्भ करके ३० से ४५ मिनट तक करने से पूर्ण लाभ होता है। एक बार में न कर सकें तो दो-तीन बार में भी कर सकते हैं। किसी भी मुद्रा को करते समय जिन अंगुलियों का कोई काम न हो, उन्हें सीधा रखें।

१. ज्ञानमुद्रा या ध्यानमुद्रा- अंगुष्ठ एवं तर्जनी अंगुली के अग्रभागों को परस्पर मिलाकर शेष तीनों अंगुलियों को सीधा रखना होता है।

लाभ-

- धारणा एवं ध्यानात्मक स्थिति का विकास होता है। एकाग्रता बढ़ती है तथा नकारात्मक विचार कम होते हैं।
- इस मुद्रा से स्मरण-शक्ति बढ़ती है, इसलिए इसके निरन्तर अभ्यास से बच्चे मेधावी एवं ओजस्वी बनते हैं।
- मस्तिष्क की स्नायुएँ मजबूत होती हैं। सिरदर्द, अनिद्रा एवं तनाव दूर होता है। क्रोध का नाश होता है। अधिक अच्छे परिणाम के लिए इस मुद्रा को करने के बाद प्राणमुद्रा भी करें।

२. वायुमुद्रा- तर्जनी अंगुली को अंगुष्ठ के मूल में लगाकर अंगूठे को हल्का दबाकर रखने से यह

वायुमुद्रा बनती है। शेष तीन अंगुलियाँ सीधी रखनी चाहिए।

लाभ- इसके अभ्यास से समस्त प्रकार के वायु सम्बन्धी विकार- गठिया, सन्धिवात, आर्थराइटिस, पक्षाघात, कम्पवात, सियाटिका, घुटने के दर्द तथा गैस बनना आदि रोग दूर होते हैं। गर्दन एवं रीढ़ के दर्द में लाभ होता है। रक्त-संचरण के दोष दूर होते हैं।

३. शून्यमुद्रा- मध्यमा अंगुली आकाश-तत्त्व का प्रतिनिधित्व करती है। इसको अंगुष्ठ के मूल में लगाकर अंगूठे से हल्का दबाकर रखते हैं। शेष अंगुलियाँ सीधी होनी चाहिए।

लाभ- इस मुद्रा को दीर्घकाल अर्थात् प्रतिदिन कम से कम एक घण्टा तक करने से कान का बहना, कान में दर्द, बहरापन तथा कम सुनाई देना आदि रोग दूर हो जाते हैं। अस्थियों की कमजोरी तथा हृदयरोग ठीक होते हैं। मसूड़ों की पकड़ मजबूत होती है तथा गले के रोग एवं थायरॉयड रोग में लाभ होता है।

सावधानी- भोजन करते समय तथा चलते-फिरते यह मुद्रा न करें।

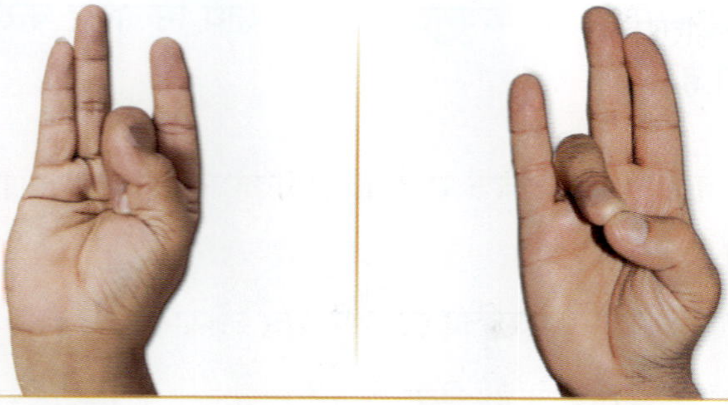

४. पृथ्वीमुद्रा- अनामिका और अंगुष्ठ के अग्रभागों को मिलाकर रखने तथा शेष तीन अंगुलियों को सीधा करने से यह पृथ्वीमुद्रा बनती है।

लाभ- इसके निरन्तर अभ्यास से शारीरिक दुर्बलता, भार की अल्पता तथा मोटापा आदि रोग दूर होते हैं। यह मुद्रा पाचनशक्ति ठीक करती है, जीवनी शक्ति एवं सात्त्विक गुणों का विकास करती है तथा विटामिनों की कमी को दूर करती है। शरीर में स्फूर्ति, कान्ति एवं तेजस्विता लाती है।

५. प्राणमुद्रा- यह मुद्रा कनिष्ठा, अनामिका तथा अंगुष्ठ के अग्रभागों को परस्पर मिलाने से बनती है। शेष दो अंगुलियाँ सीधी रखनी चाहिए।

लाभ- इस मुद्रा से प्राण की सुप्त शक्ति का जागरण होता है तथा शरीर में स्फूर्ति, आरोग्य एवं ऊर्जा का विकास होता है। यह मुद्रा आँखों के दोषों को दूर करके नेत्र ज्योति बढ़ाती है, शरीर की रोग प्रतिरोधक शक्ति बढ़ाती है, विटामिनों की कमी को दूर करती है तथा थकान दूर करके नवशक्ति का संचार करती है। लम्बे उपवास काल के दौरान भूख-प्यास नहीं सताती। अनिद्रा में इसे ज्ञानमुद्रा के साथ करने से लाभ होता है।

६. अपानमुद्रा- अंगुष्ठ, मध्यमा एवं अनामिका के अग्रभागों को स्पर्श करके शेष दो अंगुलियों को सीधा रखने से यह मुद्रा बनती है।

लाभ- शरीर के विजातीय तत्त्व बाहर निकलते हैं तथा शरीर निर्मल बनता है। इसके अभ्यास से कब्ज, बवासीर, वायु विकार, मधुमेह, मूत्रावरोध, गुर्दों के दोष, दाँतों के विकार आदि दूर होते हैं। पेट के लिए यह उपयोगी मुद्रा है। हृदयरोग में लाभ होता है तथा पसीने का स्राव होता है।

सावधानी- इस मुद्रा से मूत्र अधिक स्रावित होगा।

७. अपानवायुमुद्रा- अपानमुद्रा तथा वायुमुद्रा को एक साथ मिलाकर करने से यह मुद्रा बनती है। कनिष्ठा अंगुली सीधी होती है।

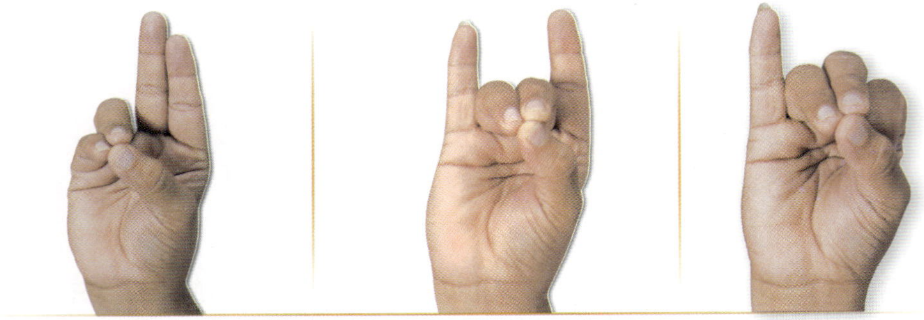

लाभ- हृदय रोग एवं वातरोगों को दूर कर शरीर में आरोग्य को बढ़ाती है। जिनका दिल कमजोर है, उन्हें इसे प्रतिदिन करना चाहिए। दिल का दौरा पड़ते ही यह मुद्रा करने से आराम होता है। पेट में गैस होने पर यह उसका निष्कासन करती है। सिरदर्द, दमा एवं उच्च रक्तचाप में लाभ होता है। सीढ़ियों पर चढ़ने से ५-७ मिनट पहले यह मुद्रा करके चढ़ने से आराम मिलता है।

८. सूर्यमुद्रा- अनामिका अंगुली को अंगूठे के मूल पर लगाकर अंगूठे से दबायें।

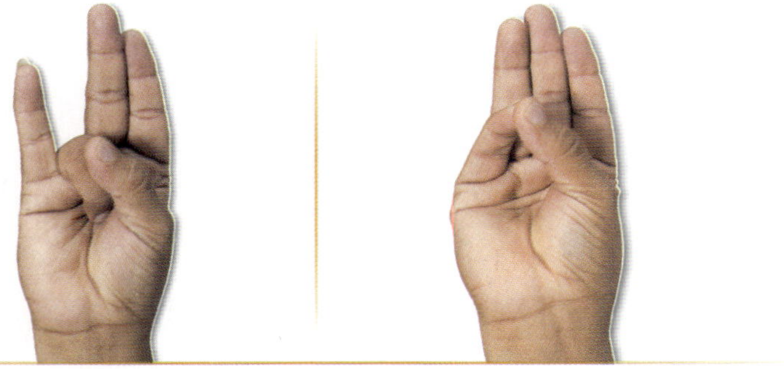

लाभ- इस मुद्रा से शरीर सन्तुलित होता है, वजन घटता है एवं मोटापा कम होता है और शरीर में उष्णता की वृद्धि होकर पाचन में मदद मिलती है। तनाव में कमी व शक्ति का विकास होता है। इससे रक्त में कोलेस्ट्रॉल कम होता है। इस मुद्रा के अभ्यास से मधुमेह, यकृत् (जिगर) के दोष दूर होते हैं।

सावधानी- इस मुद्रा को दुर्बल व्यक्ति न करें। गर्मी में ज्यादा समय तक न करें।

९. वरुणमुद्रा- कनिष्ठा अंगुली को अंगूठे से लगाकर रखें।

लाभ- इस मुद्रा से शरीर का रूखापन नष्ट होता है तथा चमड़ी चमकीली तथा मुलायम बनती है। यह मुद्रा चर्मरोग, रक्तविकार, मुँहासे एवं जलतत्त्व की कमी से उत्पन्न व्याधियों को दूर करती है। इससे चेहरा सुन्दर बनता है।

सावधानी- कफ प्रकृति वाले यह मुद्रा अधिक न करें।

१०. लिंगमुद्रा- चित्र के अनुसार मुट्ठी बाँधें तथा बायें हाथ के अंगूठे को खड़ा रखें, अन्य अंगुलियाँ परस्पर बँधी हुई हों।

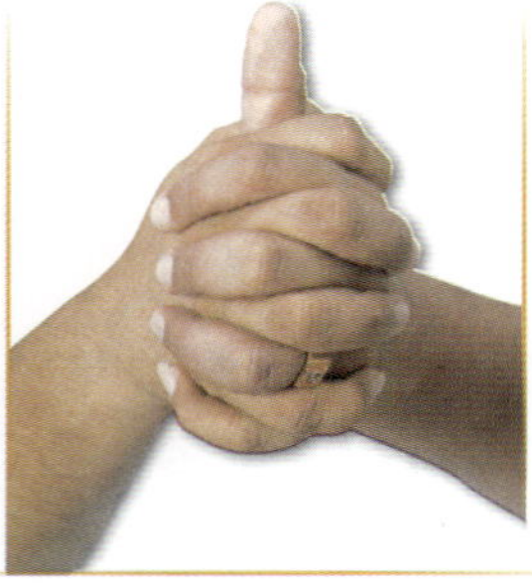

लाभ- यह मुद्रा शरीर में गर्मी बढ़ाती है। सर्दी, जुकाम, दमा, खाँसी, साइनस, लकवा तथा निम्न रक्तचाप में लाभ करती है। यह कफ को सुखाती है।

सावधानी- इसका प्रयोग करने पर जल, फल, फलों का रस, घी और दूध का सेवन अधिक मात्रा में करें। इसे अधिक लम्बे समय तक न करें।

११. धारणाशक्ति मुद्रा- यह मुद्रा श्वास को अधिक समय तक फेफड़ों में रोकने वाली मुद्रा है। जब पूरक करें, तब अंगूठे के ऊपर वाले भाग १ को अंगुली से दबायें। इससे आन्तरिक कुम्भक ज्यादा समय तक होगा। अंगूठे के मध्य भाग (भाग-२) में यदि इस प्रकार दबाव दिया जाये तो कुम्भक और अधिक समय तक कर सकेंगे। अंगूठे के मूल भाग (भाग-३) में यदि इसी तरह दबाव दिया जाये तो श्वास को बहुत अधिक समय तक भीतर सरलता से रोका जा सकेगा।

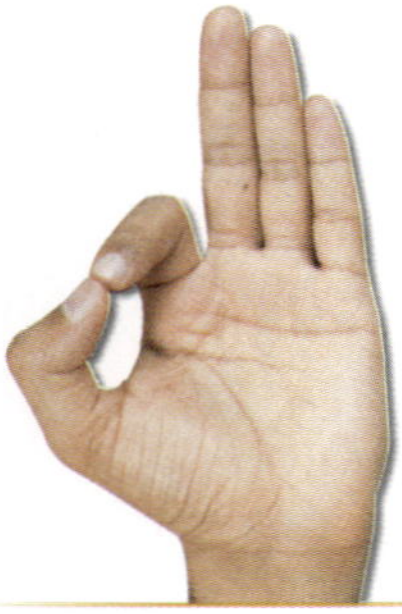

लाभ- फेफड़ों में ज्यादा समय तक श्वास रोकने से प्राणवायु अधिक मिलती है तथा रक्त एवं शरीर को अधिक बल मिलता है एवं पूरे दिन में लिए जाने वाले श्वासोच्छ्वास की मात्रा को काफी घटाया जा सकता है, जिससे उम्र बढ़ती है।

प्राणोत्थान एवं कुण्डलिनी-जागरण में सहायक मुद्राएँ

१. भूचरी मुद्रा- पद्मासन या सिद्धासन आदि किसी भी ध्यानोपयोगी आसन में बैठकर नासिका से लगभग चार अंगुल दूर शून्य आकाश में मन को स्थिर करना भूचरी मुद्रा है।

लाभ- एकाग्रता को बढ़ाकर मन को ध्यान के लिए सक्षम बनाती है।

२. खेचरी मुद्रा- जिह्वा को उल्टा मोड़कर तालु में लगाने से खेचरी मुद्रा बनती है। इस मुद्रा का अभ्यास किसी गुरु के सान्निध्य में ही करना चाहिए।

लाभ- योगशास्त्र में खेचरी मुद्रा के लाभ के सम्बन्ध में अतिशय वर्णन मिलता है। योग-परम्परा में ऐसा माना जाता है कि इस मुद्रा के सतत अभ्यास से योगी को अमृतरस का स्वाद आने लगता है। खेचरी के अभ्यास से अमृत-ग्रन्थि से अमृतरस (मीठा रस) स्रवित होने लगता है। साधक को निद्रा, भूख प्यास आदि नहीं सताते।

३. अश्विनी मुद्रा- पद्मासन या वज्रासन आदि किसी भी ध्यानोपयोगी आसन में बैठकर मलद्वार का आकुंचन एवं प्रसारण करना अश्विनी मुद्रा कहलाता है। इसका अभ्यास लेटकर, बैठकर या किसी भी स्थिति में कभी भी (पर खाली पेट रहे तब) कहीं भी किया जा सकता है। बाह्य कुम्भक कर इस क्रिया को करने से अधिक लाभ होता है। इसे २०-२५ बार से बढ़ाकर ५०-१०० बार तक लगातार करना चाहिए।

लाभ-

- ☞ यह मुद्रा प्राणोत्थान एवं ब्रह्मचर्य में सहयोगी है।
- ☞ गैस, कब्ज, बवासीर एवं मूत्ररोगों को दूर कर बस्तिप्रदेश को स्वस्थ बनाती है।
- ☞ इसके अभ्यास से स्त्री-पुरुष दोनों के यौनांग सशक्त और निर्विकार रहते हैं। स्त्रियों का गर्भाशय स्वस्थ और सुदृढ़ रहता है। गर्भवती महिला इसका अभ्यास करती रहे तो प्रसव सुखपूर्वक होता है।

४. योनिमुद्रा- सिद्धासन में बैठकर पहले श्वास अन्दर खींच लें फिर हाथों के अंगूठों से दोनों कानों को दोनों तर्जनियों से दोनों आँखों को, मध्यमा अंगुलियों से दोनों नथुनों को, अनामिका अंगुलियों से नाक के छिद्रों को और कनिष्ठा अंगुलियों से होठों को दबा लें। इस प्रकार सब द्वार बन्दकर 'ओम्' का मानसिक जाप करते हुए मन को एकाग्र रखते हुए यह दृढ़ संकल्प करें कि ऊर्जा नीचे से ऊपर की ओर उठकर चक्रों का भेदन करती हुई सहस्र-दल कमल में पहुँच रही है। इसे पराङ्मुखी मुद्रा भी कहते हैं।

लाभ- प्राण और अपान वायु संयुक्त होकर कुण्डलिनी को जागरित करने में सहायक होती है, चक्रों का दर्शन होने की स्थिति बनती है और दिव्य प्रकाश होने लगता है।

५. उन्मनी मुद्रा- पद्मासन में स्थिर होकर बैठ जायें और दृष्टि को नासिका से ऊपर भ्रूमध्य में स्थिर करके आज्ञाचक्र पर ध्यान केन्द्रित करें। मन में कोई विचार न आने दें और आज्ञाचक्र पर ही ध्यान एकाग्र रखें।

लाभ- मन को एकाग्र करने और ध्यान करने में यह मुद्रा बहुत सहायक होती है। सभी इन्द्रियाँ और मन निष्क्रिय हो जाते हैं, जिससे प्रत्याहार की स्थिति बनती है और बुद्धि स्थिर हो जाती है तथा समाधि की स्थिति बनने लगती है। ज्ञानप्रकाश का उदय तथा ऋतम्भरा प्रज्ञा का आभास होने लगता है।

६. शक्तिचालिनी मुद्रा- पेशाब रोकने के लिए जैसे मूत्रेन्द्रिय को अन्दर से खींचकर रखते हैं, उसी तरह से वज्रासन में बैठकर मूत्रेन्द्रिय को अन्दर से खींचकर पेशाब को रोकने के समान क्रिया करने और छोड़ने को शक्तिचालिनी मुद्रा कहते हैं। इसे २०-२५ बार से बढ़ाकर लगातार ५०-१०० तक करने का अभ्यास करना चाहिए।

लाभ- आलस्य-प्रमाद-जड़ता आदि दोष दूर हो जाते हैं। शीघ्र ही प्राणोत्थान होकर कुण्डलिनी जागरित हो उठती है, जिसके फलस्वरूप चक्रविज्ञान का मार्ग खुल जाता है। इसका अभ्यास स्त्रियों के प्रजनन-अंगों, गर्भाशय आदि को सुदृढ़ एवं स्वस्थ रखता है।

७. विपरीतकरणी मुद्रा- पीठ के बल भूमि पर लेट जायें। फिर दोनों पैर मिलाकर सीधे रखते हुए ऊपर उठायें और कमर को हाथों के सहारे उठा लें। दोनों पैर मिले हुए, सीधे और छत की तरफ न उठाकर थोड़े नीचे ही रखें। सर्वांगासन में पैर ९०° पर सीधे ऊपर उठे रहते हैं, परन्तु इस मुद्रा में पैर लगभग ४५° के कोण पर, अर्द्धसर्वांगासन की आकृति में उठे रहते हैं। फिर जालन्धर बन्ध लगाकर दृष्टि पैर के अंगूठे पर स्थिर कर दें। सामान्य श्वासोच्छ्वास लेते रहें। एक मिनट से शुरू कर १० मिनट तक इसका अभ्यास बढ़ाया जा सकता है।

लाभ- इसका नियमित अभ्यास करने से सर्वांगासन के सभी लाभ प्राप्त होते हैं। जठराग्नि तेज होती है, अच्छी भूख लगती है, शरीर स्वस्थ रहता है, चेहरा तेजस्वी रहता है एवं बाल जल्दी सफेद नहीं होते हैं। दिमागी ताकत बढ़ती है। पैरों की सूजन अथवा हाथीपाँव (फाइलेरिया) की प्रारम्भिक सूजन, कण्ठमाला, फोड़े, मुँहासे, खुजली आदि रक्त-विकारजन्य रोगों से मुक्ति मिलती है। इसका विशेष प्रयोग शंख-प्रक्षालन में किया जा सकता है, जब क्रिया करते समय गुदाद्वार से पानी नहीं निकल रहा हो तो इस आसन के प्रयोग से छोटी आँतों से बड़ी आँतों में पानी तीव्रता से जाने लगता है और धीरे-धीरे बाहर निकलने लगता है, जिससे पेट साफ हो जाता है।

८. योगमुद्रा- इसके अभ्यास से शरीर स्वस्थ, प्रसन्न, चुस्त-दुरुस्त और लचीला बना रहता है। नाड़ियों की शुद्धि होती है तथा प्राणों की शक्ति बढ़ती है। अन्तःकरण पवित्र बनता है। धारणा, ध्यान और समाधि की स्थिति बनने में सहायता मिलती है। इसकी विधि एवं चित्र हेतु पृष्ठ ११६ पर योगमुद्रासन १ और २ देखें।

९. महामुद्रा- बायें पैर की एड़ी को सीवनी और उपस्थ के मध्य के चार अंगुल भाग में बलपूर्वक जमाकर दाँयें पैर को लम्बा फैलायें। फिर शनैः-शनैः पूरक के साथ मूलबन्ध एवं जालन्धर बन्ध लगाते हुए दाँयें पैर का अंगूठा पकड़कर दाँयें पैर के घुटने पर जमाकर यथाशक्ति कुम्भक करें। कुम्भक के समय पूरक की हुई वायु को कोष्ठ में शनैः-शनैः फुलायें और ऐसी भावना करें कि प्राण कुण्डलिनी को जागृत करके सुषुम्णा में प्रवेश कर रहा है। तत्पश्चात् मस्तक को घुटने से उठाकर शनैः-शनैः रेचक करते हुए यथास्थिति में बैठ जायें। इसी प्रकार दूसरे पैर से करना चाहिए। प्राणायाम की संख्या एवं समय बढ़ाते रहें।

लाभ- 'गोरक्षपद्धति' के अनुसार क्षय, कुष्ठ, उदावर्त्त (वात की ऊर्ध्व गति होने वाला मलावरोध), गुल्म (पेट में उठने वाला वायुगोला) एवं अजीर्ण आदि उदररोग तथा सभी प्रकार के प्रमेह भी महामुद्रा के अभ्यास से नष्ट हो जाते हैं। इसके दीर्घकाल तक अभ्यास से सुषुम्णा में प्राणों का प्रवेश तथा प्राणों का ऊर्ध्वगमन और कुण्डलिनी का जागरण होने लगता है।

१०. त्रिबन्धमुद्रा- पद्मासन में बैठकर थोड़ा पूरक करके प्रश्वास को समान-प्राण के साथ मिलायें और मूलाधार से अपान को ऊपर उठाकर तीनों बन्धों- जालन्धर, उड्डीयान एवं मूलबन्ध को लगाते हुए, इस आन्तरिक वायु को सुषुम्णा में प्रविष्ट करने का प्रयत्न करें। इसी अवस्था में रहकर दोनों हथेलियाँ दोनों पार्श्वों में दाँयीं-बायीं ओर भूमि पर रखकर नितम्बों को उठा-उठाकर भूमि पर धीरे-धीरे टिकायें। ऐसा कई बार करें।

लाभ- सुषुम्णा में प्राण शीघ्र प्रवेश करने लगता है। कुण्डलिनी शीघ्र चैतन्य होकर ऊर्ध्वगमन करने लगती है, चक्र भी धीरे-धीरे प्रकाशित होने लगते हैं।

११. ब्रह्ममुद्रा- वज्रासन में बैठकर गर्दन, सिर एवं कन्धों को ऊपर-नीचे, दाँयें-बायें, गोलाई में चारों तरफ, फिर उल्टे चारों तरफ घुमाते हैं। प्रत्येक क्रिया ५-१० बार करनी चाहिए।

लाभ- वर्टिगो (चक्कर आना), सर्वाइकल स्पॉण्डलाइटिस, गर्दन की अकड़न एवं दर्द दूर होते हैं। इसके अभ्यास से गले के रोग नहीं होते हैं, सिर-दर्द मिट जाता है और मस्तिष्क की स्नायुएँ मजबूत होती हैं।

१२. अग्निसार-क्रिया- वज्रासन में बैठकर या खड़े होकर श्वास बाहर निकालकर पेट को आगे-पीछे चलायें। एक बार जब तक बाह्य कुम्भक कर सकें, तब तक नाभि-सहित पूरे पेडू स्थान का आकुंचन-प्रसारण करीब २० से ४० बार तक करें। कन्धों को न हिलायें। फिर चार-पाँच बार लम्बे गहरे श्वास लेने-छोड़ने के बाद पुन: इसी प्रकार इस क्रिया की आवृत्ति करें। इस प्रकार इस क्रिया को ४-५ बार या शक्ति के अनुसार अधिक बार करें।

लाभ-

- साधना में अधिक देर तक बैठने के बाद भी अजीर्ण नहीं हो पाता। पाचन सुचारु रूप से होता है और कब्ज, गैस, खट्टी डकारें, अल्सर आदि उदर-सम्बन्धी समस्त विकार दूर हो जाते हैं। भूख अच्छी लगती है।
- मोटापा, मधुमेह एवं मूत्ररोग ठीक होते हैं। पेशाब में जलन कम होती है। बहुमूत्र का होना इस क्रिया से बन्द हो जाता है।

एक्यूप्रेशर चिकित्सा

मानव-शरीर में स्थित विशेष बिन्दुओं पर विधिवत् दबाव डालकर रोग-निवारण करने की पद्धति का नाम एक्यूप्रेशर है। 'एक्यूप्रेशर' शब्द का अर्थ है दबाव। इस पद्धति द्वारा शरीर के निश्चित विशिष्ट बिन्दुओं पर आवश्यक दबाव डालकर विविध रोगों का चमत्कारिक रूप से उपचार किया जाता है।

एक्यूप्रेशर का सिद्धान्त-

एक्यूप्रेशर चिकित्सा पद्धति के अनुसार प्रत्येक रोग का उपचार शरीर को शारीरिक एवं भावनात्मक रूप से संगठित इकाई (unit) मानकर किया जाता है; क्योंकि वस्तुत: उपचार की दृष्टि से मनुष्य देह शारीरिक एवं भावनात्मक दृष्टि से एक अभिन्न इकाई के रूप में ही होता है।

दूसरा प्रमुख सिद्धान्त है कि सभी रक्त-संचार करने वाली नाड़ियाँ, स्नायु-संस्थान एवं ग्रन्थियों के मुख्य केन्द्र हथेली एवं पैरों के तलवों में स्थित होते हैं। इस पद्धति द्वारा विभिन्न स्थानों पर अवस्थित रोग-निदान-केन्द्रों पर दबाव डालकर वहाँ से ऊर्जा को प्रेषित कर समस्त नाड़ियों, स्नायु-संस्थान एवं ग्रन्थियों को ऊर्जा एवं आरोग्य प्रदान किया जाता है। असन्तुलित-असंयमित आहार (खान-पान), आलस्य-प्रमाद, निद्रा एवं ब्रह्मचर्य से सम्बन्धित नियमों के उल्लंघन से शरीर में विजातीय तत्त्व संगृहीत हो जाते हैं तथा आसन-प्राणायाम आदि के अभाव में अंगों में शिथिलता आने लगती है, मांसपेशियाँ मन्द पड़ जाती है, हाथ-पैर एवं मेरुदण्ड की हड्डियाँ भी अपना स्थान छोड़ने लगती है। सम्पूर्ण स्नायु-संस्थान की क्रियाशीलता धीरे-धीरे घटने लगती है। शारीरिक अंगों में रक्त-संचार कम हो जाता है। रक्त के अन्दर जमा रासायनिक तत्त्व, अपद्रव्य, विजातीय तत्त्व इन अलग हुए जोड़ों के आसपास जमा होने लगते हैं।

इस प्रकार जितने अधिक विकार जमा होते जाते हैं, उतने ही रोग शरीर में पैदा होने लगते हैं। शरीर के जिन अंगों की जैसे ही क्रियाशीलता घटती है, वैसे ही हाथ की हथेली तथा पैरों के तलवों में स्थित उससे सम्बन्धित बिन्दुओं में भी अवरोध उत्पन्न हो जाता है तथा इन बिन्दुओं पर कुछ क्रिस्टल (बहुत सूक्ष्म रासायनिक पदार्थ, अर्थात् कण) जमा हो जाते हैं, जिसके कारण सम्बन्धित अंगों में रक्त-प्रवाह ठीक से नहीं हो पाता। एक्यूप्रेशर द्वारा इन दबाव-बिन्दुओं पर प्रेशर डालकर जमा हुए क्रिस्टल्स को नष्ट किया जाता है, जिससे रक्त-प्रवाह के नियमित होने से रोगग्रस्त अंग नीरोग हो जाते हैं। एक अन्य मत के अनुसार हमारा शरीर पंचतत्त्व का समवाय है। इन पाँच तत्त्वों (पृथ्वी, अग्नि, वायु , जल एवं आकाश) का संचालन विद्युतीय शक्ति करती है, जिसे बायो-इलेक्ट्रिसिटी (Bio-electricity)

अथवा बायो-एनर्जी (Bio-energy) कहते हैं। प्रसिद्ध एक्यूप्रेशर चिकित्सक एफ. एम. धेस्टन (The Healing Benefits of Acupressure) के अनुसार, हाथों, पैरों तथा शरीर के विभिन्न भागों पर स्थित केन्द्र, जहाँ दबाने से पीड़ा अनुभव करते हैं, वहाँ से सम्बन्धित अंगों से विद्युत लीक (Leak) होती है, अर्थात् शरीर के बाहर निकलती है। इसके परिणामस्वरूप सम्बन्धित अंगों में किसी न किसी प्रकार का विकार या रोग आ जाता है। जब हम इन केन्द्रों पर प्रेशर देते हैं, तब विद्युत का बाहर निकलना बन्द हो जाता है। लीकेज के बन्द होने से विद्युतीय शक्ति का सम्बन्धित अंगों में प्रवाह सामान्य हो जाता है, और उनमें आये हुए रोग या विकार दूर हो जाते हैं।

एक्यूप्रेशर द्वारा शरीर पर पड़ने वाले मुख्य प्रभाव-

- ☞ एक्यूप्रेशर-पद्धति द्वारा शरीर के विजातीय तत्त्वों को बाहर किया जाता है तथा आवश्यक तत्त्वों को शरीर की ही आन्तरिक रोग-निरोधक प्रणाली द्वारा पैदा किया जाता है।
- ☞ यह विधि शरीर की विद्युतीय शक्तियों को जागृत कर शक्ति, ऊर्जा एवं स्फूर्ति पैदा करती है।
- ☞ यह शरीर के समस्त मांसपेशीय तन्तुओं में लचक पैदा करती है।
- ☞ यह अस्थि-संस्थान तथा शरीर के महत्त्वपूर्ण भाग मेरुदण्ड में आई हुई विकृतियों (दर्द आदि) को दूर करती है।
- ☞ एक्यूप्रेशर स्नायु-संस्थान में आई हुई विकृतियों को दूर करने में पूर्ण सहयोगी है।
- ☞ इस पद्धति द्वारा थायरॉयड, पिट्यूटरी, पीनियल, पेन्क्रियाज आदि समस्त ग्रन्थियों के कार्यों को नियमित किया जा सकता है।
- ☞ एक्यूप्रेशर द्वारा शरीर के आन्तरिक अंगों के सामान्य रूप से चलने वाले कार्यों में पर्याप्त सुधार लाया जा सकता है।

एक्यूप्रेशर-भारतीय विद्या-

प्राचीन भारत में विशिष्ट अभ्यङ्ग (मालिश) एवं संवाहन कला (अंगों को विशिष्ट विधि एवं विशिष्ट स्थान पर दबाने की विद्या) प्रचलित थी। 'मृच्छकटिक' नामक संस्कृत के प्राचीन नाटक में संवाहन कला में अत्यन्त दक्ष एक पात्र का वर्णन किया गया है, जो अपनी कला से आरोग्य प्रदान कर पर्याप्त धन पा लेता था। इस प्रकार यह भारतीय विद्या ही वर्तमान काल में एक्यूप्रेशर नाम से प्रसिद्ध हुई है। मूलत: इसका उद्गम स्थान भारत वर्ष ही है। एक्यूप्रेशर का अर्थ है पैरों, हाथों, चेहरे तथा शरीर के कुछ खास केन्द्रों पर दबाव डालकर रोगों को दूर करना। एक्यूप्रेशर का ज्ञान चीन आदि देशों से भारत में आयातित नहीं किया गया है। वस्तुत: भारत की यात्रा पर आये चीनी यात्री ही भारतीय आयुर्वेद-ग्रन्थों को चीन ले

गये और एक्यूप्रेशर को अपनी विद्या बताकर विश्वभर में प्रचारित कर दिया। इस विद्या को विदेशी मानना दुर्भाग्यपूर्ण है। एक्यूप्रेशर का भारतीय ग्रन्थों में खास वर्णन है। भारतीय स्त्रियाँ पाजेब, नुपूर, कड़े, लाकेट, टीका, झूमर, बालियाँ, लोंग, तगड़ी आदि क्यों युगों से पहनती आ रही हैं, यह जानने की जरूरत है। स्त्री-पुरुष एक अरसे से अंगूठियाँ पहनते रहे हैं। यह सब एक्यूप्रेशर के फलस्वरूप ही सम्भव हो पाया है।

एक्यूप्रेशर द्वारा मुख्य रोगों का उपचार-

यद्यपि एक्यूप्रेशर की समस्त रोगों में एक विशेष उपयोगिता है, यह एक हानिरहित पद्धति है तथा इसे अन्य चिकित्सा-पद्धतियों के साथ भी अपनाया जा सकता है, परन्तु कुछ ऐसे रोग, जिनका उपचार एक्यूप्रेशर द्वारा सफलतापूर्वक किया जा सकता है, अधोलिखित हैं-

- विश्व-स्वास्थ्य-संगठन (वर्ल्ड हेल्थ ऑर्गेनाइजेशन- W.H.O.) ने एक्यूप्रेशर तथा एक्यूपंक्चर चिकित्सा-पद्धतियों की उपयोगिता को स्वीकारते हुए इस चिकित्सा-पद्धति को साइटिका, सर्वाइकल स्पॉण्डलाईटिस आदि मेरुदण्ड के समस्त रोगों, कन्धों की अकड़न (फ्रोजन शोल्डर), घुटनों का दर्द, बिस्तर में मूत्रत्याग, आँतों के घाव (अल्सर), पेचिश, कब्ज, सिर-दर्द, माइग्रेन, नस-नाड़ियों की विकृति, पेट में गैस बनना, एसिडिटी, गले की सूजन तथा पीड़ा, टॉन्सिल्स, साइनुसाइटिस, ब्राँकाइटिस, दमा, आँख, कान एवं गले के रोग, दाँतों का दर्द, लकवा, मीनीयर्स डिजीज आदि रोगों में अधिक उपयोगी स्वीकार किया है।

- पतञ्जलि योगपीठ द्वारा संचालित पतञ्जलि चिकित्सालयों व आरोग्य-केन्द्रों में भी हमने लाखों लोगों पर एक्यूप्रेशर-चिकित्सा के सफल प्रयोग उल्लिखित रोगों पर किये हैं। कई बार तो आश्चर्यजनक रूप से रोगियों को लाभ होता है। भयंकर सर्वाइकल स्पॉण्डलाइटिस की अवस्था में जब गर्दन का हिलाना भी सम्भव नहीं हो, तब हमने यहाँ लोगों को मात्र ५-१० मिनट में पूर्ण स्वस्थ किया है। वर्षों पुराना कन्धों का दर्द, जिसमें कई बार तो हाथ हिलाना तथा ऊपर उठाना भी सम्भव नहीं होता, ऐसी स्थिति में भी ५-१० मिनट में पूर्ण रूपेण ठीक किया है। हमारे विचार से सभी प्रकार की शारीरिक पीड़ाओं, जोड़ों या कमर आदि के दर्द में, नस-नाड़ियों की विकृति आदि में एक्यूप्रेशर से जितना शीघ्र लाभ हो जाता है, उतना किसी अन्य पद्धति से नहीं हो सकता।

- हृदयशूल में भी एक्यूप्रेशर से तुरन्त लाभ होता है तथा हृदय की शिराओं में आया हुआ अवरोध एवं अन्य विकार भी एक्यूप्रेशर द्वारा दूर होते हैं।

- पेट के रोग, मधुमेह एवं मस्तिष्कीय रोगों में भी यह पद्धति प्रभावशाली है।

- रोगोपचार के साथ-साथ हम एक्यूप्रेशर को रोग-निदान (डिजीज डाइग्नोज) के लिए भी महत्त्वपूर्ण

मानते हैं। इस पद्धति द्वारा विभिन्न प्रतिबिम्ब-केन्द्रों पर दबाव डालकर यह आसानी से पता लगाया जा सकता है कि शरीर के कौन-कौन से अंग अथवा ग्रन्थियाँ अपना कार्य भली भाँति नहीं कर पा रहे हैं। कई बार प्रयोगशाला के परीक्षण भी रोग का ठीक-ठीक कारण जानने में सहायता नहीं कर पाते। ऐसी स्थिति में प्रतिबिम्ब-केन्द्रों के परीक्षण से केवल कुछ ही पलों में यह पता लगाया जा सकता है कि शरीर के किस भाग में क्या विकार है। अत: ऐसी स्थिति में प्रतिबिम्ब-केन्द्रों को रोगों का दर्पण भी कहा जाता है।

प्रतिबिम्ब-केन्द्रों की जाँच तथा प्रेशर देने की विधि-

- एक्यूप्रेशर अंगूठों, अंगुलियों, लकड़ी तथा प्लास्टिक के उपकरण आदि किसी भी उपयुक्त चीज से सुविधानुसार किया जा सकता है।

- बिन्दुओं पर न तो बहुत कम और न ही बहुत अधिक जोर से दबाव डालें, अपितु मध्यम बल का प्रयोग करते हुए प्रेशर डालना चाहिए। ऐसा करते हुए यदि किसी को प्रेशर प्वाइण्ट्स पर असहनीय दर्द हो तो समझना चाहिए कि उस केन्द्र से सम्बन्धित अंग में कोई विकार या रोग है। जिन केन्द्रों पर दबाव डालने से अधिक पीड़ा नहीं होती तो समझना चाहिए कि वे अंग स्वस्थ हैं।

- प्रतिबिम्ब-केन्द्रों पर प्रेशर देने से हाथों एवं पैरों की रक्तवाहिकाओं में संगृहीत अपद्रव्य एवं विजातीय तत्त्व के क्रिस्टल धीरे-धीरे अपना स्थान छोड़कर रक्त-प्रवाह में मिल जाते हैं और फिर पसीने या गुर्दों की प्रणाली द्वारा शरीर से बाहर निकल जाते हैं। इसलिए एक्यूप्रेशर करते हुए इच्छित बिन्दुओं को दबाने के बाद अन्त में गुर्दों के केन्द्रों पर एक दो मिनट अवश्य ही दबाव डालना चाहिए। प्रेशर से जैसे-जैसे क्रिस्टल अपना स्थान छोड़ते हैं, वैसे-वैसे रोग का वेग भी कम होता जाता है। जैसे-जैसे रोग का वेग कम होता जाता है, वैसे-वैसे ही प्रेशर देने से दबाव बिन्दुओं पर भी दर्द कम होता जाता है और रोगी स्वयं भी अपने रोग में लाभ अनुभव करने लगता है। कुछ दिन निरन्तर करने से रोग पूरी तरह दूर हो जाता है। अन्तत: प्रेशर देने में दर्द भी या तो बिल्कुल नहीं होता या बहुत सामान्य-सा रह जाता है।

- अधिकांश व्यक्तियों को प्रारम्भ में प्रतिबिम्ब-केन्द्रों पर दबाव डालने से बहुत दर्द का अनुभव होता है; क्योंकि जैसे ही वहाँ स्थित क्रिस्टल प्रेशर के कारण क्रिया में आते हैं और अपना स्थान छोड़ते हैं, तो उन बिन्दुओं पर काफी दर्द तथा सूजन भी हो जाती है। ऐसे में घबराना नहीं चाहिए, यह एक स्वाभाविक क्रिया है। ऐसा होने पर गर्म पानी में नमक डालकर उन बिन्दुओं की सिकाई कर देने से वहाँ का दर्द एवं सूजन भी दूर हो जाती है।

एक्यूप्रेशर का समय-

सामान्य रूप से किसी भी समय एक्यूप्रेशर किया जा सकता है। परन्तु आमाशय, आन्त्र, यकृत् तथा पित्ताशय आदि के लिए प्रेशर देना हो तो खाने से पहले या खाने के दो-तीन घण्टे बाद ही देना चाहिए। भोजन के तुरन्त बाद चूँकि शरीर की पूरी ऊर्जा भोजन के पाचन में लगी होती है, इसलिए एक्यूप्रेशर खाने से पहले करना सर्वोत्तम है। हल्का दुग्धपान या फलाहार करने के थोड़ी देर बाद भी एक्यूप्रेशर किया जा सकता है।

प्रेशर की अवधि-

रोगी के रोगानुसार निर्दिष्ट बिन्दुओं में एक केन्द्र पर ३० सेकण्ड से २ मिनट तक दबाव डालना चाहिए। किसी भी बिन्दु पर प्रेशर देते हुए रोगी की सहन-शक्ति का भी पूरा ध्यान रखना चाहिए, अन्यथा कई बार व्यक्ति मूर्च्छित भी हो जाता है। एक ही बिन्दु को लगातार नहीं दबाते रहना चाहिए। अपितु बदल-बदल कर अलग-अलग बिन्दुओं पर बारी-बारी से प्रेशर देना चाहिए। दिन में सामान्य रूप से दो बार प्रातः सायं प्रेशर देना चाहिए। विशेष दर्द आदि की स्थिति में दिन में भी तीन बार भी एक्यूप्रेशर किया जा सकता है।

प्रेशर-बिन्दुओं की संख्या-

डा. चु. लि. एन. द्वारा लिखित 'चेन चियु सु एह' (अर्वाचीन एक्यूप्रेशर) नामक ग्रन्थ चीन में इस विषय का अधिकृत प्रामाणिक ग्रन्थ माना जाता है। इसमें एक्यूप्रेशर के ६६९ बिन्दुओं की सूची दी गई है। अन्य सारणी में १००० बिन्दु दर्शाए गये हैं, किन्तु दैनिक प्रयोग में मुख्य रूप से लगभग १०० बिन्दु ही अधिक महत्त्वपूर्ण हैं।

विविध रोगों में उपयोगी शरीर के विभिन्न भागों में स्थित एक्यूप्रेशर उपचार-केन्द्रों (बिन्दुओं) को आगे दिये गये चित्रों में दर्शाया गया है। ये चित्र डॉ. अत्तर सिंह जी की पुस्तक 'एक्यूप्रेशर प्राकृतिक उपचार' से साभार संकलित हैं।

चौड़ाई के रूप में शरीर के तीन भाग

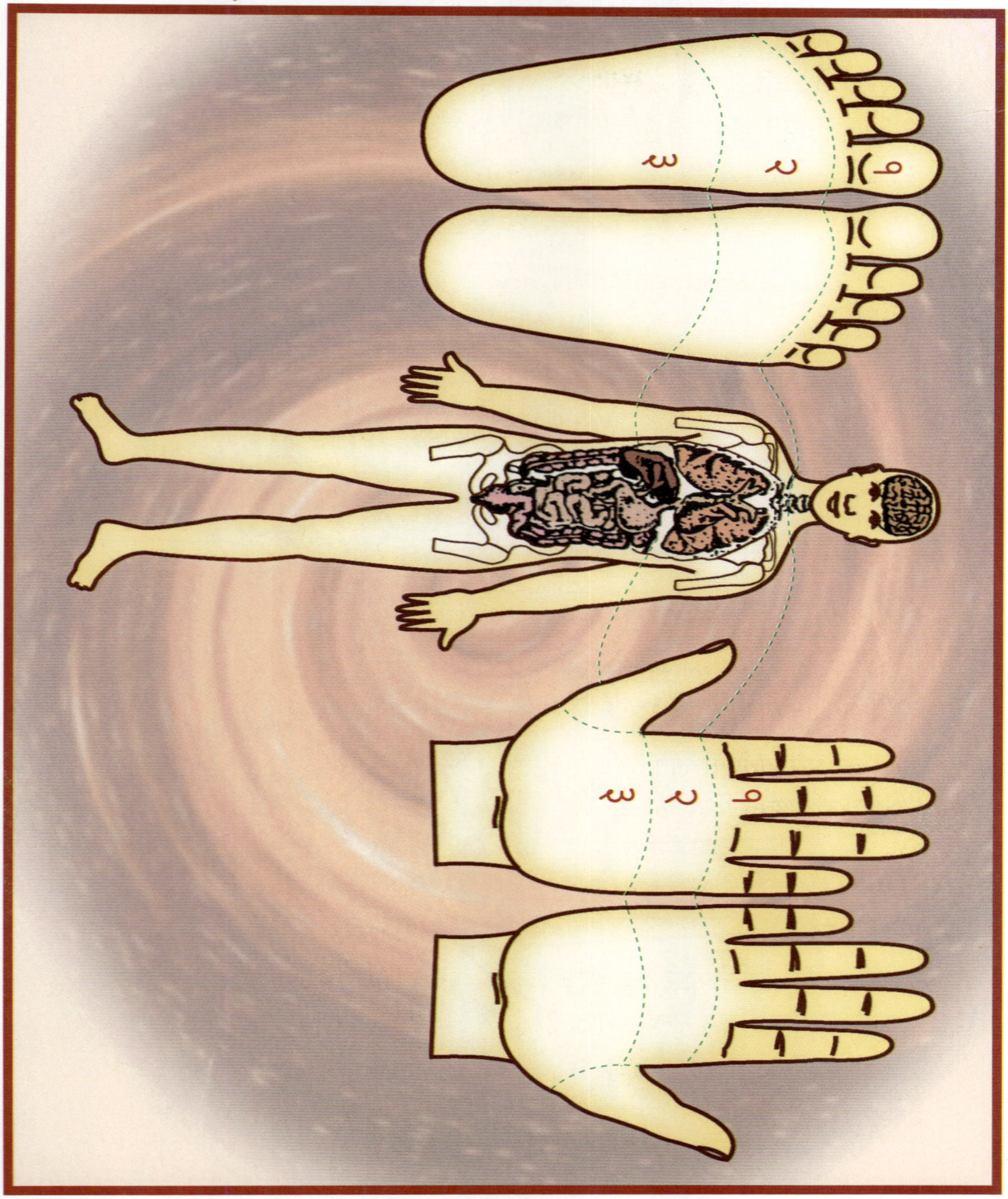

हाथों में स्थित मुख्य एक्यूप्रेशर प्रतिबिम्ब-केन्द्र

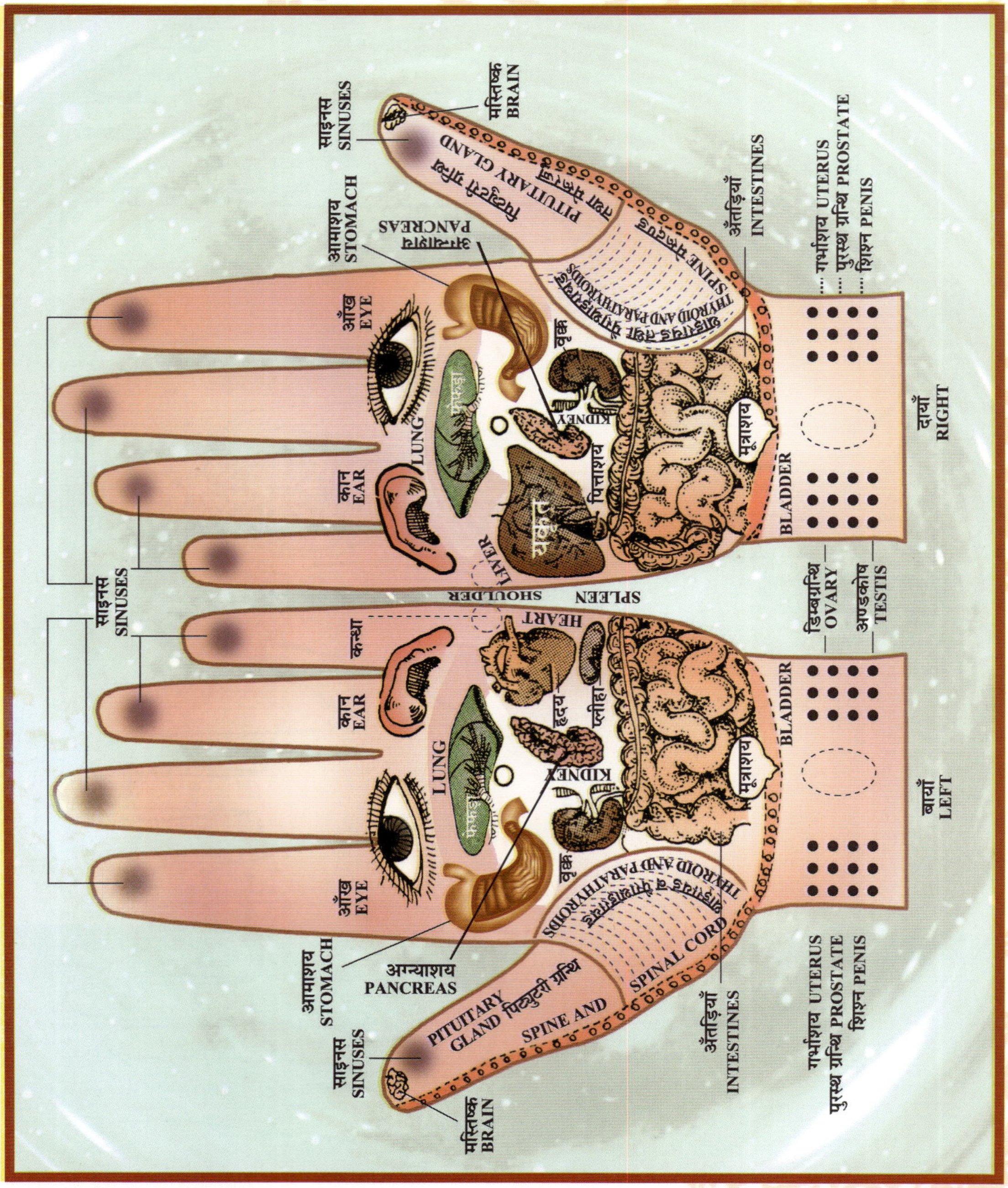

पैरों में स्थित मुख्य एक्यूप्रेशर प्रतिबिम्ब-केन्द्र

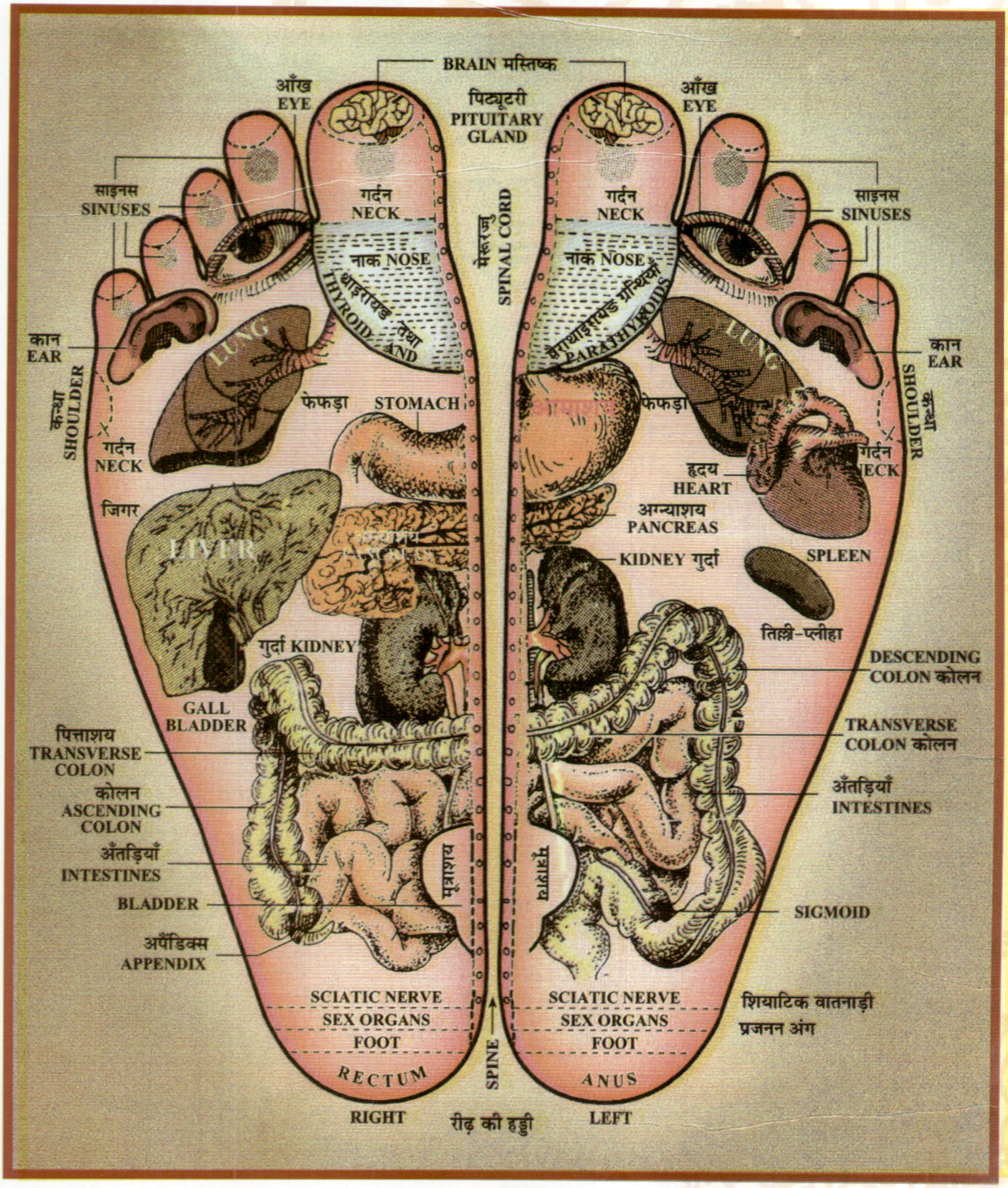

मस्तिष्क, स्नायु-संस्थान, रीढ़ की हड्डी, साइनस, आवाज, आँख, कान, गर्दन, गला, बगल, कन्धा, नितम्ब, घुटना तथा टाँग-सम्बन्धी पैरों तथा हाथों में प्रतिबिम्ब-केन्द्र

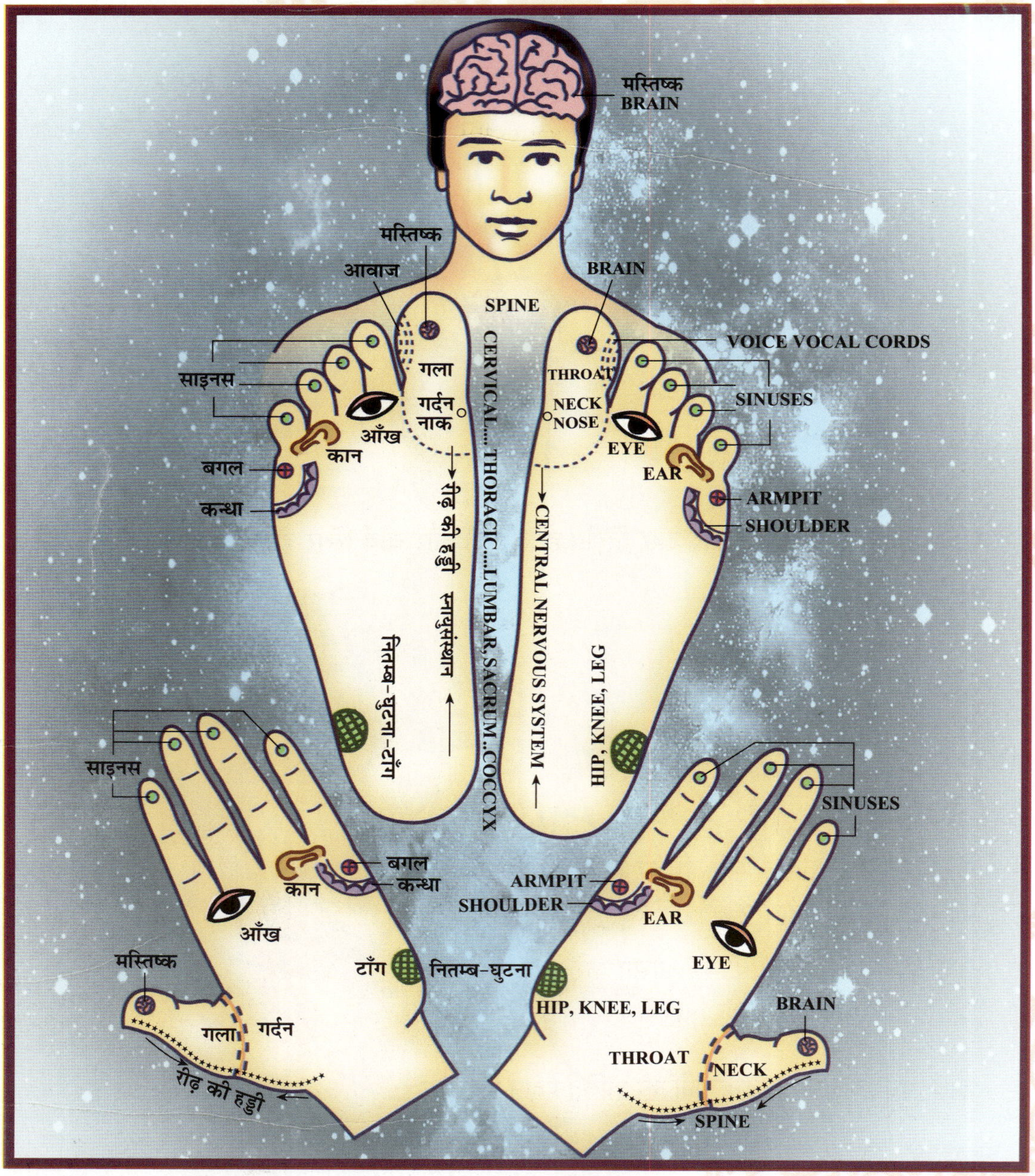

अन्त :स्त्रावी रसोत्पादक नलिकाहीन ग्रन्थियों (Endocrine System) की शरीर में स्थिति तथा उनसे सम्बन्धित पैरों तथा हाथों में प्रतिबिम्ब-केन्द्र

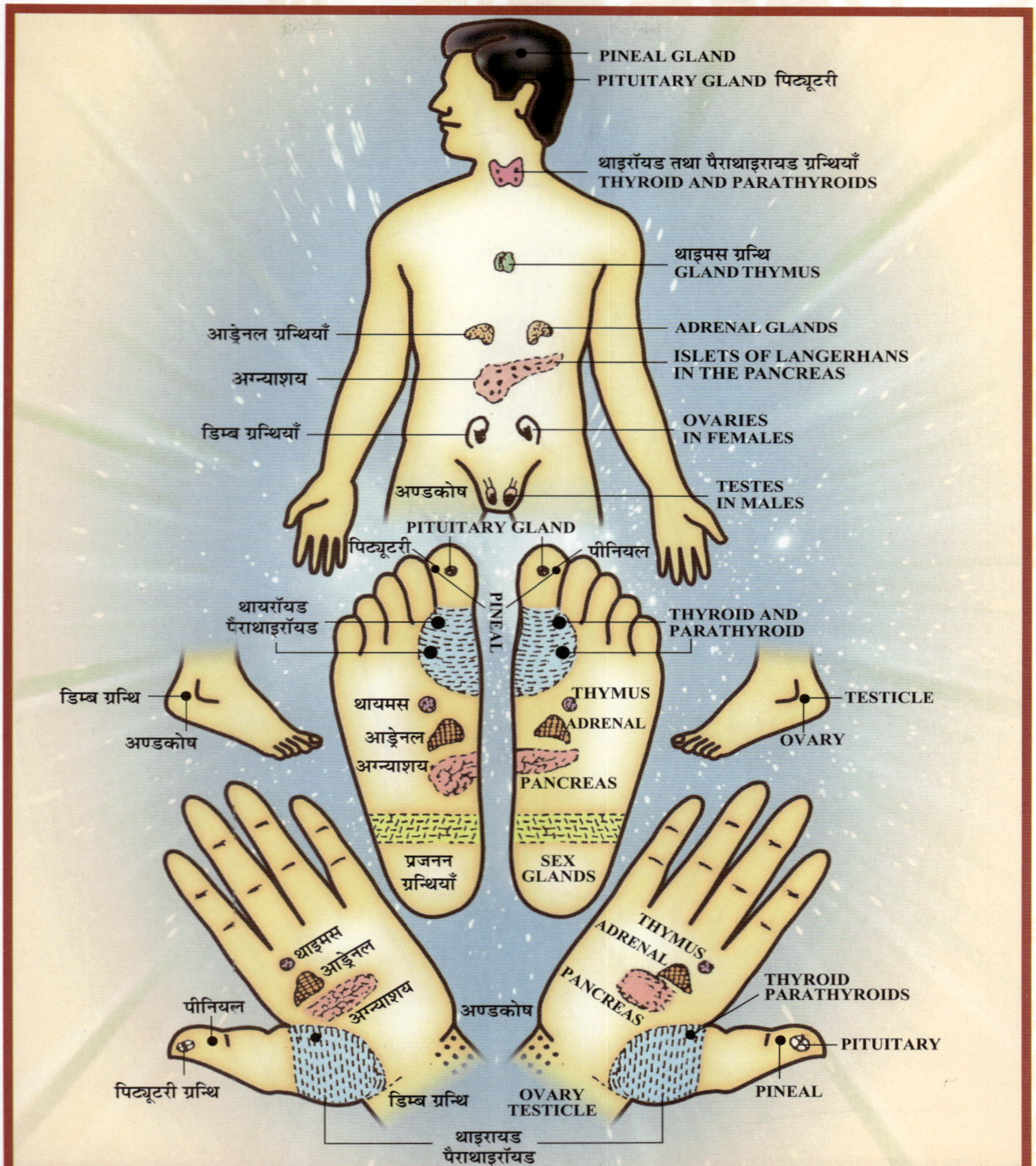

हृदय (Heart) तथा प्लीहा (Spleen) की शरीर में स्थिति तथा उनसे सम्बन्धित पैरों तथा हाथों में प्रतिबिम्ब-केन्द्र

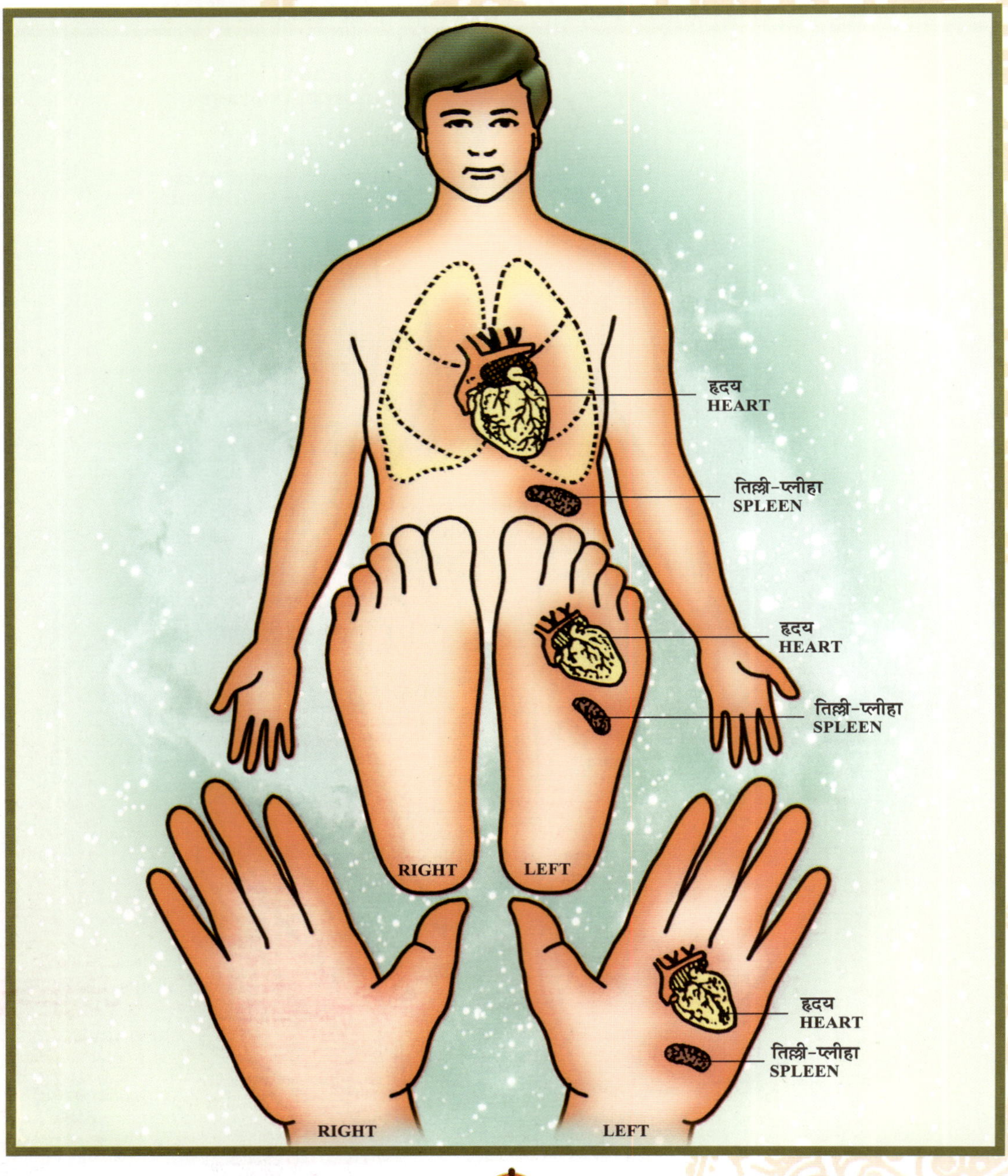

श्वास-प्रणाली (Respiratory System) के विभिन्न अवयवों की शरीर में स्थिति तथा उनसे सम्बन्धित पैरों तथा हाथों में प्रतिबिम्ब-केन्द्र

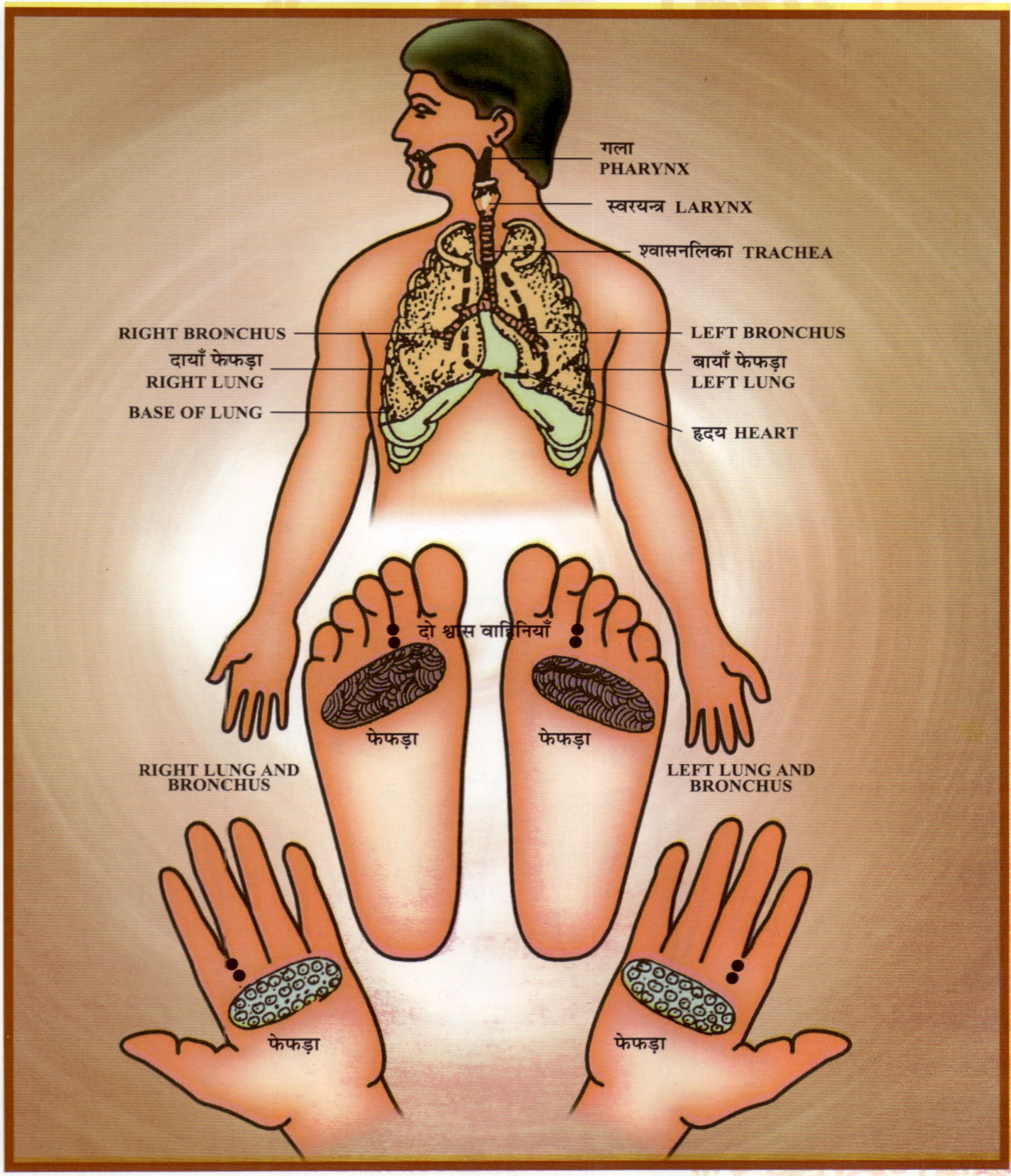

पाचनतन्त्र (Digestive System) के विभिन्न अवयवों-जिगर, पित्ताशय, आमाशय तथा आँतों इत्यादि की शरीर में स्थिति तथा उनसे सम्बन्धित पैरों तथा हाथों में प्रतिबिम्ब-केन्द्र

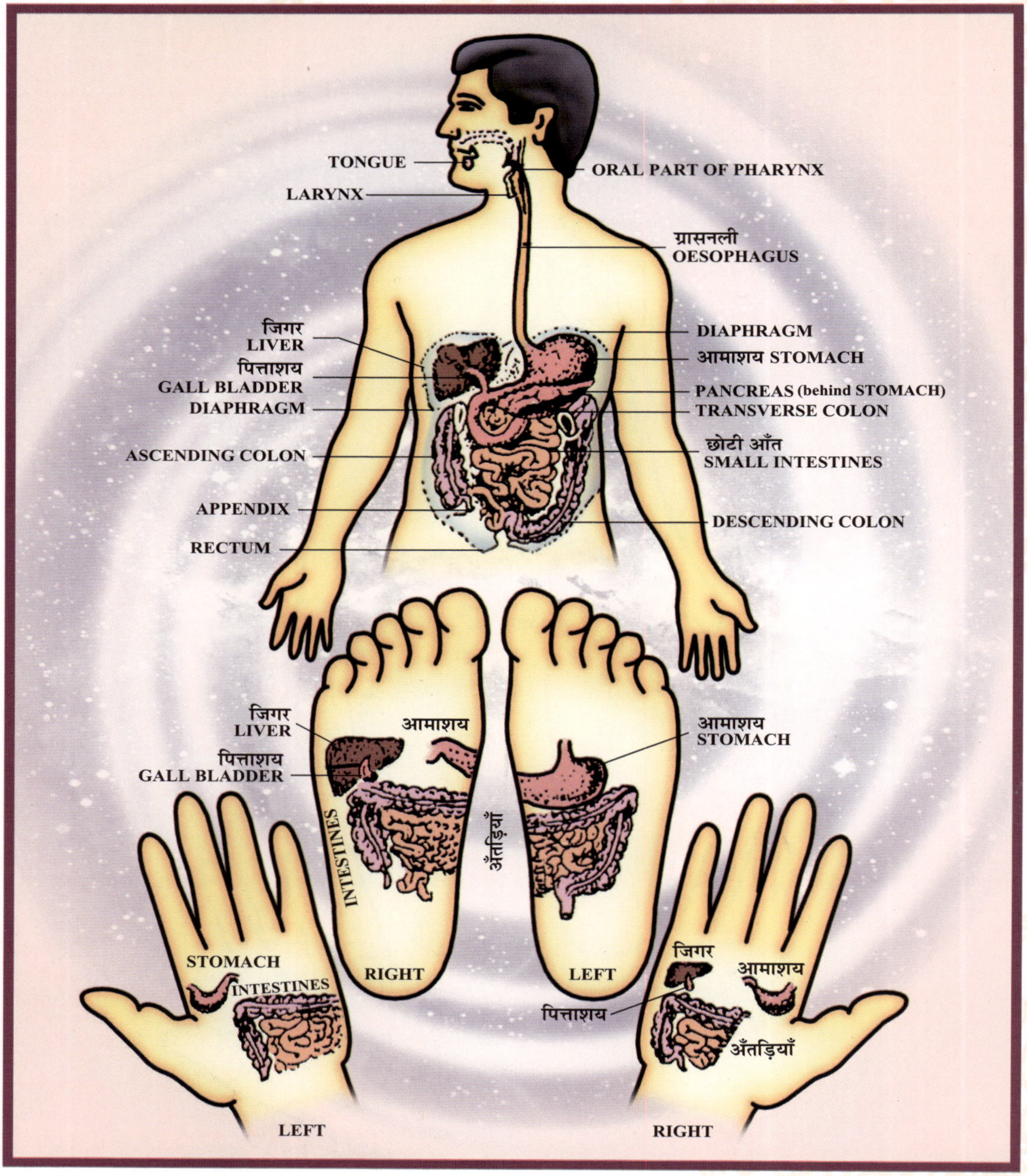

मूत्र-प्रणाली (Urinary System) के विभिन्न अवयवों-गुदा, गवीनियों तथा मूत्राशय की शरीर में स्थिति तथा उनसे सम्बन्धित पैरों तथा हाथों में प्रतिबिम्ब-केन्द्र

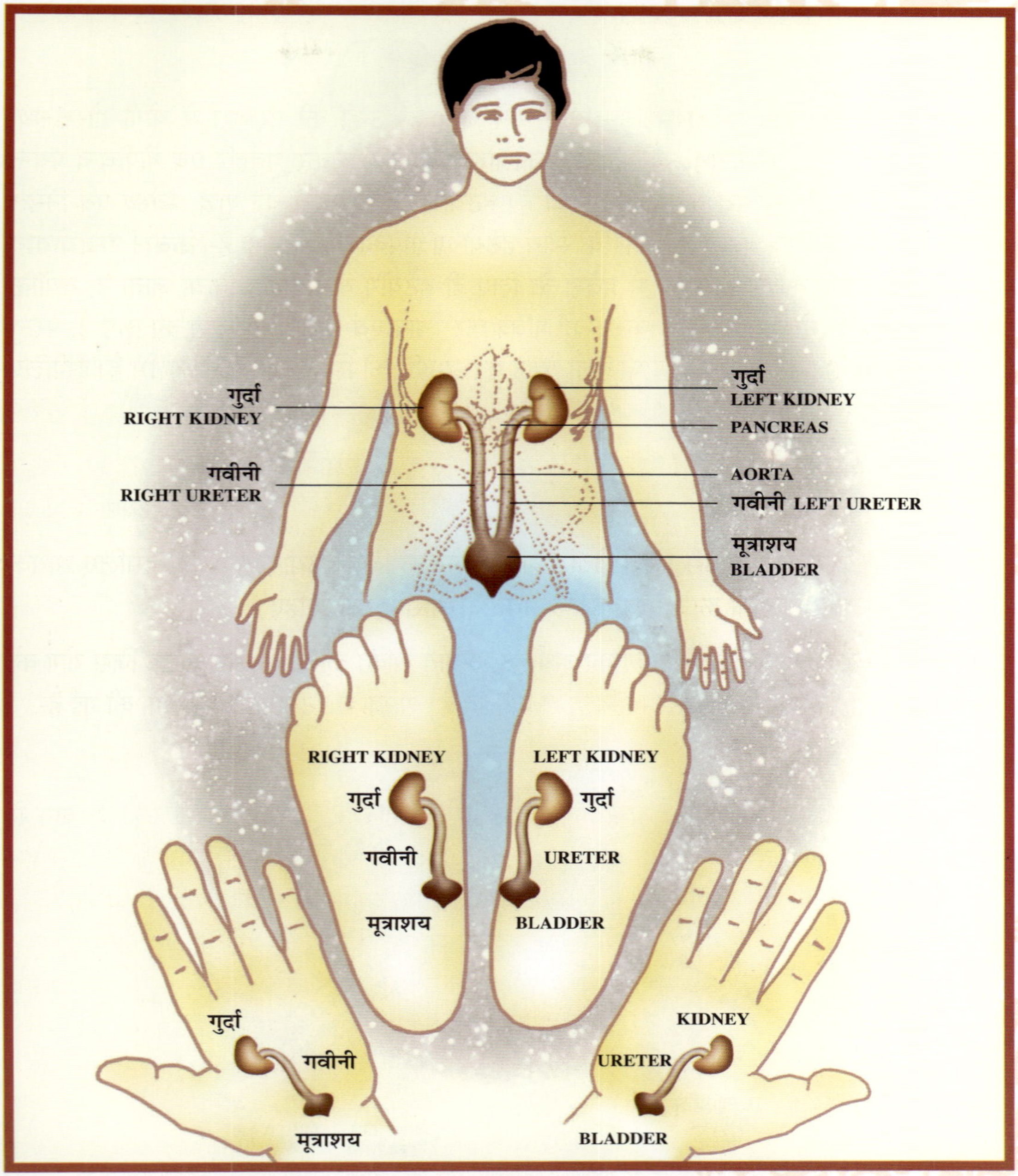

स्त्रियों तथा पुरुषों के विभिन्न प्रजनन-अगों (Reproductive System) की शरीर में स्थिति तथा उनसे सम्बन्धित पैरों के ऊपर, तलवों, हथेलियों तथा कलाई पर प्रतिबिम्ब-केन्द्र

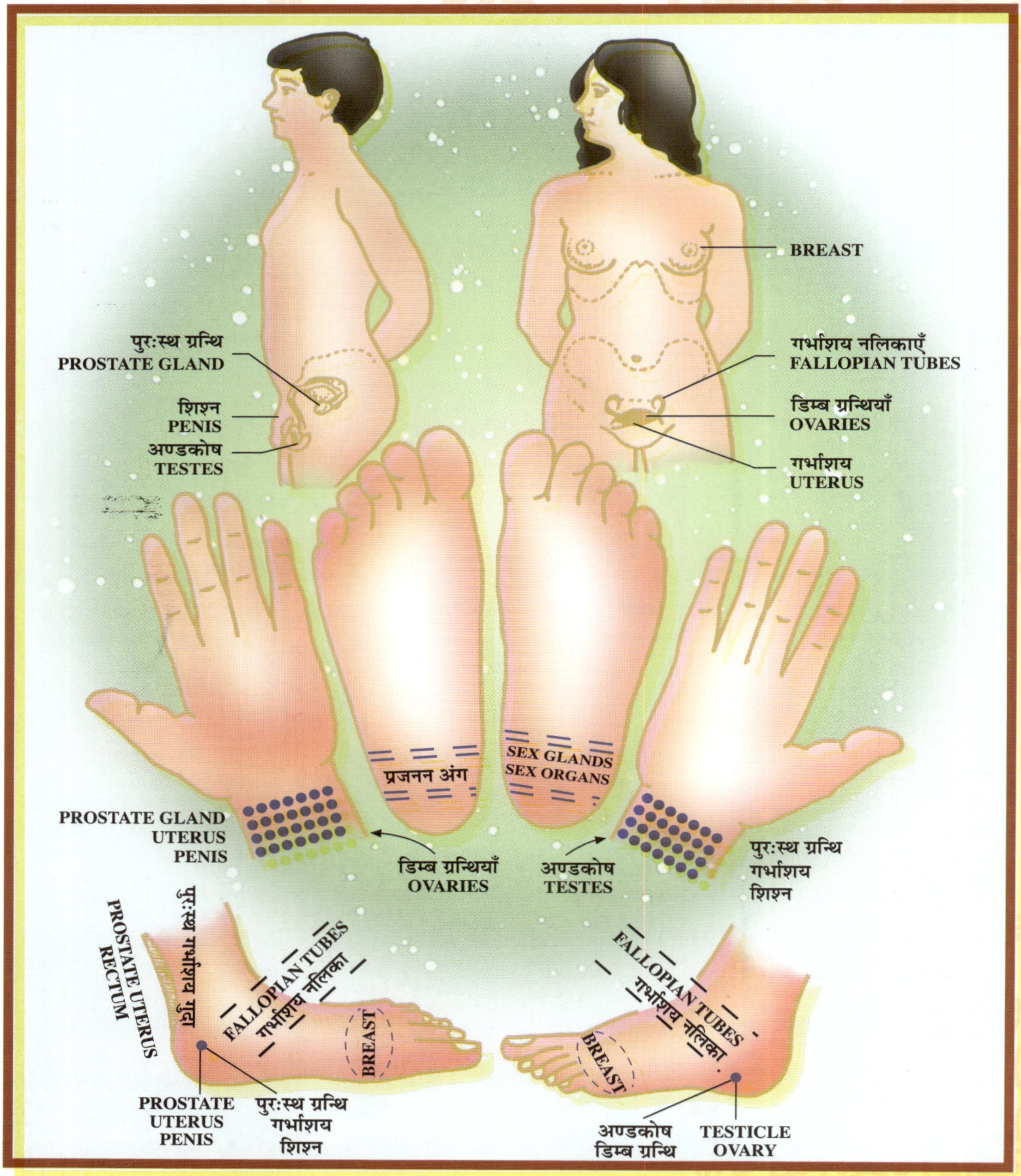

पैरों के ऊपरी भाग पर विभिन्न प्रतिबिम्ब-केन्द्र
(दोनों पैरों पर समान केन्द्र)

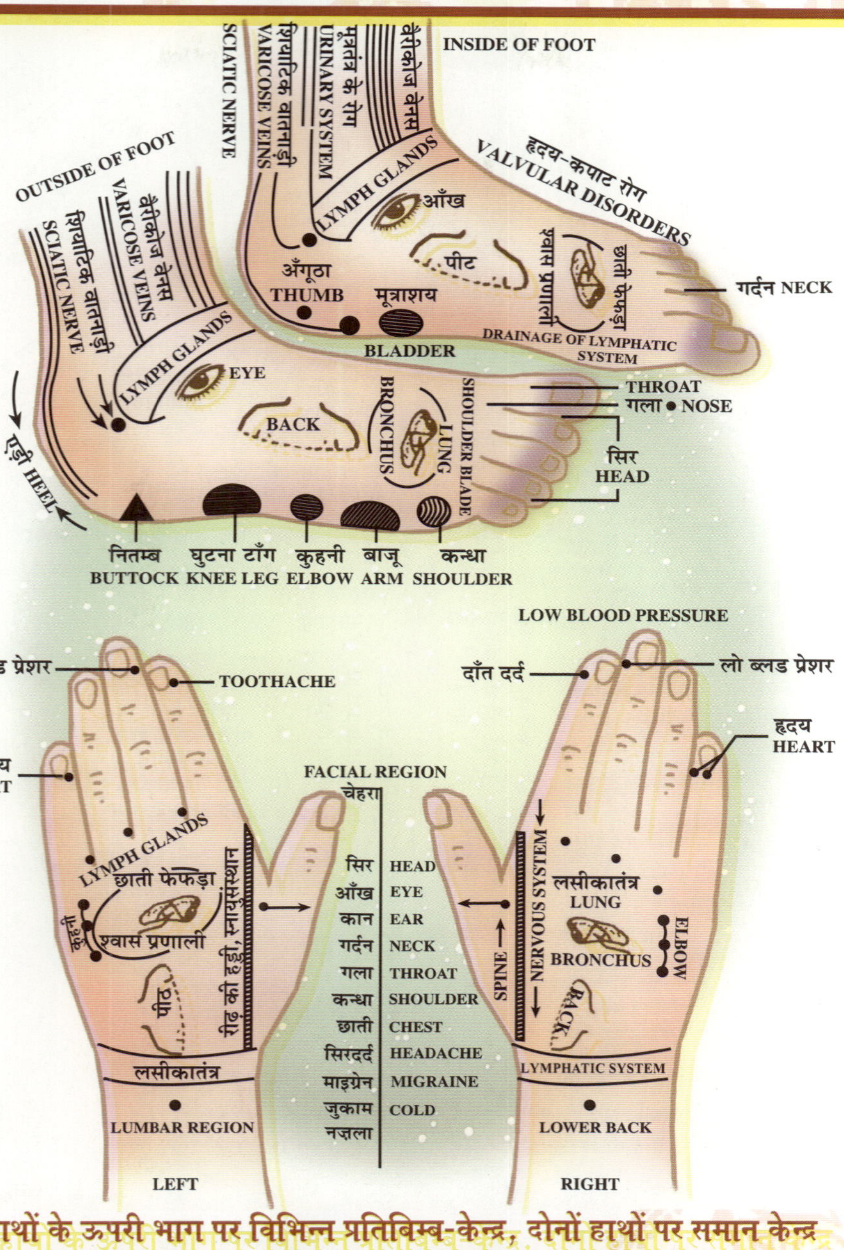

हाथों के ऊपरी भाग पर विभिन्न प्रतिबिम्ब-केन्द्र, दोनों हाथों पर समान केन्द्र

जिगर, हृदय तथा तिल्ली के प्रतिबिम्ब-केन्द्रों के अतिरिक्त दोनों पैरों में एक्यूप्रेशर रोगोपचार-केन्द्र समान

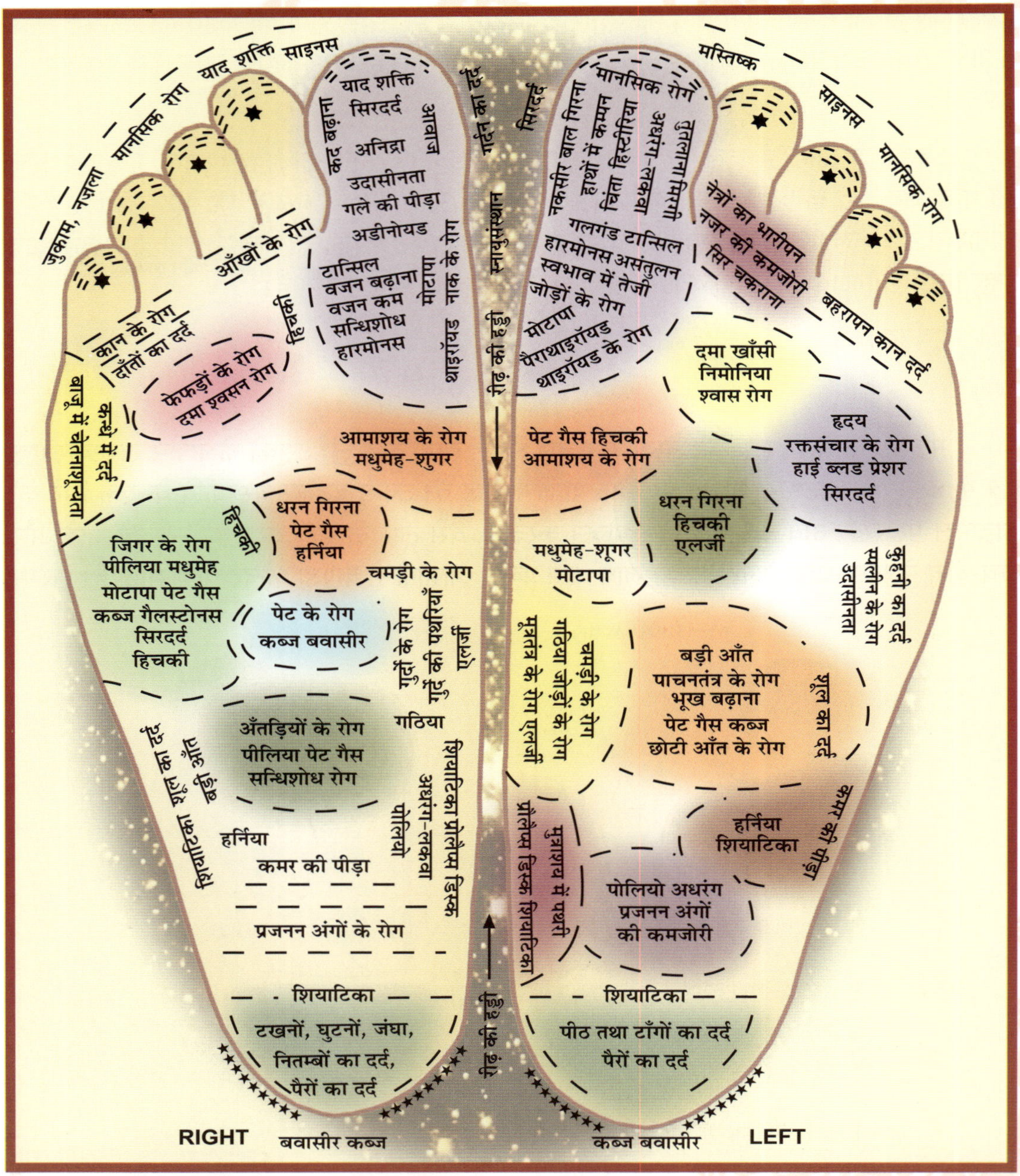

चेहरे पर स्थित विभिन्न एक्यूप्रेशर उपचार-केन्द्र

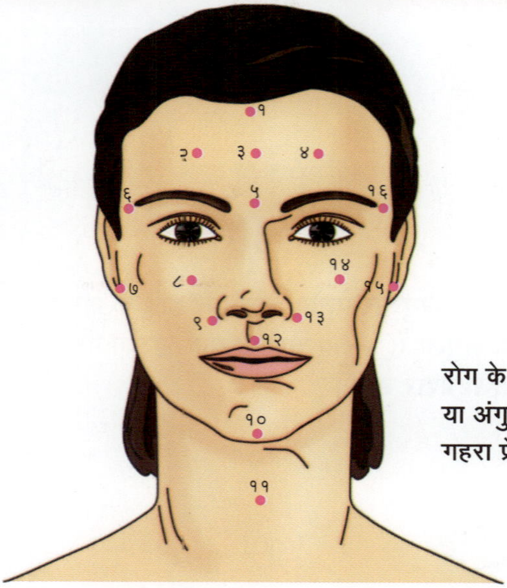

रोग के अनुसार प्रत्येक केन्द्र पर हाथ के अंगूठे या अंगुली से ५–१० सेकण्ड तक, हल्का पर गहरा प्रेशर डालें।

१.	1.	मासिकधर्म विकार (menstrual troubles)
२.	2.	4, 8, 9, 13, तथा 14 नजला सिर का भारीपन (catarrh-headcold)
३.	3.	पेडू–कोख विकार (pelvic troubles)
४.	5.	सिर दर्द, चक्कर आना (headache, giddiness)
५.	6.	तथा तीव्र सिर दर्द (severe headache)
६.	7.	तथा निद्राविघ्न (sleep disturbances) तथा पक्षाघात (paralysis)
७.	10.	रजोनिवृत्ति के रोग (menopause complaints)
८.	11.	गला, खाँसी, श्वास लेने में कठिनाई तथा दमा (throat, cough, dyspnea and asthma)
९.	12.	दाँत का दर्द (toothache)

चेहरे पर स्थित विभिन्न एक्यूप्रेशर उपचार-केन्द्र

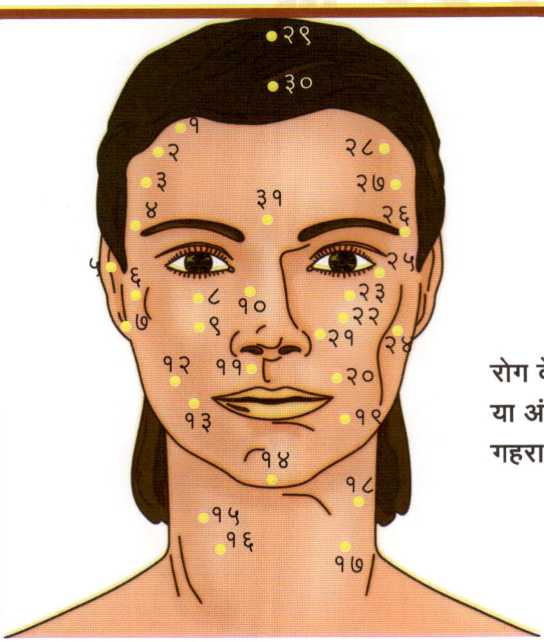

रोग के अनुसार प्रत्येक केन्द्र पर हाथ के अंगूठे या अंगुली से ५–१० सेकण्ड तक, हल्का पर गहरा प्रेशर डालें।

उपचार केन्द्र	रोग	उपचार केन्द्र	रोग
१	स्मरण शक्ति	११	अग्न्याशय (Pancreas) के रोग
२	सियाटिका	१२, १३	दाँयें फेफड़े से सम्बन्धित रोग
३,२५	तथा गैस	१५, १८	लिंग उत्तेजना
		१६, १७	पेट (abdomen) के रोग
४	जिगर के रोग	१९, २०	बायें फेफड़े से सम्बन्धित रोग
५	खून का दौरा	२३	गुर्दों के रोग
६,२४	तथा गलगण्ड	२६	प्लीहा रोग
		२७	हृदय-रोग
७	पक्षाघात-लकवा	२८	सियाटिका
८	गुर्दों के रोग	२९	तेज सिरदर्द
९,१४,२२	कब्ज	३०	प्रजनन अंग से सम्बन्धित रोग
१०,२१	अँतड़ियों के रोग	३१	सिरदर्द

चेहरे पर स्थित विभिन्न एक्यूप्रेशर उपचार-केन्द्र

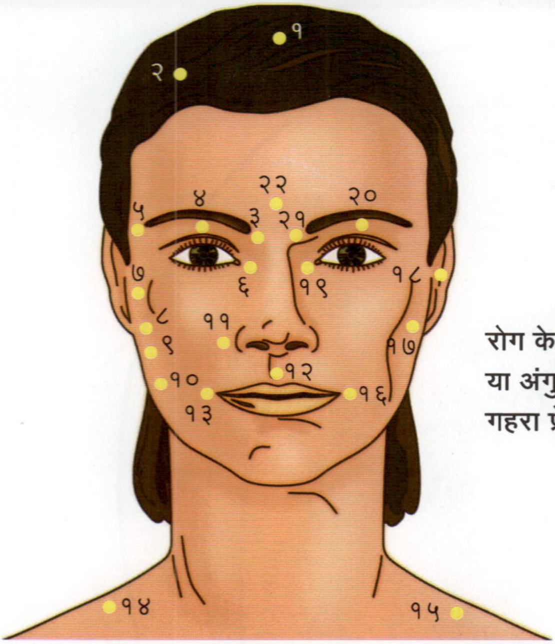

रोग के अनुसार प्रत्येक केन्द्र पर हाथ के अंगूठे या अंगुली से ५–१० सेकण्ड तक, हल्का पर गहरा प्रेशर डालें।

उपचार केन्द्र	रोग
१	बवासीर, मूत्राशय के रोग, सोते हुये पेशाब निकल जाना
२	दो-दो वस्तुएँ दिखना (double vision-diplopia)
३,२१	मस्तिष्क के रोग, नजला, अनिद्रा
४,२०	सियाटिका, मस्तिष्क, जिगर तथा पित्ताशय के रोग
५,६,१४,१५,१९	आँखों के रोग
७	कर्णनाद

उपचार केन्द्र	रोग
८,१०	मानसिक तनाव व पक्षाघात
९,१७	दाँतों का दर्द
११	नाक में रुकावट, नाक का बहना
१२	पक्षाघात, लकवा, छींकें आना, बेहोशी, मिर्गी
१३, १६	दाँत दर्द, मानसिक तनाव
१८	उच्च रक्तचाप, बाजू की जकड़न व दर्द
२२	आँख, पैर तथा आमाशय के रोग

कानों पर विभिन्न एक्यूप्रेशर-केन्द्र

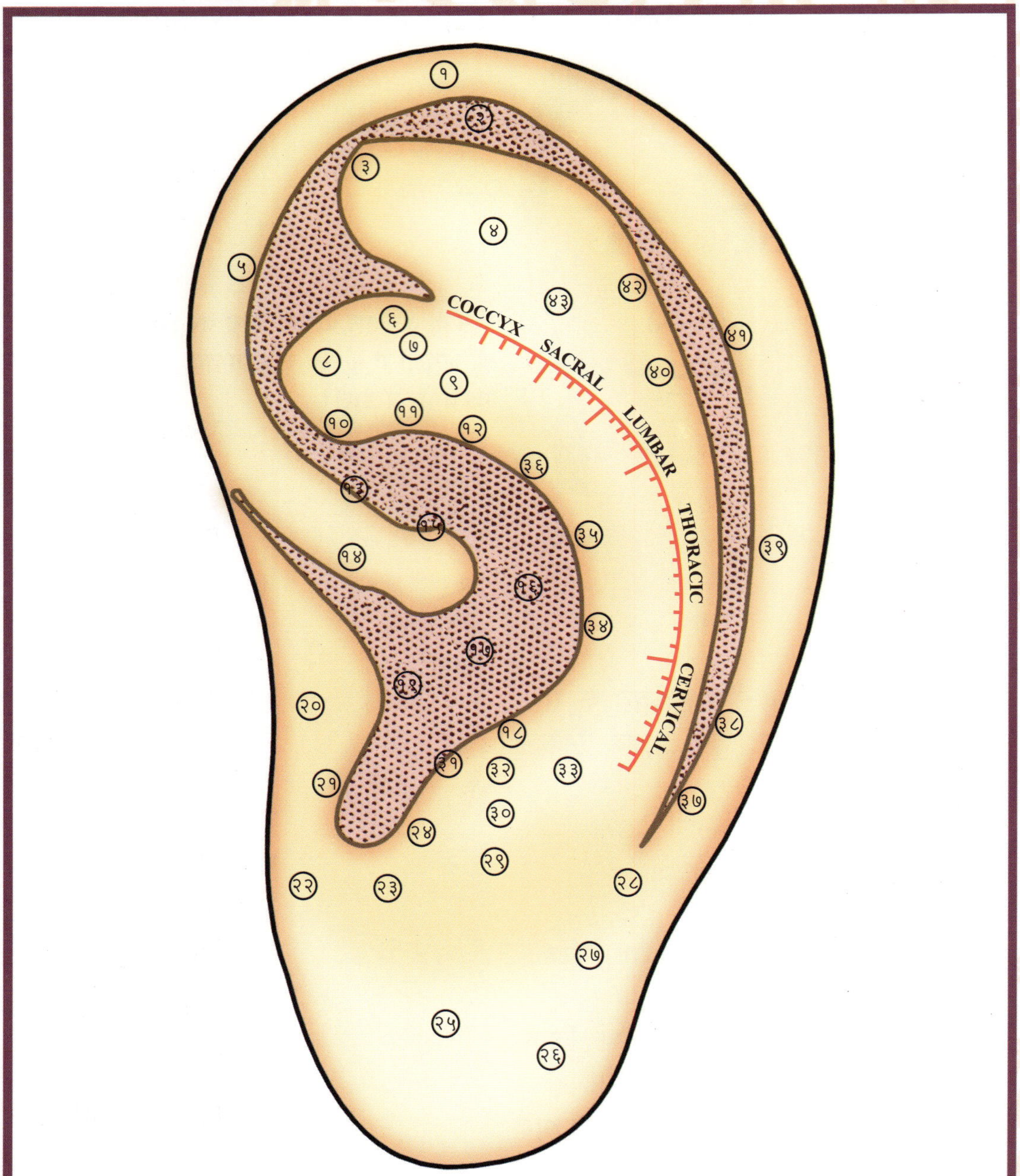

कान के बिन्दुओं का रोगोपचार सम्बन्धी विवरण

उपचार केन्द्र	रोग	उपचार केन्द्र	रोग
१.	टॉन्सिल	२३.	आँख
२.	एपेंडिक्स	२४.	डिम्बग्रन्थि
३.	एड़ी	२५.	आँख
४.	घुटने का जोड़	२६.	कान का भीतरी भाग
५.	उच्च रक्तचाप	२७.	ऊपरी जबड़ा
६.	दमा	२८.	निचला जबड़ा
७.	नितम्ब	२९.	फेफड़ा
८.	सियाटिका वातनाडी	३०.	अण्डकोश
९.	कूल्हा	३१.	दमा
१०.	मूत्राशय	३२.	मस्तिष्क
११.	गवीनी	३३.	दाँत
१२.	गुर्दा	३४.	जिगर
१३.	बड़ी आँत	३५.	प्लीहा
१४.	मलाशय	३६.	अग्न्याशय, पित्ताशय
१५.	छोटी आँत	३७.	गर्दन
१६.	आमाशय	३८.	कंधों का जोड़
१७.	श्वास प्रणाली	३९.	कंधा
१८.	फेफड़ा	४०.	पेट
१९.	फेफड़ा	४१.	कुहनी
२०.	उच्च रक्तचाप	४२.	घुटना
२१.	नाक का भीतरी भाग	४३.	नितम्ब का जोड़
२२.	आँख		

एक्यूप्रेशर द्वारा व्यक्ति स्वयं इस प्रकार उपचार कर सकता है

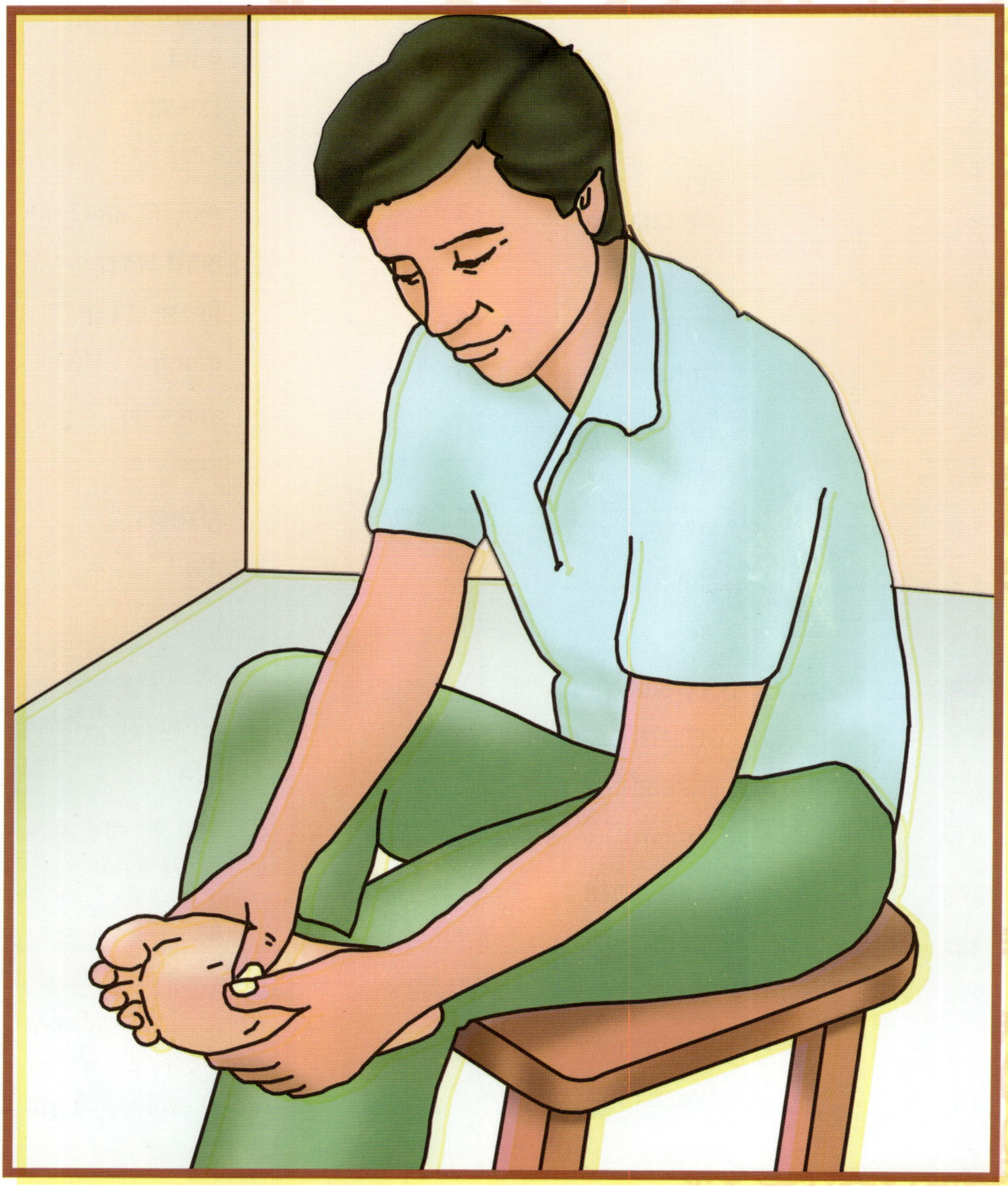

एक्यूप्रेशर देने की विभिन्न पद्धतियाँ

अँगूठे के साथ प्रेशर देने का ठीक ढंग

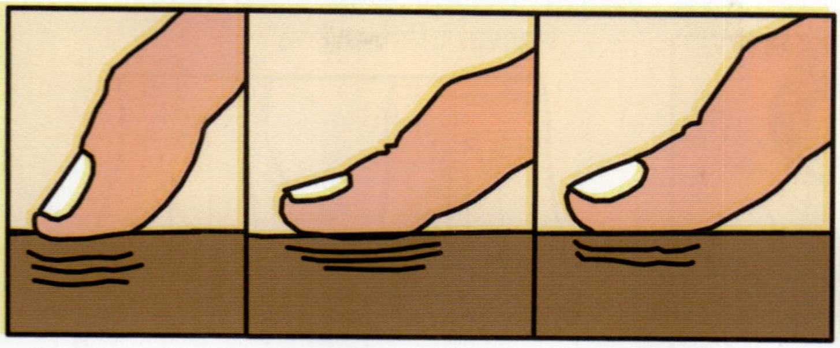

गलत ढंग

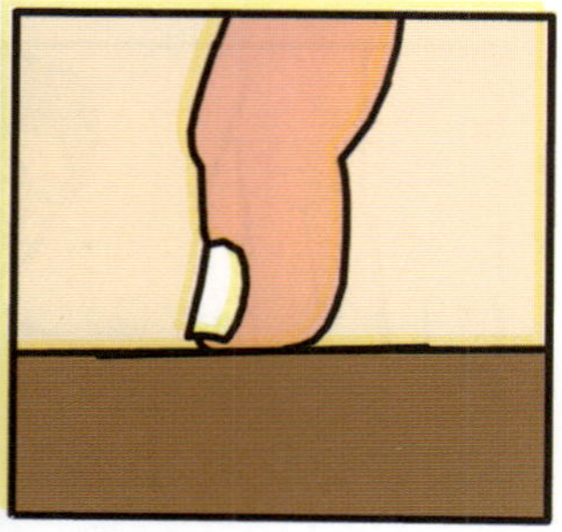

अँगूठा खड़ा करके प्रेशर नहीं देना चाहिए।

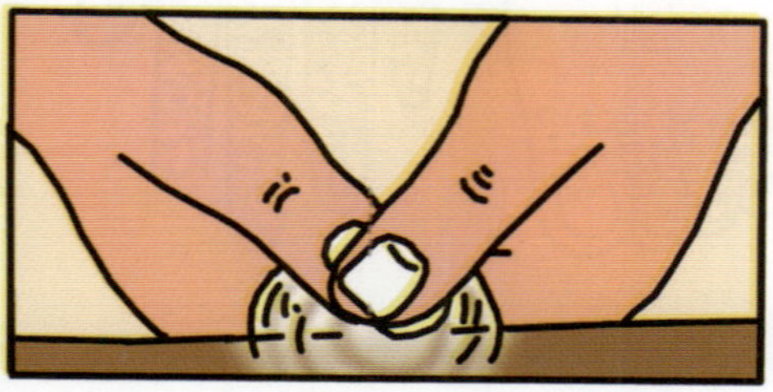

अधिक दबाव देने के लिए एक अँगूठे पर दूसरा अँगूठा रख के प्रेशर देना चाहिए।

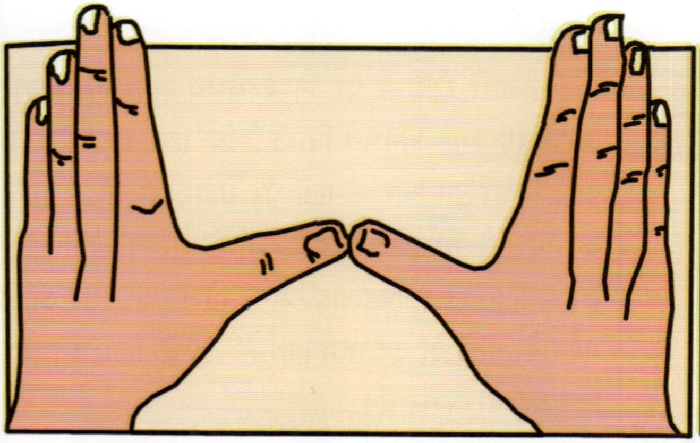

कुछ केन्द्रों, विशेषकर पीठ पर दोनों अंगूठों के साथ प्रेशर दें।

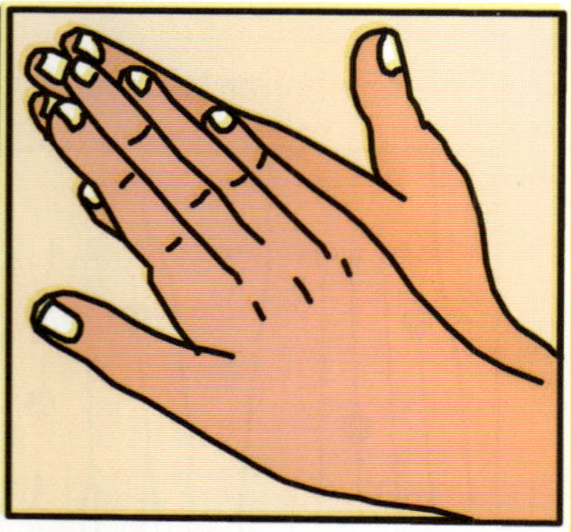

कुछ केन्द्रों यथा पेट पर हाथ की तीन अंगुलियों के साथ प्रेशर दें। पेट पर प्रेशर दोनों हाथों की अंगुलियों से एक साथ देना चाहिए।

हाथ में स्थित जीवन शक्ति केन्द्र

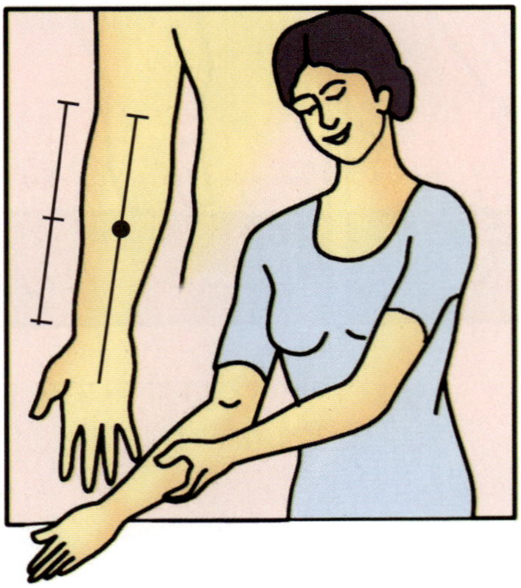

हाथों व पैरों के ऊपरी भाग पर स्थित दर्द निवारक प्रतिबिम्ब केन्द्र

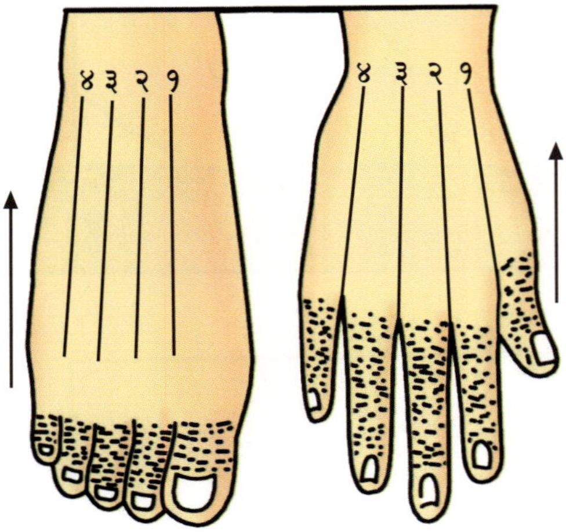

ये केन्द्र दोनों हाथों व दोनों पैरों में एक समान हैं।

सांकेतिक दर्द बिन्दु

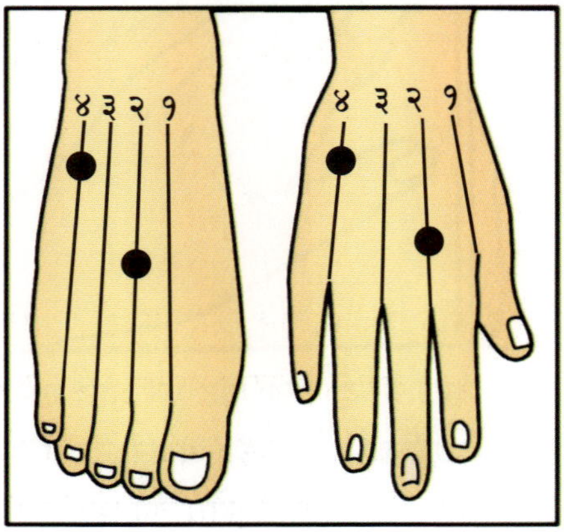

हजारों रोगियों पर लम्बे समय तक एक्यूप्रेशर करते हुए हमने अनुभव किया है कि हाथों तथा पैरों के पीछे स्थित इन चार चैनलों पर प्रेशर डालने से हाथों व पैरों से सम्बन्धित सभी दर्दों में तुरन्त लाभ होता है। सर्वाइकल स्पॉण्डलाइटिस व प्रोजन शोल्डर आदि गर्दन के पीछे के दर्द तथा हाथ के दर्द के लिए इन चार बिन्दुओं पर प्रेशर दें।

इसी तरह घुटनों में दर्द, सियाटिका दर्द आदि पैरों से सम्बन्धित पीड़ाओं में पैर के बिन्दुओं पर दबाव डालें।

ध्यान के तीन चरण

(ध्यान का सहज व्यावहारिक स्वरूप)

१. प्रथम चरण-

पूर्णरूप से सहज होकर शरीर के एक-एक अंग-प्रत्यंग को शिथिल करके शरीर एवं इन्द्रिय रूप साधनों से अपने मन को हटाकर प्राणों के साथ प्रणव का अर्थभावना पूर्वक जप करें। प्राणों के साथ प्रणव या गायत्री आदि मन्त्रों का जप अथवा ओंकार ध्यान व गायत्री ध्यान आदि, ध्यान का एक चरण है।

२. द्वितीय चरण-

ध्यान के दूसरे चरण में हृदय चक्र, आज्ञाचक्र या किसी अन्य स्थान-विशेष पर मन को नियन्त्रित या एकाग्र करके भावसमाधि, सहजसमाधि या भगवान् की अनन्त महिमा, अनन्त गुण, कर्म, स्वभाव व सामर्थ्य का विचारपूर्वक स्वीकार करते हुए सविचार ध्यानसमाधि का अभ्यास करें। इस प्रकार भगवान् की स्तुति, प्रार्थना एवं उपासना में पूर्णरूप से लीन हो जाना- यह ध्यान का दूसरा चरण है। भगवान् ही समस्त ज्ञान, संवेदना, सामर्थ्य, ऐश्वर्य, सुख, शान्ति एवं आनन्द का मूल आधार या मूल स्रोत है, यही पूर्ण व शाश्वत सत्य है। इस भाव, विचार या संकल्प के साथ भावसमाधि, विचारसमाधि या संकल्पसमाधि में साधक या योगी समाहित होकर ब्रह्म को सर्वाधार, सर्वेश्वर, सर्वज्ञ, सर्वव्यापक, सर्वान्तर्यामी, सर्वस्व, सर्वकर्त्ता, सर्वनियन्ता एवं संहर्त्ता स्वीकार करके भगवान् की शरणागति में पूर्णतः प्रतिष्ठित हो जाता है। भगवान् की स्तुति से भगवान् में अनन्य प्रीति, प्रार्थना से पूर्णतः निरभिमानिता तथा उपासना से भगवान् के साथ एकत्व के भाव से साधक अवस्थित हो जाता है। भगवान् के साथ एकात्मता के दो स्वरूप हैं, एक को स्वाध्याय कहते हैं तथा दूसरे को योग।

स्वाध्यायाद्योगमासीत योगात्स्वाध्यायमामनेत्।
स्वाध्याययोगसम्पत्त्या परमात्मा प्रकाशते ।। (योगसूत्र व्यासभाष्य-१.२८)

शुद्ध ज्ञान, शुद्ध अन्तःकरण व शुद्ध आचरण से युक्त योगी जब भगवान् की पूर्ण श्रद्धा, भक्ति व सामर्थ्य के साथ आराधना करता है, जैसे मोक्षशास्त्रों में आत्मवेत्ता ऋषियों द्वारा भगवान् की स्तुति की गई है, वैसे स्तुति करता हुआ साधक भगवान् के ध्यान में तल्लीन हो जाता है, यह स्वाध्याय रूप योग का साधन है। इस स्वाध्याय रूप ध्यानयोग से साधक, योग अर्थात् पूर्णतः चित्तवृत्ति निरोध की स्थिति में शनैः शनैः स्वाभाविक रूप से प्रतिष्ठित हो जाता है, अर्थात् ध्यानावस्थित चित्त से, चित्त के भी पार आत्मस्वरूप

या परमात्मा के स्वरूप में कुछ समय तक प्रतिष्ठित रहता है और आत्मा व परमात्मा के अनन्त ज्ञान, अनन्त प्रेम, अनन्त सुख, शान्ति एवं असीम आनन्द ऐश्वर्य में मग्न हो जाता है, यह योग की स्थिति है। इस स्वाध्याय व योग रूपी ध्यानसमाधि के निरन्तर अभ्यास से साधक को परमात्मा का पूर्ण प्रकाश या अनुभूति होती है। यही भगवान् की प्राप्ति, आत्म-साक्षात्कार या ब्रह्म-साक्षात्कार है।

३. तृतीय चरण-

साधनाकाल के ध्यान का व्यवहारकाल के ध्यान में रूपान्तरित हो जाना अर्थात् साधक एकान्त में बैठकर जब ध्यान लगाता है, तब जो ध्यान लगा है वह खण्डित न हो, संसार में अपने वर्णाश्रम के अनुसार विहित कर्म करते हुए भी साधक का मन योग में या भगवान् में ही प्रतिष्ठित रहे। सदा यह भाव साधक के मन, बुद्धि या चित्त में रहे कि मैं जो कुछ भी कर रहा हूँ, यह सब कुछ ईश्वरप्रदत्त ज्ञान, प्रेरणा व सामर्थ्य से अर्थात् ईश्वर के अनुग्रह से ईश्वर की प्रसन्नता व प्रेम के लिए कर रहा हूँ। मैं निमित्त मात्र हूँ, सब कुछ करने का सामर्थ्य भगवान् ही मुझे देते हैं। मेरे सभी प्रकार के पुरुषार्थ व समस्त परमार्थ भगवान् के ही विश्वमय व विश्वातीत, मूर्त्त-अमूर्त्त, व्यक्त-अव्यक्त, सगुण साकार व निर्गुण निराकार ब्रह्म की पूजा रूप हैं।

योगस्थः कुरु कर्माणि सङ्गं त्यक्त्वा धनञ्जय।
सिद्ध्यसिद्ध्योः समो भूत्वा समत्वं योग उच्यते।। (गीता-२.४८)

हे धनंजय! योगस्थ होकर, कर्म-योग में स्थित होकर, कर्म के फल की आसक्ति को छोड़कर, कर्म की सिद्धि या असिद्धि- इन दोनों अवस्थाओं में समता की मनोवृत्ति को धारण करते हुए कर्म कर। कर्म-फल मिलने या न मिलने की अवस्था में मन की सम अवस्था रहे- इसी को योग कहते हैं ।

ब्रह्मण्याधाय कर्माणि सङ्गं त्यक्त्वा करोति यः।
लिप्यते न स पापेन पद्मपत्रमिवाम्भसा।। (गीता-५.१०)

जो व्यक्ति आसक्ति को त्याग कर ब्रह्म में अर्पण करके कर्म करता है, वह पाप से लिप्त नहीं होता, ठीक ऐसे ही जैसे कमल का पत्ता पानी में रहता हुआ भी पानी से अलिप्त रहता है ।।५.१०।।

यत्करोषि यदश्नासि यज्जुहोषि ददासि यत्।
यत्तपस्यसि कौन्तेय तत्कुरुष्व मदर्पणम्।। (गीता-९.२७)

हे कुन्तीपुत्र अर्जुन! तू जो कुछ करता है, जो कुछ खाता है, जो कुछ होम-हवन करता है और जो कुछ तू दान देता है, जो कुछ तपस्या करता है, उस सब को मुझे अर्पण करते हुए कर।

यो मां पश्यति सर्वत्र सर्वं च मयि पश्यति।
तस्याहं न प्रणश्यामि स च मे न प्रणश्यति।। (गीता-६.३०)

भगवान् कहते हैं- हे अर्जुन! जो मुझे सर्वत्र देखता है- अर्थात् सम्पूर्ण दृश्यमान जगत् को मेरा ही रूप जानता है, इस भावना वाले व्यक्ति के सामने मैं सदा विद्यमान रहता हूँ और वह भी सदा मेरे सम्मुख ही रहता है, कभी अदृश्य नहीं होता।

ईशा वास्यमिदं सर्वं यत् किञ्च जगत्यां जगत्।
तेन त्यक्तेन भुञ्जीथाः मा गृधः कस्यस्विद्धनम्।। (यजु.-४०.१)

इस संसार में जो कुछ भी स्थावर-जंगम पदार्थ-समूह है, वह सब इसके स्वामी ईश्वर द्वारा व्याप्त किया हुआ है, अतः उससे प्राप्त पदार्थों का त्यागभाव से उपभोग करो, सदुपयोग करो। यह मेरा है, ऐसा समझ कर नहीं। जब यह उसी का है, तुम्हारा है ही नहीं तो इसमें 'मेरा' की भावना करके लोभ क्यों किया जाय, अतः इसमें लोभ की भावना मत करो; क्योंकि यह धन किसका है? अर्थात् किसी का भी नहीं, उसी ईश्वर का है।

कुर्वन्नेवेह कर्माणि जिजीविषेच्छतं समाः।
एवं त्वयि नान्यथेतोऽस्ति न कर्म लिप्यते नरे।। (यजु.-४०.२)

इस संसार में कर्त्तव्य कर्मों को निष्काम भाव से करते हुए ही सौ वर्ष तक जीने की इच्छा करो। ऐसा करने से मनुष्य में कर्म लिप्त नहीं होते। अर्थात् अनासक्ति के कारण कर्मों के संस्कार नहीं बनते, अतः मनुष्य कर्म करता हुआ भी निर्लिप्त रहता है, कर्मजन्य बन्धन से मुक्त हो जाता है।

ब्रह्मैवेदममृतं पुरस्ताद् ब्रह्म पश्चाद् दक्षिणतश्चोत्तरेण ।
अधश्चोर्ध्वं च प्रसृतं ब्रह्मैवेदं विश्वमिदं वरिष्ठम्।। (मुण्डक-२.२.१२)

यह अमृत (अमर) ब्रह्म ही हमारे सामने, पीछे, दाँयें, बायें, उत्तर, दक्षिण तथा ऊपर-नीचे, सर्वत्र प्रसृत है, विराजमान है। यह सम्पूर्ण विश्व ब्रह्मरूप में ही है, ब्रह्म ही सर्वश्रेष्ठ है।

मन्मना भव मद्भक्तो मद्याजी मां नमस्कुरु।
मामेवैष्यसि सत्यं ते प्रतिजाने प्रियोऽसि मे।। (गीता-१८.६५)

अपने को मुझमें लगा, मेरा भक्त बन, मेरा पूजन कर, मुझे नमस्कार कर, ऐसा करने से तू मुझ तक पहुँच जायेगा; क्योंकि तू मेरा प्रिय है, इसलिए मैं तुझे सचमुच इस बात का वचन देता हूँ।

यतः प्रवृत्तिर्भूतानां येन सर्वमिदं ततम्।
स्वकर्मणा तमभ्यर्च्य सिद्धिं विन्दति मानवः।। (गीता-१८.४६)

जिससे सब प्राणी जन्म लेते हैं, जिससे यह सारा जगत् व्याप्त है, उस परमात्मा की अपने कर्म से पूजा कर मनुष्य सिद्धि को प्राप्त कर लेता है।

इस प्रकार के अभ्यास से साधक का पूरा जीवन भगवान् की आराधना बन जाता है। ऐसे ही योगमय जीवन के सन्दर्भ में कहते हैं कि प्रत्येक श्वास-प्रश्वास ही योग है व पूरा जीवन ही योग है। इस प्रकार साधनाकाल व व्यवहारकाल में जो साधक योग का अभ्यास करते हैं, वे धीरे धीरे आप्तकाम व आत्मकाम होकर आप्तपुरुष बन जाते हैं और अन्त में अकाम होकर निर्वाण या कैवल्य को उपलब्ध हो जाते हैं। यह क्रम है- अभ्युदय व नि:श्रेयस की सिद्धि या प्राप्ति का अथवा स्वधर्म का पालन करते हुए आत्मधर्म या भागवत धर्म को उपलब्ध होकर जीवन का सर्वोपरि लक्ष्य प्राप्त करने का। इसी में जीवन की पूर्णता या पूर्ण सफलता है। यही जीवन का अन्तिम गन्तव्य या लक्ष्य है। साधना काल व व्यवहार काल के योग के सिद्ध होने पर या उभयविध योग के अभ्यास व वैराग्य से हमारे विकार प्रथमत: तनु और अन्तत: दग्धबीज या निर्बीज हो जाते हैं। इसी से विवेकख्याति व समस्त अशुद्धि की पूर्ण समाप्ति होती है। यही प्रभव अर्थात् अनन्त शुभ वा दिव्यता का पूर्ण उदय तथा अशुभ का अप्यय (क्षय) है। यही निर्वाण, मुक्ति, प्रतिप्रसव या कैवल्य है। यही वेदादि शास्त्रों में योग का स्वरूप बताया है।

यतोऽभ्युदयनि:श्रेयससिद्धि: स धर्म:। (वैशेषिक- १.२)

जिससे अभ्युदय और नि:श्रेयस सुख की सिद्धि होती है, वह धर्म है।

अभ्यासवैराग्याभ्यां तन्निरोध:। (योगसूत्र-१.१२)

अभ्यास और वैराग्य के द्वारा चित्त में उत्पन्न होने वाली वृत्तियों का निरोध होता है।

तप:स्वाध्यायेश्वरप्रणिधानानि क्रियायोग:। (योगसूत्र -२.१)

तप, स्वाध्याय और ईश्वरप्रणिधान- ये तीनों सम्मिलित रूप से 'क्रियायोग' कहलाते हैं।

समाधिभावनार्थ: क्लेशतनूकरणार्थश्च। (योगसूत्र -२.२)

क्रियायोग का अभ्यास समाधि की अवस्था को प्राप्त करने के लिये तथा क्लेशों को तनु (क्षीण) करने के लिए किया जाता है।

निर्विचारवैशारद्येऽध्यात्मप्रसाद:।। (योगसूत्र -१.४७)

निर्विचार-समापत्ति में वैशारद्य (उच्च निर्मल अवस्था) उत्पन्न हो जाने पर, योगी को अध्यात्मप्रसाद प्राप्त होता है।

ऋतम्भरा तत्र प्रज्ञा। (योगसूत्र -१.४८)

उस पूर्वसूत्रोक्त दशा में 'ऋतम्भरा' नाम वाली बुद्धि प्रकट होती है।

तस्यापि निरोधे सर्वनिरोधान्निर्बीज: समाधि:। (योगसूत्र -१.५१)

उस ऋतम्भराप्रज्ञाजनित संस्कार के भी रोक दिये जाने पर, सब चित्तवृत्तियाँ निरुद्ध हो जाने से निर्बीज समाधि घटित होती है।

योगाङ्गानुष्ठानादशुद्धिक्षये ज्ञानदीप्तिराविवेकख्यातेः। (योगसूत्र -२.२८)

मनसा-वाचा-कर्मणा योग के अङ्गों का पालन करने से अविद्या-अस्मिता आदि पंच क्लेशरूप अशुद्धि का नाश होने पर, ज्ञान का प्रकाश पूर्ण विवेकख्याति की अवस्था पर्यन्त बढ़ता जाता है।

पुरुषार्थशून्यानां गुणानां प्रतिप्रसवः कैवल्यं स्वरूपप्रतिष्ठा वा चितिशक्तेरिति।

(योगसूत्र -४.३४)

पुरुष के प्रयोजन से विरत हुए सत्त्व-रज-तम गुणों का अपने मूल कारण (प्रकृति) में लीन हो जाना 'आत्मा की कैवल्यावस्था' है अथवा ऐसा भी समझ सकते हैं कि अपने स्वरूप में प्रतिष्ठित चेतनशक्ति की अवस्था 'कैवल्यावस्था' है।